한국 공무원의 지식공유에 관한 행태적 접근

한국 공무원의 지식공유에 관한 행태적 접근

최 호 진 著

한국학술정보(주)

책머리에

오늘날과 같은 지식기반사회에서는 지식이 조직의 핵심경쟁력으로 인식되고 있으며, 지식관리 능력이 조직의 경쟁력 확보의 중요한 원천이 되었다. 정부조직의 경우 경쟁력은 공무원들의 다양한 직무경험을 통해 습득, 보유하고 있는 지식자원을 얼마나 효과적으로 업무수행과 전략적 행동에 활용하느냐에 달려 있다. 또한 공직사회에서 새로운 환경변화와 행정여건에 적합한 지식을 어떻게 창출할 것인가도 정부의 주요 과제가 된다.

이러한 지식자원의 활용과 창조에 있어서 가장 관건이 되는 과정 중의 하나는 지식공유이다. 조직 내에서 공무원 개개인이 보유하고 있는 서로 다른 지식과 정보가 공유되면 단편적 지식의 보완이 가능하게 되고, 그 결과 보다 유효한 지식이 창출 될 수 있다. 즉 공무원들은 이러한 지식공유를 통해 타인의 경험과 노하우를 가장 적은 비용으로 습득할 수 있으며, 나아가 자신의 경험과 노하우를 타인의 검증을 통해서 그 타당성을 확보할 수 있게 되는 효과가 있기 때문에 지식공유는 조직관리에 있어서 매우 중요하게 다루어야 할 문제라고 할 수 있다.

최근 들어 이 분야의 연구에 대한 관심의 증대에 따라 많은 학자들이 지식공유의 성공요인을 밝히려는 연구시도를 활발하게 하고 있으며, 특히 한국 공공부문의 지식관리 및 지식공유 분야에 대한 실태조사 및 평가를 다루고 있는 연구들이 여러 행정학자들에 의해 이루어지고 있다. 그러나 조사대상이 중앙행정기관이나 지방자치단체 중 일부 기관을 대상으로 한정되어 연구결과를 일반화하는데 있어 다소의 한계를 노정하고 있다. 또한 조직의 발전에 능동적·독립적인 영향을 미치는 행위자인 공무원의 행태 및 행위와 관련된 부분을 제외한 채 지식관리의 시스템적 측면을 위주로 연구가 이루어지는 경우가 많아 양적·질적 차원에서 보다 다양한 연구가 이루어져야할 필요가 있다고 판단된다.

따라서 본 연구에서는 지식관리 및 지식공유와 관련된 선행연구들을 참고하여 공공부문의 경쟁력을 향상시키는데 결정적인 기여를 하는 공무원 간 지식공유 행위에 연구의 초점을 두었다. 그리고 한국 공무원을 대상으로 한 인식 조사를 통해 이들의 지식공유 행위에 관한 제반 실태를 점검하고, 한국 공무원의 지식공유 행위에 긍정적인 정(+)의 영향을 미치는 요인을 규명하는 것을 주목적으로 하였다.

본 연구에서 다룬 핵심적 내용들을 요약하면 다음과 같다. 첫째, 이론적 배경으로서 지식공유를 살펴보기 전에 이해가 필요한 선행 개념들(지식, 지식관리 및 지식관리시스템)과 지식공유에 관하여 살펴보았다. 둘째, 경험적 조사를 통하여 공무원의 지식공유 행위가 현재 어떻게 진행되고 있는지 그 실태와 응답자 개인별 특성(성별, 소속, 직급, 학력, 연령, 근무기간) 및 기관별 특성(기관의 유형, 지식관리시스템의 유형)에 따른 인식 차이를 살펴보았다. 셋째, 선행연구들에서 지식공유 행위에 긍정적인 영향을 미친다고 주장한 요인들 중 구조적 요인(최고관리자의 지원 유형, 조직구조, 평가 및 보상 수준)과 관계적 요인(상사 및 동료신뢰 수준, 조직신뢰 수준, 의사소통의 개방성 정도)을 중심으로 공무원의 지식공유 행위에 긍정적인 영향을 미치는 영향요인을 경험적으로 검증해 보았다. 넷째, 이들 분석결과와 면담조사결과의 해석을 바탕으로 본 연구자가 한국 공무원의 지식공유 행위를 활성화시키기 위한 현실적·전략적 관리방안을 제시하였다.

이 책은 필자의 학위논문을 보완한 것임을 밝힌다. 처음에 한국학술정보 측으로부터 출판을 제의받았을 때, 여러모로 부족한 내용의 글을 책으로 출판하는 것에 상당한 부담을 느낀 것이 사실이다. 그러나 필자 개인의 주관적인 생각이나 논리를 바탕으로 작성된 내용들 이외에도, 중앙부처와 지방자치단체를 포함하여 14개의 정부기관을 대상으로 실증적 조사를 실시하여 얻은 객관적 결과는 물론 이 분야에서 학문적으로 존경받고 계신 여러 학자분들의 견해와 주장을 토대로 작성된 내용들이 다수 포함되어 있어서 보다 많은 분들에게 이러한 내용을 소개하고자 출판을 경험하게 되었다. 필자의 개인적인 소망은 공공부문의 지식관리 및 지식공유 분야에 관심을 가지고 계신 많은 분들이 이 책을 읽고 본 주제에 대한 이해와 지식을 확장하는데 다소마나 도움을 받으시기를 기대한다.

이 책이 나오기까지 많은 도움을 주신 분들에게 감사의 말씀을 전하고 싶다. 먼저 필자의 대학원 은사이신 연세대학교 안병영 교수님과 명지대학교 주재현 교수님, 그리고 정윤수 교수님과 임승빈 교수님께 진심으로 감사를 드리고 싶다. 또한 인천대학교 서진완 교수님께도 특별히 감사를 드리고 싶다. 학문적으로 많이 부족한 능력을 가진 사람이 공부를 시작하여 남들에게 뒤처지지 않기 위해 보다 많은 노력을 기울이는 동안 아들이자 가장으로서 역할을 소홀히 하였던 것 같다. 언제나 자식을 위해 많은 부분을 희생하시고 뒤에서 항상 든든한 힘이 되어주시는 사랑하는 나의 어머니와 내가 지치고 힘들 때 나에게 다시 일어날 수 있는 힘을 주는 사랑하는 내 아내 기정, 아들 재훈, 딸 명서에게도 감사하며 이 책을 바친다. 끝으로 부족한 필자의 글을 책으로 출판해주신 한국학술정보의 사장님을 비롯한 관계자 분들에게도 감사드린다.

2006년 3월
최호진

목 차

표 차례

그림 차례

제1장 서 론

제1절 연구의 목적

변화의 가속화와 불확실성의 정도가 증대되고 있는 오늘날의 시대양상 속에서 조직이 생존하기 위한 전략은 지속적인 변화와 혁신, 그리고 이를 가능케 하는 지식자원의 효율적인 관리와 활용이다. 이는 지식에 의한 조직자원 및 조직의 효율적 관리가 이루어져야 한다는 것으로서, 학계에서는 이것을 지식관리라는 용어로 사용하고 있다(김구, 2003b: 29-30).

지식관리의 중요성이 대두된 이유는 정보시대 및 후기산업시대로 전환하는 경제상황에 있어서 정보와 지식이 조직에서 가장 중요한 자원이 되었기 때문이다(Bell, 1976).[1] 이로 인해 오늘날과 같은 지식기반사회에서는 지식이 조직의 핵심경쟁력으로 인식되고 있으며, 지식관리 능력이 조직의 경쟁력 확보의 중요한 원천이 되었다(Davenport et al., 1998; Drucker, 1993; Leonard-Barton, 1995; Nonaka & Takeuchi, 1995).

따라서 오늘날 조직의 가치는 그 조직이 보유한 물리적 자산의 가치가 아니라, 그 조직의 역량, 즉 지식가치로 평가되고 있다.[2] 그리고 조직의 경

---

1) 지식과 정보는 과거부터 사회발전의 동인으로 간주되어 왔으며, 최근에는 사회변혁의 인자로서 미래의 사회운명을 좌우하는 핵심적 요인으로 인식되고 있다(서순복, 2000).
2) 더 나아가 지식과 정보의 소유는 상대적으로 우월한 지위를 유지할 수 있는 중요한 자원으로 주장되기까지 한다(Mahoney, 1989; 한세억, 1999b: 1-2). 이러한 주장은 Toffler(1981)와 Drucker(1993)에 의해서 일찍이 예고되어 왔는데, 그들은 후기자본사회(post-capitalist society)로 전환되는 시점에서는 더 이상 돈이 아닌 지식이 중요한 자원이 되고, 지식기반사회에서 생산과 서비스는 지식에 더욱 더 의존하게 될 것임을 주장해왔다.

쟁력은 환경의 변화에 따라 요구되는 조직의 지식을 효과적으로 창출, 저장, 공유하는 지식관리에 의해 결정되는 것이다.3)

지식관리의 개념은 학자들의 연구 관점에 따라 차이를 보이고 있다. 그러나 지식관리는 각 조직구성원의 사고, 체험, 경험, 그리고 정보기술 등의 지식을 획득하여 이를 모든 구성원이 학습하고 공유하여 조직 전체에 동일화된 행위를 창출함으로써 조직의 경쟁력을 높이는 활동이라고 할 수 있다(박태호, 2002).

정부조직의 경우 경쟁력은 공무원들의 다양한 직무경험을 통해 습득, 보유하고 있는 지식자원을 얼마나 효과적으로 업무수행과 전략적 행동에 활용하느냐에 달려 있다.4) 또한 공직사회에서 새로운 환경변화와 행정여건에 적합한 지식을 어떻게 창출할 것인가도 정부의 주요 과제가 된다(권석균·이을터, 1999: 44).5)

이러한 지식자원의 활용과 창조에 있어서 가장 관건이 되는 과정 중의 하나가 지식공유이다. 이는 서로 다른 지식과 경험을 보유하고 있는 조직 내 공무원 개인간 및 부서간에 지식공유활동을 통해서 새로운 지식을 창출하는 것을 말한다. 지식은 언제나 조직구성원 각 개인에서 생성되는 것이며, 이렇게 생성된 지식이 조직 전체에 공유되는 지식으로 전환되는 것

---

3) 지식기반사회는 지식의 창출·확산·보급이 급속하게 진행되어, 이를 습득하기 위한 능력을 갖춘 인적자원의 양과 질에 따라 국가의 장래가 결정된다. 산업사회가 물리적 주도형이었다면 지식기반사회에서는 창의성 등 인간의 내재적 힘(mind force)에 바탕을 둔 패러다임이 지배하는 사회이다(Toffler & Heidi, 1993: 25-28; 강여진·박천오, 2004: 92).

4) 정보처리기술의 발전은 지식사회의 형성을 가능하게 하였고, 지식과 정보의 활용은 정부 경쟁력과 생산력을 확장시키는 새로운 요인으로 인식되고 있다. 뿐만 아니라 지식과 정보의 생성 및 활용 가능성 여부는 조직에서 새로운 지위와 성과를 가져올 수도 있음이 드러나고 있다(사득환·김장기, 2002: 168).

5) 이와 관련하여 사득환(2000)은 지식정부로 가기 위해서는 지식과 정보의 수단 및 흐름(flows), 그리고 행정적 조건들이 서로 결합되어 행정의 생산성과 경쟁력을 창출할 수 있어야 한다고 주장하였다.

은 조직관리의 관점에서 가장 중요한 강조점이라고 할 수 있다. 왜냐하면 자율적으로 창출되는 각 개인들의 지식이 조직차원에서 공유되지 않는 한 조직이 추구하고자 하는 지식으로서의 가치로는 무의미한 것이 되기 때문이다.

또한 조직 내에서 공무원 개개인이 보유하고 있는 서로 다른 지식과 정보가 공유되면 단편적 지식의 보완이 가능하게 되고, 그 결과 보다 유효한 지식이 창출 될 수 있다. 즉 공무원들은 이러한 지식공유를 통해 타인의 경험과 노하우를 가장 적은 비용으로 습득할 수 있으며, 나아가 자신의 경험과 노하우를 타인의 검증을 통해서 그 타당성을 확보할 수 있게 되는 효과가 있기 때문에 지식공유는 조직관리에 있어서 매우 중요하게 다루어야 할 문제라고 할 수 있다.

조직에서 지식의 가치와 시너지 효과를 높여 조직성장을 촉진하기 위해서는 개인수준이나 조직수준에 존재해 있는 지식을 타인이나 다른 조직단위의 조직구성원에게 이전하고 공유할 수 있도록 시스템이 구축되고 작동되어야 한다. 조직 내부에서 개인 및 부서 간 지식공유는 지식창출과 마찬가지로 조직의 경쟁우위 확보를 위한 기반이며(Nonaka & Takeuchi, 1995), 따라서 조직에 있어서 지식관리는 지식공유로 총칭될 수 있다(김구, 2003a: 2).

최근 들어 우리 나라도 지식자원을 전략적으로 활용하려는 움직임이 민간부분과 공공부문 모두에서 적극적으로 일어나고 있으며, 이를 위해 기업과 정부 모두에서 지식관리를 추진하고 있다. 그리고 지식관리를 추진하고 있는 이들 부문들 모두에서는 조직의 경쟁력을 높이기 위해 지식을 확산하고 공유하려는 노력이 주요 이슈가 되고 있다.[6]

---

6) 특히 우리 나라의 공공부문의 경우 1999년에 철도청, 기상청, 국세청 등 일부 행정기관에서 자체 지식관리시스템을 개발 완료하여 시행해 오고 있으며, 2003년 4월 8일부터는 정부지식관리센터(www.gkmc.go.kr)에 의한 정부지식관리시스템(GKMS)을 본격 가동하고 있다. 이는 행정기관 내 또는 기관간의 행정지식을 통합·연계하고 범정부적 단일창구를 마련함으로써 행정기관 상호간의

이처럼 이 분야의 연구에 대한 관심의 증대에 따라 많은 학자들이 지식 공유의 성공요인을 밝히려는 연구를 활발하게 시도하고 있다. 하지만 이러한 연구경향과 더불어 지식공유에 관한 명확한 개념설정이나 이론적 모델의 제시, 나아가 실증적 연구를 통한 결과 도출 등 지식공유와 관련된 보다 다양하고 폭넓은 연구시도가 향후 지속적으로 이루어져야 할 것으로 보인다.[7] 현재 막대한 예산과 인력을 들여 개발·추진하고 있는 한국 공공부문의 지식관리 및 지식공유 분야에 대한 실태조사 및 평가를 다루고 있는 연구들이 여러 행정학자들에 의해 이루어지고 있다. 그러나 조사대상이 중앙행정기관이나 지방자치단체 중 1-2개 기관을 대상으로 실시되어 연구결과를 일반화하는데 있어 다소의 한계를 노정하고 있다. 또한 조직의 발전에 능동적·독립적인 영향을 미치는 행위자인 공무원의 행태 및 행위와 관련된 부분을 제외한 채 지식관리의 시스템적 측면을 위주로 연구가 이루어지는 경우가 많아 양적·질적 차원에서 보다 다양한 연구가 이루어져야할 필요가 있다고 판단된다.

따라서 본 연구에서는 지식관리 및 지식공유와 관련된 선행연구들을 참고하여 공공부문의 경쟁력을 향상시키는데 결정적인 기여를 하는 공무원 간 지식공유 행위에 연구의 초점을 두었다.

이 연구는 '정부조직 수준에서 어떤 요인들이 강화되어야 구성원인 공무원들이 적극적으로 지식을 공유하려고 할 것인가(어떠한 요인들이 영향요인으로서 긍정적인 작용을 하고 있는가)?', '한국의 공공부문에 있어서 공무원의 지식공유 행위가 현재 어느 정도 이루어지고 있는가?', 그리고 '공무원들이 각자의 사회적 배경에 따라 지식공유 행위에 대해 인식의 차

지식을 공유하고 활용할 수 있도록 추진하고 있다. 더욱이 2003년 3월 24일에 있었던 행정자치부의 대통령 업무보고에서 노무현 대통령은 "정보·자료의 축적·공유시스템 구축을 보다 효율화하고, 전 부처에 확산되도록 할 것"이라는 대통령지시사항을 내린바 있다(행정자치부, 2003).

7) 지식공유 행위의 성공요인을 포함한 영향요인과 관련된 학자들의 기존 연구는 p. 47를 참조.

이를 나타내고 있는가?'라는 의문점들에 대한 해답을 찾고자 시작되었다.

본 연구는 조사결과들을 토대로 이러한 의문점들에 대한 해답을 찾아 지식관리시스템의 도입·실시이후 나타난 한국 공공부문에 있어서의 지식공유를 통한 지식관리의 성과와 미비점 등을 점검하고자 하는데 연구의 목적을 두었다. 나아가 궁극적으로 향후 한국 공공부문에서 지식관리의 효율적 운영을 통해 정부조직의 경쟁력 향상과 생산성 제고를 유도할 수 있도록 하는 공무원의 지식공유 행위 활성화방안도 제시하고자 하였다.

제2절 연구의 범위와 방법

1. 연구의 범위와 내용

본 연구는 한국 공무원의 지식공유 행위를 활성화하기 위해서는 크게 두 가지 측면에서의 논의가 필요하다는 인식에서 출발하였다. 첫째로, 지식공유 행위에 영향을 미치는 요인들을 검토·분석함으로써 그 결정요인들을 찾아내어 이들 요인들을 집중적·전략적으로 제고하는 노력과 관련된 논의가 무엇보다도 필요하다는 인식이다. 그리고 둘째로, 공무원의 지식공유 행위에 영향을 미치는 요인의 규명과 병행하여 현재 공무원의 지식공유 행위에 대한 전반적인 반응 정도와 사회적 배경의 차이에 따른 반응 정도를 찾아내어 향후 이들 결과를 공무원의 지식공유 행위와 관련한 관리방안에 포함시키는 노력이 필요하다는 인식도 함께 고려하였다.

또한 본 연구에서는 지식공유에 관한 기존 연구들과의 차별화를 통해 이 분야의 연구범위를 확장하고자 시도하였다. 먼저 기존 연구의 조사범위를 확대하여 조사대상에 중앙행정기관과 지방자치단체를 함께 포함함으로써 보다 일반적인 결과를 추론하고자 시도하였다. 그리고 조사대상을 개인적 특성 및 기관적 특성별로 구분한 후 인식 차이 조사와 정(+)의 영향 요인에 대한 분석을 실시하여 이러한 특성에 따른 지식공유 행위의 차이를 규명하고자 하였다.

본 연구에서 다룬 핵심적 내용들을 요약하면 다음과 같다. 첫째, 지식공유의 선행 개념들인 지식, 지식관리 및 지식관리시스템과 관련된 내용들을 살펴보았다. 그리고 지식공유에 관한 이론적 배경으로서 선행연구를 통해 관련 개념을 정의하고, 공공부문인 정부조직에서 이들 개념들이 갖는 의의와 필요성을 규명하였다.

둘째, 경험적 조사를 통하여 한국의 공공부문에 있어서 공무원의 지식공유 행위가 현재 어떻게 진행되고 있는지에 관한 실태와 응답자 개인별 특성 및 기관별 특성에 따른 인식 차이를 살펴보았다.

셋째, 선행연구를 통하여 도출한 지식공유 행위의 영향요인 중 한국 공무원의 지식공유 행위에 긍정적인 영향을 미치는 영향요인들을 경험적으로 검증해 보았다.

넷째, 이들 분석결과와 면담조사 및 관련 문헌연구를 통한 분석결과의 해석을 바탕으로 한국 공무원의 지식공유 행위를 활성화시키기 위한 현실적·전략적 관리방안을 제시하였다.

2. 연구의 방법

본 연구는 문헌연구와 경험적 조사를 통한 실증연구를 병행하여 실시하였다.[8] 좀더 구체적으로 설명하면, 문헌연구에서는 선행연구를 통하여 지

---

[8] 경험적 조사는 첫째로 1차적으로 실제 정부기관에 근무하는 공무원들을 표본 추출하여 이루어진 설문조사방식과 둘째로 1차 조사결과를 토대로 몇몇 관련 공무원을 대상으로 면담방식을 통해 이루어진 2차적 조사방식을 병행하여 실시하였다.

식공유의 본질과 지식공유 행위의 필요성, 그리고 지식공유 행위에 관한 영향요인을 살펴보았다.

문헌연구 결과에 따른 실증연구를 함에 있어 본 연구에서는 네 가지 통계분석기법을 사용하였다. 즉 지식공유 행위에 관한 실태조사로서 공무원의 인식 정도를 파악하기 위한 빈도분석, 지식공유 행위에 관한 또 하나의 조사로서 응답 공무원들의 사회적 배경 및 기관의 특성에 따른 인식 차이 유무를 파악하기 위한 T-test와 분산분석(ANOVA), 그리고 독립변수들과 종속변수간의 영향관계 확인과 가설검증을 위한 회귀분석(regression analysis)이 그것이다.9) 이러한 다양한 조사분석기법을 사용한 이유는 첫째, 이를 근거로 하여 많은 선행연구들에서 연구의 한계로서 밝히고 있는 조사대상의 제약과 분석방법의 단편성으로 인한 연구결과의 일반화 추론상의 어려움을 조금이마나 극복할 수 있다고 보았기 때문이다. 둘째, 지식공유 행위 실태에 관한 보다 미시적인 수준에서의 정확한 진단을 하는데 도움을 줄 수 있으며, 향후 지식공유 행위를 보다 활성화시키기 위한 전략적 관리방안을 도출하는데 보다 많은 도움을 제공할 수 있다고 보았기 때문이다.

그리고 자료의 분석은 통계패키지 SPSSWIN 10.0 통계프로그램을 사용하였다.

---

9) 이외에도 분석방법으로서 크론바하알파(cronbach's α) 계수를 이용하여 측정변수의 신뢰성을 검정하였으며, 측정변수의 타당성 검증을 위해서 요인분석(factor analysis)을 실시하였다.

제2장 지식, 지식관리 및
지식관리시스템

본 연구의 핵심주제인 지식공유 행위를 고찰하기 위해서는 우선 선행 개념이라 할 수 있는 지식과 지식관리에 관한 내용들을 살펴볼 필요가 있다. 본 장에서는 이를 위해 지식과 지식관리의 개념 및 필요성, 한국 공공부문 지식관리시스템의 운영현황 등을 살펴본다.

제1절 지식 및 지식관리

1. 지식의 개념과 행정상의 함의

1) 일반적 의미에서의 지식 개념

우선 지식의 사전적인 의미를 살펴보면 옥스퍼드 사전은 지식을 "앎의 상태 혹은 사실, 알고 있는 모든 것, 조직화된 정보"라고 규정하고 있으며, 웹스터 사전은 지식을 "연관성이나 경험을 통해 무엇인가를 알고 있는 사실이나 상태"로 규정하고 있다(강황선, 2002). 지식은 지식을 바라보는 시각에 따라 다양한 의미로 해석·표현되고 있다.

Davenport & Prusak(1998)은 산업사회에서 정보사회로 진화되는 과정에서 정보기술이 개별 조직체의 성과를 극대화시키는 데 상당한 기여를 하고 있지만, 최종산출물(서비스 등)의 차별화된 가치는 본질적으로 지식에 의해서 결정된다고 설명하면서 이때 지식(knowledge)이란 "새로운 경험과 정보를 평가하고 통합할 수 있는 체계를 제공하는 틀을 갖춘 경험, 가치, 정황정보, 전문가적 통찰력의 유동적인 혼합체"라고 하였다. 즉 지식은 해당 지식을 갖고 있는 사람의 정신에서 비롯되어 정신적으로 작용되며, 조직적 차원에서는 문서를 포함하여 일상업무, 절차, 실행사례, 규범 등에 담겨있게 된다는 것이다. 따라서 지식은 개인 또는 지식인의 집단으로부터 얻을 수 있으며, 때로는 조직의 일상업무를 통해 얻어지기도 한다. 또한 지식의 전달은 책이나 문서와 같은 구조적인 매체를 통해, 그리고 대화 등의 대인접촉을 통해 전달된다(서이종, 1998).

이 밖에도 지식에 관하여 많은 학자들이 나름대로 정의하고 있는 가운데, Sveiby(1997)는 지식을 '실증주의적 관점'과 '구성주의적 관점'으로 분류하여 파악하였다. 실증주의적 관점은 지식을 관리하여야 할 객관적인 실체(objects)로 파악한다. 객관적으로 존재하는 지식을 어떻게 발견하고 체계적으로 분류·가공해야 하는지를 강조하는 반면에 지식을 창출하는 주체의 의도나 가치는 소홀히 여긴다. 구성주의적 관점은 지식을 창출주체의 의도나 관심에 따라 다양하게 구성될 수 있는 주관적 경험의 결과로 파악한다. 그러므로 사람과 사람간의 직접적인 접촉을 통하여 주관적인 경험을 어떻게 공유하느냐를 강조한다.

Krogh(1998)는 지식을 분명하고 쉽게 코드화되어 다른 사람에게 이전될 수 있는 형태의 지식으로 정의하는 '인지적인 관점'과 지식을 이전의 경험, 기분, 느낌 등을 통하여 표현되는 독창적인 것으로 정의하는 '구조적인 관점'으로 분류하여 설명하였다.

또한 '광의적인 관점'에서 김학민(1998)은 "지식이란 가치를 창출하는 데 활용될 수 있는 정보"라고 개념지었으며, Alter(1992)는 "사람 혹은 조직을 효과적·효율적으로 관리하기 위해 이해할 필요가 있는 것"으로 설명하였다. 이러한 시각은 일반적인 조직에서 이용되고 있는 데이터보다 큰 개념이라고 할 수 있다.

　지식창출의 권위자로 인정받고 있는 Nonaka(1994)는 지식의 다층적이
고 다면적인 측면을 강조하였다. 그는 지식이 "기억, 정보뿐만 아니라 개
념, 법칙, 이론, 가치관, 세계관에 이르기까지 추상성과 포괄성을 가진다"
고 하였으며, 지식의 소유 및 활동주체에 따라 개인적 지식과 조직적 지식
으로 분류하였다. 즉 개인적 지식을 개인에게 체화되어 있거나 개인적으로
보유하고 있는 지식으로, 조직적 지식을 기술・특허・경영기법・노하우・
데이터베이스・전략・사업영역・문화 등과 같이 개인과 관계없이 조직 내
에 축적되어 남겨지는 지식으로 분류하였다.

　Nonaka & Takeuci(1995)는 지식은 "정당하고 진실된 체험과 믿음에
의해 획득된 하나의 기술(Skill)"이라고 하였으며, 지식의 형태 및 표현가
능성의 정도에 따라 지식을 암묵지식(tacit knowledge)과 형식지식
(explicit knowledge)으로 구분하였다. 즉 암묵지식이란 조직이 가지는 노
하우나 조직문화 등 내면화되어 있음으로써 말이나 문서로 표현(유형화)하
여 다른 사람에게 전달하기 어려운 특징이 있는 지식을 말하며, 이에 비해
형식지식은 연구보고서, 데이터베이스 등 임의의 형태로 전달 가능한 지식
을 뜻하는 것으로서, 분명하게 기술되어 있는 형태를 가짐으로써 조직구성
원의 공유・축적・활용 등을 통하여 가치창조와 밀접한 관련을 가진다고
하였다. 그리고 이 두 가지 지식의 특성에 따라 지식관리의 방법이 달라지
게 되므로 지식관리의 영역을 파악하기 위해서는 지식의 특성이 우선적으
로 고려되어야 할 필요가 있다고 하였다.[1]

　Leonard & Sensiper(1998)는 지식을 "당면한 문제와 연관되고 즉시
활용할 수 있는 정보로 경험에 근거하며 준거한 것"이라고 정의하였다.

　강황선(2002)은 지식이란 "문제를 해결하기 위하여 의사결정을 하거나

---

1) Nonaka & Takeuci(1995)는 형식지식이 주요 대상이 되는 경우에는 정보
　통신기술을 통하여 효과적으로 창출・유통・관리될 수 있는 반면 암묵지식은
　사람들간의 상호교류를 통하여 효과적으로 창출되고 확산되는 것이기 때문에,
　지식의 관리과정이 달라 지식관리의 영역을 파악하기 위해서는 지식의 특성
　이 우선적으로 고려되어야 할 필요가 있다고 설명하였다.

특정한 상황에서 가치를 창출하는데 활용할 수 있는 의미 있는 정보"로 정의하였으며, 이러한 지식은 개인이나 조직의 경험에 근거한 진실과 믿음, 예측과 판단, 방법론과 노하우 등으로 구성된다고 하였다.

Lundvall & Johnson(1994)은 지식을 그 내용에 따라 know-what, know-why, know-how, know-who 등 네 가지 유형으로 구분하고 있다. 여기서 know-what은 특정한 사실을 이해하고 안다는 것이고, know-why 는 자연의 법칙이나 원리에 관한 과학적 지식 혹은 인간정신 및 행동과 사회 변화의 법칙 및 원리에 대한 지식을 의미하며, know-how는 어떤 것을 할 수 있는 능력과 기술을 의미하고, know-who는 누가 무엇을 알고 있으며 어떤 노하우를 갖고 있고 어떤 상태에 있는지를 알고 있는 것을 의미한다.

김효근(1999)도 내용에 따라 지식을 사물지(knowledge about objects), 사실지(knowledge about propositions), 방법지(knowledge about know-how) 등 세 가지로 분류하였다. 여기에서 사물지는 인간이 사물의 존재 자체에 대해 인식하고 있는 인지상태를 의미하고, 사실지는 한 개인이 여러 가지 지적인 사실이나 사실적 명제 등을 안다는 것을 의미하며, 방법지는 인간의 욕구를 해결할 방법을 아는 지식을 말한다.

Quinn et al.(1996)은 인지적, 숙련과 기술, 체계의 이해, 그리고 자발적 창조에 의한 지식으로 분류하였다.

이 밖에도 Leonard(1995)는 지식을 대중적 또는 과학적 지식·산업에 한정된 지식·회사에 한정된 지식으로, Szulanski(1996)는 내부지식과 외부지식, 암묵지와 명시지로, Alavi(1997)는 개인적이며 명시적인 의식적 지식과 사회적이며 묵시적인 집합적 지식으로, Demarst(1997)는 지식을 과학적 지식·철학적 지식·상업적 지식으로, Ruggles(1997)는 어떻게 처리할 것인가에 대한 지식인 프로세스 지식·어떤 것인가에 대한 카달로 그 지식·어떤 것이어야 하는가에 대한 실험적 지식으로, Wigg(1997)은 지식을 타입에 따라 사실적 지식·개념적 지식·기대적 지식·방법론적 지식으로, 형태에 따라 개인적 지식·공유된 전문가 지식·개방적 지식으로 구분하였다(구교봉, 2000).

  이렇듯 지식이란 개인의 단순한 아이디어나 주관적 의견으로 정립되는 것
이 아닌 어떤 그룹이나 사회에서 공유되기 위해서는 논리적·경험적으로 정
당화된 과정이 필요하며, 이러한 과정을 통하여 조직 내부에서 이용 가능하
게 되는 것이라고 할 수 있다(정순자, 2001).

  〈표 2-1〉은 지금까지 살펴본 지식의 개념에 대한 학자들의 정의를 정
리한 것이다.

〈표 2-1〉 선행연구자에 의한 지식의 분류

연 구 자	지식의 분류
Nonaka(1994)	① 개인적 지식 ② 조직적 지식
Lundvall & Johnson(1994)	① know-what ② know-why ③ know-how ④ know-who
Nonaka & Takeuci(1995)	① 암묵지식 ② 형식지식
Leonard(1995)	① 대중적 또는 과학적 지식 ② 산업에 한정된 지식 ③ 회사에 한정된 지식
Quinn et al.(1996)	① 인지적 요인의 지식 ② 숙련과 기술요인의 지식 ③ 체계의 이해요인 지식 ④ 자발적 창조요인 지식
Szulanski(1996)	① 내부지식 ② 외부지식 ③ 암묵지 ④ 명시지
Sveiby(1997)	① 실증주의적 관점의 지식 ② 구성주의적 관점의 지식

연 구 자	지식의 분류
Alavi(1997)	① 의식적 지식 ② 집합적 지식
Demarst(1997)	① 과학적 지식 ② 철학적 지식 ③ 상업적 지식
Ruggles(1997)	① 프로세스 지식 ② 카달로그 지식 ③ 실험적 지식
Wigg(1997)	① 사실적 지식 ② 개념적 지식 ③ 기대적 지식 ④ 방법론적 지식 ⑤ 개인적 지식 ⑥ 공유된 전문가 지식 ⑦ 개방적 지식
Krogh(1998)	① 인지적인 관점의 지식 ② 구조적인 관점의 지식
김학민(1998), Alter(1992)	광의적인 관점의 지식
김효근(1999)	① 사물지 ② 사실지 ③ 방법지

본 연구에서는 이상의 여러 학자들의 개념정의를 토대로 볼 때, 지식을 "문제해결을 위한 의사결정을 하거나 가치창출을 위해 활용할 수 있는 정보"로 정의한다.

2) 공공기관에 있어서의 지식 개념 및 행정상 함의

기업을 중심으로 하는 민간부문에서의 지식은 해당 기업의 업종 및 업무특성이나 경영전략에 따라 제품과 관련된 지식, 운영과정과 관련된 지식, 그리고 고객과 관련된 지식으로 분류할 수 있다. 반면에 공공기관은 보유하고 있는 지식이나 지식화할 수 있는 정보 및 데이터가 기업보다 더 방대하며, 특히 정부조직의 경우 자체적으로 보유한 지식뿐만 아니라 산하기관에서 보유하고 있는 지식을 포함하면 상당한 분량이 될 것이다.

민간부문과 공공기관의 지식을 비교하여 분류하면 다음의 〈표 2-2〉와 같이 나타낼 수 있다.

〈표 2-2〉 민간부문에 대응한 공공기관의 지식분류

구 분	민간부문(기업)	공공기관(정부조직)
지식 영역	제품과 관련된 지식	정책수립과 관련된 지식
	운영과정과 관련된 지식	자원관리 및 업무처리와 관련된 지식
	고객과 관련된 지식	공공서비스와 관련된 지식

자료: 정순자(2001: 217)에서 재인용.

〈표 2-2〉에서 나타난 바와 같이 공공기관의 지식 가운데 첫 번째는 정책수립과 관련된 지식영역으로서, 이는 정부의 각 기관과 부서의 주된 업무로서 여러 과제를 검토하는 가운데 의사결정 및 집행활동과 관련된 내용을 포함한다. 이것을 정책과정을 중심으로 보다 구체적으로 살펴보면, ① 사회상태의 변화와 이에 따른 문제를 포착하기 위해 요구되는 각종 지식 ② 정책목표의 결정에 필요한 지식 ③ 정책분석 단계에서 활용되고 생성된 지식 ④ 정책집행 및 평가에서 생성된 지식 등을 포함한다.

공공기관의 두 번째 지식영역은 자원관리 및 업무처리와 관련된 지식으로서, 보다 구체적으로는 ① 지식으로서의 데이터베이스 및 문서 ② 효율적 자원관리를 위한 지식 ③ 업무처리 절차에 대한 지식 ④ 업무처리와 관련된 법·규정, 내·외부 전문가에 대한 지식 ⑤ 업무처리를 원활히 수행하는데 필요한 지식 등을 의미한다.

세 번째로 공공서비스와 관련된 지식의 내용을 정리하면 ① 기존의 공공서비스에 대한 국민의 요구사항 ② 공공서비스, 특히 민원행정의 절차 개선을 위한 지식 ③ 새로운 공공서비스 발굴에 필요한 지식 등으로 구성된다(정순자, 2001).

다음으로 '행정학적 관점에서 지식의 정의를 재정립해야 하는가?'라는 의문과 관련하여 볼 때, 지식의 의미론적 관점들은 공·사행정에 공히 사용해도 큰 무리가 없다고 보기 때문에, 그리고 지식의 관리와 공유를 근간으로 하는 지식경영이라는 것이 기업차원에만 적용되는 경영학의 고유영역이 아니며 최근에는 행정학에 경영학적 기법을 자주 도입하고 있기 때문에 경영학에서 개념화된 지식의 정의들을 행정학적으로 재정립할 필요가 없는 것으로 보고 있다. 그리고 행정과 경영은 추구하는 목표가 다를 뿐 관리기술면이나 목표달성수단, 집단적 협동행위 측면에서는 유사하므로(이종수·윤영진 외, 2002) 지식경영이론에서 발전된 지식개념을 행정학적 지식관리에 적용이 가능하다고 할 수 있다(사재명: 2002).

그러나 국가나 정부, 지방자치단체는 기업과 같은 소유지배구조가 불명확하고, 공익의 실현을 둘러싼 관료정치와 이익집단간 정치가 나타나는 특성이 강하므로 행정학적 관점에서 다루는 지식의 내용은 경영학적 관점과 다소 다를 수 있는데(최남희, 1999), 정부나 지방정부 차원에서의 지식은 행정문제정의 및 해결과 관련된 지식과 행정제도 구축과 운영에 관한 지식, 전략적 방향에 관한 지식 등을 들 수 있다(삼성경제연구소, 1999).

행정의 관점에서 다룰 수 있는 지식의 내용을 설명하자면, 우선 행정문제의 정의 및 해결에 관련된 지식은 정부가 해결해야 할 문제를 정책의제로 도출하고 이를 달성하기 위한 정책목표를 설정하며, 설정한 목표를 달성하기 위한 대안을 탐색·비교·평가하여 그 중 바람직한 대안을 정책으로 채택하는 것과 관련된 지식이다. 즉 문제를 정의하는 능력은 가장 기본적인 정부지식에 해당하는 것이며, 각 부문에 존재하는 지식들을 최적으로 조합하여 실현 가능한 대안을 찾아내는 능력도 정부가 보유해야 할 중요한 지식이라고 할 수 있다.

그리고 행정제도 구축과 운용에 관한 지식이란 각 주체들의 상호작용을 규정하는 제도를 형성하고 운용하는 것과 관련된 지식이다. 제도는 제약과 인센티브의 부여를 통해 각 조직과 주체의 지식활동 방향을 결정하는 역할을 수행한다. 이를 위해서 바람직한 지식활동을 조장하고 촉진할 수 있는 제도의 틀을 결정하고 이를 운용해 나가는 능력에 관한 지식이 필요한 것이다.

전략적 방향에 관한 지식과 관련하여, 실천성과 유용성이 결여된 지식은 정부차원에서 무의미하며 정부의 고객인 국민에게 만족을 제공하여 주는 지식이 절실하다. 즉 국민이 무엇을 바라고 있는가에 귀를 열어두고 그 의견을 수렴·분석하고 이를 반영시키는 채널을 구축하고, 정부가 보유한 지식을 공개하고 침투시켜 확산시키는 능력을 갖추며 정책방향에 대한 비전을 공유하도록 국민과 지속적인 대화를 할 수 있는 능력이 요구되는 것이다.

따라서 행정상의 지식이란 행정관련 정보를 집적하고 체계화함과 동시에 현장경험과 판단력, 학습에 의한 정보를 가공하여 보다 가치 있는 형태로 의미화시킨 행정전략, 제도 등과 관련된 지식이라고 정의할 수 있다(사재명: 2002).

2. 지식관리의 개념과 필요성

1) 지식관리의 개념

지식관리(knowledge management)란 관리되어야 할 지식을 체계적으로 관리하는 것을 말한다(정윤수, 2001). 지식관리라는 용어는 기업의 실무적인 현장에서 많은 각광을 받고 있으나, 아직도 지식관리에 대한 체계적인 정의, 방법론, 전략, 성공요인들이 정립되지 못하고 있다. 그 이유에 대해서는 여러 가지가 있을 수 있겠으나, 대표적인 이유로는 지식관리가 실체를 갖고 있지 않은 대상인 지식을 중점적으로 다룬다는 점과, 또한 지식관리의 대상이 너무 많아서 그것들을 일반화하여 정의하기가 쉽지 않다는 점을 들 수 있다(사재명, 2002).

민간부문의 지식관리는 흔히 '지식경영'이라고 불리고 있으며,[2] 경영의 초점을 지식의 창조, 공유, 활용과정에 두어 궁극적으로 경영단위(개인, 조직 또는 사회)의 경쟁우위와 부가가치 역량을 제고하는 것이다(권석균, 2000). 현재 경영학에서는 지식자산이라는 용어가 많이 사용되고 있다. 지식자산이란 기업의 핵심역량을 나타내는 것으로서 회계상 인식되는 무형자산[3] 외에도 기업에 경쟁우위를 가져다주는 지식, 경험, 역량 등과 같은 무형자산을 포함하는 광범위한 의미를 갖는다(최수미, 2001). 지식자산은 동시에 여러 사람들에 의해 사용될 수 있는 특성이 있으며, 네트워크에 연결된 사람의 수만큼 그 효과가 크게 나타난다. 이러한 특성을 가지는 민간부문에서의 지식관리는 기업의 미래가치를 예측해주는 중요한 잣대로서의 구실을 하고 있다(정윤수, 2001).

한편 공공부분에서의 지식관리는 이론적 관심은 높은데 비해서 그 실천적 노력은 미약하다고 할 수 있다. 공공부문에서의 지식관리는 '지식행정'으로 표현되기도 한다.[4] 지식행정이란 지식사회를 설계하고, 지식창출·

---

2) 지식관리는 지식경영이라는 개념으로 민간부문에서 먼저 도입되었다. 기업의 자산으로서 지식의 중요성과 지식의 관리, 활용에 대한 인식은 1986년 유럽의 경영 컨퍼런스에서부터 지식경영이라는 공식적인 개념으로 등장하였다(매일경제신문, 「지식경영으로 승부한다」, 1998년 9월 16일자). 이러한 지식경영이라는 용어는 Drucker(1993)의 '지식노동자(knowledge worker)'의 개념과 이러한 형태의 노동자들이 조직 내에서 급속하게 지배적인 우위를 차지하게 될 것이라는 주장에도 그 기원을 두고 있는 것으로 보인다(박기동·우성진, 1999: 503).

3) 무형자산이란 기업이 장기간 영업활동에 사용할 목적으로 보유하고 있는 물리적 실체가 없는 자산으로 현재 기업회계기준에서는 영업권, 산업재산권, 광업권, 어업권, 창업비, 개발비 등을 포함하고 있으며 대체로 독점적, 배타적으로 사용할 수 있는 권리로서 유상으로 취득한 것만을 포함한다(정윤수, 2001: 12).

4) 현재 행정학계에서는 지식경영, 지식행정, 지식관리 등의 용어들이 혼재되어

형식화 · 전파 · 활용 등 지식관리를 통해 가치창출, 극대화하는 행정이다
(정윤수, 2001).

　　보다 구체적으로 그 동안 경영학자와 행정학자들이 정의한 내용을 중심
으로 지식관리의 개념을 살펴보면 다음과 같다. 경영학에서는 이러한 지식
이 현대 기업경영의 핵심자원으로 부상하면서 지식경영의 중요성이 부각
되어(Davenport et al., 1998; O'Leary, 1998) 지식경영의 개념에 대한
많은 연구와 이론적 정립이 있었다.

　　먼저 국외의 연구를 살펴보면, Prusak(1997)은 새로운 공공서비스 발굴
을 위한 고객조사를 하거나 기술적인 진보를 활용하는 것이 지식관리이고,
업무의 능률적 운영을 위해 업무방식을 개선하고 이를 공유하는 것도 지식
관리라고 정의하였다. 또한 고객인 민원인과의 상호작용을 통해 민원인의
바램을 접수하여 어떻게 서비스를 수행해야 하는가를 결정하는 것도 지식
관리라고 할 수 있다고 하였다. 한편 O'Leary(1998)는 지식경영을 지식과
연계되는 사람과 조직을 원천으로 하여 지식을 사용가능 하도록 변환해 내
는 과정으로 정의하였다. 즉 데이터베이스, 문서, 정책 및 절차, 그리고 조직
의 개개인들이 보유한 전문지식과 경험을 포함한 정보자산의 파악 · 획득 ·
검색 · 공유 및 평가를 수행하는 통합적인 접근법으로서 정의하였다.

　　Nonaka & Konno(1998)는 지식경영을 기업에서 구성원들이 갖고 있
는 지식과 정보를 공유하고 새로운 지식을 창조하도록 장(場)을 만들어 주
는 것으로 정의하였으며, Heust(1997)는 정보기술의 데이터 처리능력과
인간의 창의적 · 혁신적 능력의 시너지화된 통합을 추구하는 조직적 프로세

사용되고 있으나, 본 논문에서는 '지식관리'라는 용어로 통일하여 쓰고자 한다.
이러한 견해는 박우순(1999: 79)의 글에서도 찾아볼 수 있다. 그는 정부활동
의 관리와 기업의 경영은 엄연히 다른데 경영이라는 개념을 사용하게 되면
공공부문 또는 정부활동의 운영과 관련된 특성이 희석되어 버릴 염려가 있고,
더구나 정부의 활동을 지나치게 경영 · 경제적인 시각에서 접근한다는 인상을
줄 수 있기 때문에, 공공지식에서는 '지식관리'라는 용어를 사용하는 것이 혼
란을 피할 수 있다고 지적하고 있다.

스를 구체화하는 것으로 지식경영을 정의하였다. 그리고 Davenport & Prusak(1998)는 지식창고를 구축하고 지식에 쉽게 접근할 수 있도록 하며 지식창조·이전·사용을 촉진하는 지식환경을 제고하고 지식자산을 관리하는 것으로 정의하였다.

또한 Ruggles(1998)는 조직 내 혹은 조직 밖에 있는 노하우, 경험, 판단을 보다 적극적으로 활용하여 가치를 더하거나 혹은 창조하기 위한 접근방법으로 정의하였으며, Malhotra(1998)는 지식경영을 "예측할 수 없을 정도로 급변하는 경영환경 속에서 기업의 생존과 경쟁력을 갖추는 경영으로, 정보기술로써 데이터·정보의 가공능력과 인간의 창조적·혁신적인 능력을 통합해 가치창조의 극대화를 추구하는 기업의 조직적 프로세스"라고 정의하였다.

한편 Sveiby(1999)는 지식경영이란 사람들이 지식을 사용하는 방식에 따라 두 가지로 정의할 수 있다고 하였다. 첫째, 지식경영의 방식을 정보경영으로 생각하는 사람들의 부류로 이러한 사람들은 경영정보시스템 (MIS) 및 그룹웨어 등을 구축하는 일과 관련이 있다. 이들에게 있어 지식이란 곧 실체(objects)로서 이러한 지식은 정보시스템으로 관리되고 명시될 수 있는 것이며, 이러한 방식은 정보기술의 발전에 힘입어 현재 매우 빠른 발전을 보이고 있다고 주장하였다. 둘째, 지식경영과 인간경영에 등식을 놓는 사람들로서 이들은 심리학, 철학, 사회학 등의 학문에 교육적 바탕을 두고 있다. 이들에게 있어 지식은 곧 프로세스(process)라고 할 수 있고, 이러한 과정은 끊임없이 변화하는 복잡한 일련의 기술, 노하우 등을 의미한다고 주장하였다.[5]

---

5) 이러한 관점에서 Nonaka & Konno(1998)는 지식경영은 '새로운 지식을 창조하고 이것을 전 조직으로 확산하며 그것을 다시 서비스나 시스템으로 형상화'하는 것이라고 규정하였다. 그리고 Prusak(1997)에 의하면 지식경영은 '단순히 데이터와 정보를 저장하고 처리하는 것이 아닌, 개인에게 내재되어 있는 자산인 지식을 인식하고 이를 조직구성원이 의사결정 등에 이용할 수 있도록 자산화하는 것'이라고 지적하였다.

다음으로 국내의 연구를 살펴보면, 포스코 경영연구소(1998)의 연구에 서는 지식관리를 조직이 지니는 지적자산뿐만 아니라 구성원 개개인의 지식이나 노하우를 체계적으로 발굴하여 조직 내부의 보편적인 지식으로 공유하고, 이것의 활용을 통해 조직 전체의 경쟁력을 향상시키는 관리이론이라고 정의하였다. 또한 박기동·우성진(1999)은 "기업이나 조직, 개인이 지니고 있는 지적자산, 즉 가치로 전환될 수 있는 지식을 활용하여 특정한 목적과 의도에 따라 원하는 부가가치를 창출하기 위한 모든 활동"이라고 했으며, 삼성경제연구소(1999)는 지식활동관리를 통해 조직 내·외부의 지식자산을 확보하고 이를 활용하여 제품리더십, 운영탁월성, 고객밀접을 실현함으로써 기업경쟁력을 높이는 경영수단"이라고 정의하였다.

이 밖에도 지식경영의 중요성을 강조하거나 지식경영의 방법론을 소개하고, 성공·실패요인을 설명하는 많은 연구들이 진행되었다.[6] 그러나 많은 연구들이 기업을 중심으로 한 사(私)영역에서 많이 이루어졌다(사재명, 2002).

반면에 행정학에서는 민간부문과 비교해 볼 때 지식행정 및 지식관리에 대한 연구가 아직까지는 많지 않은 실정이라고 할 수 있다.

강근복(1999)은 지식관리를 "조직이 획득가능한 다양한 정보로부터 지식을 창출하고, 이렇게 창출된 지식자산을 정보기술을 이용해 축적·전달·활용함으로써 새로운 가치를 창조해내며, 이를 위해 조직과 사람을 활용하는 방법과 절차"(강근복 외, 1999)라고 했으며, 박우순(1999)은 "조직이 조직 내·외의 지식을 보다 효과적으로 창출·획득·공유·축적·활

---

6) 이와 관련된 국내학자들의 연구로 경영학 쪽에서는 강명희·권용선(2001), 권태형 외(1999), 김상수·김용우(2000), 김효근·권희영(1999), 박기동·우성진(1999), 박재린·박재헌(2000), 신원무(1998), 우성진(1999), 이장환·김영걸(1999, 2000), 황운순(2000) 등의 연구가 있다. 그리고 행정학 쪽에서는 김구(2003a), 김상묵 외(2000), 박희서·김구(2002), 사득환(2000), 사득환·김장기(2002), 사재명(2002), 오을림·김구(2003), 정윤수(2001), 최남희(1999), 한세억(1999a, 1999b, 2000) 등의 연구가 있다.

용 및 적용하는 것"이라고 정의하였다.

그리고 행정학적 관점에서 지식관리를 재구성하여 설명한 정의를 보면, 우선 협의적으로는 행정조직에서 지식을 핵심자원으로 인식하고, 지식을 창출·축적·공유·활용하는 과정을 거쳐 조직의 목표달성을 위한 정책결정이나 새로운 지식의 창조에 이용하는 과정과 체계라고 정의하고 있다. 다음으로 보다 광의적으로는 "축적된 지식을 행정활동을 수행하는데 보편적·적극적으로 활용하여 최대의 효과를 얻고자 하는 것"(최남희, 1999)이며, "지식사회를 바람직한 방향으로 설계하고, 지식창출·형식화·전파·활용 등 지식관리를 통해 시민을 위한 가치창출을 극대화하는 행정"(한세억, 2000)이라고 이해하고 있다.

또한 김구(2003b)는 지식관리란 "개인 및 외부지식, 내부지식의 소스를 통해 조직지식으로 획득하고 조직의 문제해결 및 의사결정에 유용할 수 있도록 조직자산으로 전환함으로써 조직지식의 가치를 창출하는 관리활동"이라고 정의하였다.

〈표 2-3〉은 이상에서 살펴 본 지식관리에 대한 여러 학자들의 정의를 정리한 것이다. 그리고 이상의 여러 견해들을 종합하여 지식관리에 관한 정의를 내려보면 다음과 같이 정리될 수 있다. 즉 지식관리는 행정조직이 조직성과 증대와 문제해결능력 등을 향상·제고시키기 위해 행정조직을 둘러싸고 있는 환경 및 조직 내부에 산재해 있는 암묵지와 형식지들을 창출하고, 이를 체계적으로 축적·활용하며, 창출된 지식을 조직 내 구성원들이 공유하여 새로운 지식을 창출하게 하는 순환적 과정과 이러한 순환과정을 촉진하는 일련의 행위를 말한다고 정의할 수 있다.

〈표 2-3〉 선행연구자에 의한 지식관리의 정의

연 구 자	지식의 분류
Prusak(1997)	새로운 공공서비스 발굴을 위한 고객조사를 하거나 기술적인 진보를 활용하는 것과 업무의 능률적 운영을 위해 업무방식을 개선하고 이를 공유하는 것, 고객인 민원인과의 상호작용을 통해 민원인의 바램을 접수하여 어떻게 서비스를 수행해야 하는가를 결정하는 것
Heust(1997)	정보기술의 데이터 처리능력과 인간의 창의적·혁신적 능력의 시너지화된 통합을 추구하는 조직적 프로세스를 구체화하는 것
O'Leary(1998)	지식과 연계되는 사람과 조직을 원천으로 하여 지식을 사용가능 하도록 변환해 내는 과정
Nonaka & Konno(1998)	구성원들이 갖고 있는 지식과 정보를 공유하고 새로운 지식을 창조하도록 장을 만들어 주는 것
Davenport & Prusak (1998)	지식창고를 구축하고 지식에 쉽게 접근할 수 있도록 하며 지식 창조·이전·사용을 촉진하는 지식환경을 제고하고 지식자산을 관리하는 것
Ruggles(1998)	조직 내 혹은 조직 밖에 있는 노하우, 경험, 판단을 보다 적극적으로 활용하여 가치를 더하거나 혹은 창조하기 위한 접근방법
Malhotra(1998)	예측할 수 없을 정도로 급변하는 경영환경 속에서 기업의 생존과 경쟁력을 갖추는 경영으로, 정보기술로써 데이터·정보의 가공능력과 인간의 창조적·혁신적인 능력을 통합해 가치 창조의 극대화를 추구하는 기업의 조직적 프로세스
Sveiby(1999)	경영정보시스템(MIS) 및 그룹웨어 등을 구축하는 일과 끊임없이 변화하는 복잡한 일련의 기술, 노하우 등을 관리하는 것
포스코 경영연구소(1998)	조직이 지니는 지적자산뿐만 아니라 구성원 개개인의 지식이나 노하우를 체계적으로 발굴하여 조직 내부의 보편적인 지식으로 공유하고, 이것의 활용을 통해 조직 전체의 경쟁력을 향상시키는 것
박기동·우성진(1999)	기업이나 조직, 개인이 지니고 있는 지적자산, 즉 가치로 전환될 수 있는 지식을 활용하여 특정한 목적과 의도에 따라 원하는 부가가치를 창출하기 위한 모든 활동
삼성경제연구소(1999)	지식활동관리를 통해 조직 내·외부의 지식자산을 확보하고 이를 활용하여 제품리더십, 운영탁월성, 고객밀접을 실현함으로써 기업 경쟁력을 높이는 경영수단

연 구 자	지식의 분류
강근복(1999)	조직이 획득가능한 다양한 정보로부터 지식을 창출하고, 이렇게 창출된 지식자산을 정보기술을 이용해 축적·전달·활용함으로써 새로운 가치를 창조해내며, 이를 위해 조직과 사람을 활용하는 방법과 절차
박우순(1999)	조직이 조직 내·외의 지식을 보다 효과적으로 창출·획득·공유·축적·활용 및 적용하는 것
최남희(1999)	협의적으로는 행정조직에서 지식을 핵심자원으로 인식하고, 지식을 창출·축적·공유·활용하는 과정을 거쳐 조직의 목표달성을 위한 정책결정이나 새로운 지식의 창조에 이용하는 과정과 체계라고 할 수 있으며, 보다 광의적으로는 축적된 지식을 행정활동을 수행하는데 보편적·적극적으로 활용하여 최대의 효과를 얻고자 하는 것
권석균(2000)	경영의 초점을 지식의 창조, 공유, 활용과정에 두어 궁극적으로 경영단위의 경쟁우위와 부가가치 역량을 제고하는 것
한세억(2000)	지식사회를 바람직한 방향으로 설계하고, 지식창출·형식화·전파·활용 등 시민을 위한 가치창출을 극대화하는 행정
정윤수(2001)	관리되어야 할 지식을 체계적으로 관리하는 것
김구(2003b)	개인 및 외부지식, 내부지식의 소스를 통해 조직지식으로 획득하고 조직의 문제해결 및 의사결정에 유용할 수 있도록 조직자산으로 전환함으로써 조직지식의 가치를 창출하는 관리활동

2) 공공부문에 있어서 지식관리의 필요성

경제가 급속히 세계화 되어가고 지식이 국제경쟁력의 핵심원천으로 부각됨에 따라 지식관리는 공·사부문을 불문하고 그 적용과 효용성의 가치가 논의되고 있으며 중요한 관심사로 부각되고 있다.

공공부문에 있어서 지식관리는 몇 가지 이유에서 그 필요성이 제기되고 있는데 이들을 살펴보면 다음과 같다. 첫째, 민간부문과 더불어 공공부문에서도 지식관리에 대한 관심이 고조되고 있으며 앞으로 상당한 노력을 기울여야 한다는 주장이 제기되고 있다. 정순자(2001)는 지식관리에 대한 관심이 크게 두 가지 차원, 즉 기업과 국가적 차원에서 부각되고 있다고 설명하고 있다. 먼저 기업수준에서 지식관리에 대한 활발한 이론개발과 지식관리시스템의 구축을 위한 기업의 실제적 투자가 계속되고 있으며, 국가수준에서도 지식관리에 대한 상당한 관심과 노력을 기울이고 있다는 것이다. 특히 국가수준에서의 지식관리에 대한 본격적인 노력과 앞으로의 방향성에 대한 개괄적 합의를 바탕으로 한 1997년 OECD의 보고서[7]와 세계은행의 World Development Report 1998년 주제를 「Knowledge for Development」로 설정한 것은 매우 의미 있는 것이라고 주장하고 있다.

또한 정순자(2001)는 체계적 연구대상으로서 지식관리를 논의한 것은 그리 오래되지 않았지만, 지식관리 자체는 이미 오래 전부터 수행되어 온 것이라고 주장하고 있다. 즉 기업의 입장에서는 우수한 인력을 확보하고 교육훈련을 통한 지식자산화에 노력해 왔으며, 여러 가지 정보시스템을 개발하여 효과적인 지식의 전달과 공유를 추구해왔다는 것이다. 또한 국가적 차원에서도 학교교육과 기초과학연구에 투자함은 물론 과학기술 및 산업 자산에 관한 정보센터를 설립하여 사회적 차원에서 지식의 흐름과 공유를 촉진하려는 노력을 꾸준히 수행해 왔다는 것이다. 그러나 최근에 와서야 지식관리가 관심의 대상이 된 것은 그간의 단편적인 지식관리활동을 보다 종합적이고 체계적으로 추진해야 하는 상황의 반영이라고 할 수 있는데, 이는 급격한 경제환경의 변화 가운데 국제경쟁력을 확보하기 위한 강력한 수단으로서 지식관리를 인식하게 되었기 때문이라는 것이다.

이러한 지식관리의 주된 목적은 "조직이 소유하고 있는 지식의 최고가치를 실현시키는 것"이라고 할 수 있는데(Wiig, 1997), 많은 연구들이 지식관리를 경쟁우위의 확보문제와 연결시키는, 즉 지식관리의 궁극적인 목

---

7) OECD는 1997년 「Knowledge-based Economy」와 「National Innovation System」이라는 보고서를 발행하였다. 전자는 무한경쟁시대에서 가장 중요한 국가경제 요소는 지식이라는 사실을 인지시키는 내용이며, 후자는 한 국가가 지식과 정보의 창출과 확산을 효과적으로 관리하여 국가 전체를 국제경쟁력이 있는 혁신적인 체계로 개혁하는데 초점을 맞추고 있다(정순자, 2001: 222-223).

적을 경쟁력 제고에 두고 있다.[8]

둘째, 지식관리의 주체, 즉 분석단위의 관점에서 볼 때 지금까지는 주로 미시적 차원인 기업이나 개인에 초점을 맞추어 왔다고 할 수 있지만, 지식기반사회를 전체적인 입장에서 효과적으로 구축하려면 지식기반의 인프라를 구축할 주체로서 전체 사회나 국가적 차원의, 즉 거시적 측면의 역할이 중요하게 된다는 주장이 제기되고 있다. 이에 여러 조직을 연결하는 전체 사회적 수준에서의 이론개발이 요구되며, 이러한 노력의 주체로서 정부는 국가적 수준의 거시적 지식관리의 독특한 이론 및 실천방안을 연구해야 할 것이다.

이와 관련하여 정순자(2001)는 정부가 개인, 기업, 그리고 그 밖의 여러 사회조직부문에서의 지식관리를 촉진하는 중요한 역할을 담당할 수 있으며, 교육의 기회 확장 및 질적 제고, 기초연구의 진흥을 통한 국가의 기초능력 구축 등은 정부만이 수행할 수 있는 중요한 기능을 가지고 있다고 주장한다. 그리고 정부는 이러한 여러 과제들을 시스템적 틀에 기반하여 분석하고 국제환경의 변화에 대응하는데 필요한 기반구조를 시의적절하게 구축하는 역할이 요구된다고 하고 있다.

실제로 정부는 지식관리를 위하여 부처마다 관련 정보센터를 설립·운영하고 있으나, 이들 정보센터간에는 상당한 기능중복이 발생함으로써 자원배분과 그 운영의 효율성 측면에서 많은 문제들을 야기시키고 있다. 따

---

8) 경쟁력에는 여러 활동과 요소들이 포함되어 있지만, 그 중에서도 경쟁력 있는 제품과 서비스를 창출하는 혁신이 가장 중요하다고 할 수 있다. 그리고 혁신을 성공적으로 수행하기 위해서는 조직능력(organizational capability)이 있어야 하며, 조직능력을 확보하기 위해서는 능력의 이전과 학습이 효과적으로 이루어져야 하는데, 이러한 이전과 학습과정에서 창출되고 축적되는 기본적 요소가 바로 지식인 것이다. 즉 지식을 관리하는 것과 그 목표인 경쟁력 우위 사이에는 혁신, 조직능력, 지식의 이전 및 학습 등 많은 관련 분야가 있음에도 불구하고 지식관리가 특히 중요한 관심의 대상이 되는 이유는 지식관리가 여러 요소와 활동 이외에도 지식유통시스템의 구축이나 지식자산의 평가와 같은 활동까지를 포함하고 있기 때문이다(정순자, 2001: 223).

라서 향후 국가적 차원에서 이들 정보센터들을 총괄적으로 조정하는 새로
운 시스템이 구축되어야 할 것이며, 이를 위한 본격적인 연구가 요구되고
있다.

셋째, 지식관리가 공공문제 해결을 위한 유용한 가치이자 수단이 될 수
있다는 주장이 제기되고 있다. 국가적 차원에서의 지식관리의 필요성과 관
련하여 한세억(1999b, 2000)은 그 동안 행정에 있어서의 정보란 행정과
정의 부산물로 여겨졌고, 또한 소관 부처의 정보관할권 행사로 인해 정보
가 공유되지 못하였다고 지적하면서 행정부문에 있어서 지식관리가 공공
문제 해결을 위해 유용한 가치로서 사회에 반응적이고 책임성을 갖는 행
정기능의 수행을 위해 유용한 수단이자 방법론이 될 수 있다고 하였다.

또한 정윤수(2001)도 특히 최근 들어 우리 나라의 경우 IMF사태로 인
한 공공부문의 직업 안정성 저하와 민간부문에 비해 상대적으로 열악한
급여 및 근무환경으로 인하여 우수한 엘리트 공무원들이 대거 민간부문으
로 이동하고 있는 현상이 발생하고 있는데, 고급 공무원들 경우 이들이 지
니고 있는 식견과 경험은 국가경쟁력에 직접적인 영향을 주는 요소이므로
이들이 그 동안의 공직생활에서 취득한 업무노하우나 전문지식은 공직을
떠나기 전에 체계적으로 취합·관리하여 해당분야의 업무처리에 전수될
수 있도록 하여야 한다고 지적하였다. 그리고 앞으로 이러한 고급 공무원
들의 이직현상이 증가될 것으로 예상되는 바, 정부 내 지식관리시스템의
운영을 통해 조직의 결원이 생기더라도 결원으로 인한 충격을 최소화 할
수 있는 방안이 마련되어야 할 것이며, 이와 함께 업무추진과정에서 발생
한 성공과 실패사례에서 획득한 노하우는 계속적으로 조직의 업무수행에
전달되어 공공조직이 학습조직으로 거듭나도록 하여야 한다고 설명하고
있다.9)

---

9) 정윤수(2001)는 앞으로 국가경쟁력의 원동력이 지식으로 바뀌는 상황에서 공
   공부문에서의 지식관리의 중요성을 인식하고 지식을 적극적으로 창출·축
   적·활용하고자 하는 체계적인 노력이 있어야 한다고 주장하면서 특히 최근

넷째, 공공부문에 있어서 지식관리의 도입이 여러 가지 긍정적 효과를 가져올 것이라는 주장이 제기되고 있다. 한동효(2003)는 지식관리의 필요성에 입각하여 이종수·윤영진 외(2002)와 최남희(1999) 등의 주장을 인용하여 공공부문 지식관리의 도입에 따른 기대효과를 고객측면, 관리적 측면, 조직구성원 측면으로 나누어 제시하였는데 이를 살펴보면 다음과 같다. 먼저 고객측면에서는 다양한 지적 노하우의 축적 및 공유로 고객이 요구하는 고품질의 정보와 서비스를 적재적소에 공급할 수 있어 시민중심의 행정이 실현될 수 있다. 다음 관리적 측면에서는 지식자산화를 통한 조직의 가치와 경쟁력 향상, 지식공유로 인한 업무의 생산성 향상, 지식의 행정자원화, 업무환경 개선으로 인한 행정의 스피드화, 지식 재창출의 상승효과 등을 달성할 수 있다. 마지막으로 조직구성원 측면에서는 행정업무 수행을 위한 현황파악, 정보탐색, 업무협조에 소요되는 시간을 절감하게 해 줌으로써 직무과중의 해소, 공무원간 벤치마킹(benchmarking), 노하우, 전문지식 등을 공유 및 활용할 수 있게 됨으로써 학습조직의 기반이 구축되고, 다기능 전문가로 양성될 수 있는 효과가 있다는 것이다.

이 외에도 이주희(2001)는 공공부문에서 지식관리를 도입하면 고비용, 저효율, 질적 수준이 떨어지는 행정서비스 등의 문제를 해소함으로써 국가 경쟁력을 제고시켜야 할 역사적 당위성을 실천할 수 있기 때문에 필요하다고 하였다.

그리고 실제적 의미에서 정부기관의 지식관리 활성화로 인해 업무의 노하우 미전수로 인한 시행착오를 방지하고, 전임자의 노하우를 단기간에 습득함으로써 공무원의 경쟁력을 강화하며, 행정의 능률성을 향상시키는 동시에 지식활용의 시너지효과 창출을 기대할 수 있다(정부전산정보관리소 홈페이지).

들어 우리 나라의 경우 공공부문의 지식관리 필요성이 크게 증대되고 있다고 하였다.

제2절 공공부문 지식관리시스템의 운영현황

1. 공공부문 지식관리시스템의 도입배경 및 필요성

공공부문에 있어서 지식관리를 활성화시키기 위한 지식관리시스템의 구축은 공공조직에 있어서 업무처리의 효율성을 높이고 제한된 인원 및 자원으로 대응력을 높여 경쟁력을 제고하는데 있다. 이러한 지식관리시스템의 구축을 통하여 지식관리를 전략적으로 이용할 수 있고, 조직구성원들의 지식수준을 향상시킬 수 있다(김영걸, 1998). 다시 말해 조직구성원들이 업무의 추진과정에서 얻은 지식들을 전자문서화하여 대규모 지식베이스를 구축하고 이를 쉽게 공유할 수 있도록 함으로써 지식수준이 향상된다는 점이다. 그리고 이미 구축된 지식을 공유함으로써 동일 업무의 중복적인 수행을 방지할 수 있기 때문에 업무의 비효율성을 제거할 수 있다. 또한 구조화되고 체계적인 지식을 업무에 적용함으로써 조직구성원 및 조직 전체의 경쟁력을 향상시킬 수 있으며, 정책능력의 향상, 자원관리 및 업무처리의 효율성 확보, 공공서비스의 개선 차원에 그 목적이 있다(한동효, 2003).

한세억(2001)은 공공부문에서의 지식관리시스템은 공무원들이 새 업무를 맡을 경우 전임자의 경험과 노하우를 전수 받지 못해 과거의 시행착오를 반복하는 병폐를 해결하고 개개인의 노하우, 성공 및 실패사례, 아이디어, 보고서 및 계획서, 관련 인터넷사이트 등을 조직의 공유자산으로 활용해 조직역량을 극대화하기 위한 제도라고 설명하고 있다. 그리고 그는 지식관리시스템은 공무원의 지식자산에 대한 자세, 조직의 지식평가 및 보상체계, 지식공유문화 등 조직차원의 인프라와 통신네트워크, 하드웨어, 소프트웨어 및 도구 등 정보기술 차원의 인프라를 전제로 한다고 주장하였다.

공공부문의 경우 지식관리에 대한 관심이 민간부문에 비해 저조하였고,[10] 지식관리의 도입 또한 민간부문에 비해 상당히 늦은 편이다. 이는 정부조직이 민간조직 민간조직에 비해 높은 생존확률로 인해 빠르게 변하는 환경에 민감하게 대응하고 있지 못하기 때문이다(강황선, 2002).

그러나 국민의 정부 출범 이후 지식기반사회가 진행되면서 정부조직 역시 지식관리의 필요성을 자각하게 되었고, 정보통신부·산업자원부·한국전산원 등을 중심으로 공공부문 지식관리시스템에 대한 연구와 정책방안들이 활발하게 논의되고 있다.[11]

---

10) 민간부문에 있어 지식관리시스템의 운영현황을 간략하게 살펴보면 다음과 같다. 먼저 '90년 대 후반 국민의 정부 출범을 전후하여 국내에 지식관리시스템의 도입이 논의되기 시작하였으며, 주로 컨설팅업체에서 시도되어 기타 업체로 확산되고 있다. 그리고 최근에는 SI업체 와 그룹웨어 개발업체를 중심으로 적극적으로 추진되고 있으며, '97년 삼성SDS가 최초로 '아리샘'을 구축한 이후 많은 성과물들이 나오고 있다. 특히 (주)쌍방울과 (주)이랜드의 경 우, 외국기업의 지식경영 사례를 활용하여 지식관리시스템을 구축하여 성공적으로 운영하고 있는 것으로 평가되고 있다. 이 외에도 대림산업(Roots), LG건설, LG-EDS, SK건설, SK C&C, 쌍용건설, 대우건설(바로넷), 대우정보시스템, 현대건설, 현대정보기술, 한국오라 클, 한국인포믹스 등이 지식관리시스템을 구축하여 운영하고 있는 대표적인 기업이다(한동효, 2003: 187-188).

11) 공공부문에 있어 지식기반경제에 대한 논의는 '98년 2월 25일에 대통령 취임사에서 공식적으로 필요성을 제기하였다. 또한 동년 8월 15일에 있었던 '대통령 제2건국 선언문'에서 국정운영 6대 과제 중 2대 과제(정보와 첨단국가 중심의 지식기반국가 건설, 창조적 지식과 정보중심의 지식기반국가)가 지식기반국가 건설과 관련이 있다. 이후 산업연구원과 정보통 신정책연구원을 통해 지식기반국가를 육성하기 위한 방안을 연구한 보고서와 연구 계획서를 제시하였고, 정보통신부 및 한국전산원이 추진계획을 작성하였다. 이에 대한 보다 자세 한 내용은 한동효(2003: 188)를 참조하기 바람.

2. 공공부문 지식관리시스템의 도입 및 운영현황

공공부문에 있어서 지식관리는 '97년 공정거래위원회가 처음으로 관심을 가지기 시작하여 1999년부터 공정거래위원회, 기획예산처, 철도청에서 개발되었으며, 최근에는 중앙행정기관 및 지방자치단체를 중심으로 활발하게 진행되어 점차 지식관리를 위한 지식관리시스템까지 구축하고 활용하는 정부조직이 증가하고 있다. 본 연구에서는 정부통합지식관리시스템 구축을 추진하고 있는 행정자치부의 경우를 중심으로 공공부문의 지식관리시스템의 도입 및 운영현황을 살펴보고, 아울러 이미 부처별 지식관리시스템을 도입 및 운영하고 있는 기타 기관들의 현황도 살펴보고자 한다.

1) 정부지식관리시스템 구축을 위한 사전 작업

행정자치부에서는 2000년 5월에 『정부지식관리시스템구축 기본계획』을 수립하여 3단계에 걸쳐 전체 행정기관에 확산·보급한다는 계획을 수립하였다. 이 계획에 따라 행정자치부는 2000년 6월 지식관리시스템 구축을 위한 실무협의회를 구성하였으며, 2000년 7월에는 시스템 보급관련 수요조사를 중앙행정기관과 지방자치단체 47개 기관을 대상으로 실시하였고, 2000년 10-12월에는 요구사항 분석 및 표준모델을 설계하였다. 그리고 2000년 12월에는 정부지식관리시스템 구축을 위한 행정자치부 모델을 개발하였다(강황선, 2002). 이러한 과정을 표로 정리하면 다음의 〈표 2-4〉와 같다.

<표 2-4> 정부지식관리시스템 구축을 위한 사전 작업 과정

시 기	주 요 내 용
2000년 5월	정부지식관리시스템 구축을 위한 기본계획 수립 및 발표
2000년 6월	실무협의회 구성 (정보통신부·기획예산처·특허청·부산시·강원도 등 13개 기관의 대표 구성)
2000년 7월	수요조사 실시 (중앙행정기관과 지방자치단체 47개 기관을 대상으로 실시 통합)
2000년 10-12월	요구사항 분석 및 표준모델 설계
2000년 12월	정부지식관리시스템(GKMS) 모델 개발

자료: 강황선(2002: 89)를 참조하여 재구성.

2) 정부지식관리시스템의 시범운영과 개통

행정자치부는 2001년 3월부터 8개 기관을 대상으로 정부지식관리시스템의 표준모델에 대한 시범운영에 들어갔다. 그리고 2001년 6월에는 지식정보사회에서 지식의 축적과 활용이 경쟁력의 관건임을 강조하면서 정부지식관리시스템을 개통하였다.

그 이후 2001년 7월~9월까지는 시범운영기관의 의견수렴 및 기능보완 수요조사를 통하여 보완작업을 하였고, 2001년 2월~3월까지 정부지식관리시스템의 보급 및 센터 시범운영기간에 희망기관을 대상으로 지식관리시스템을 보급하고 정부지식관리센터(GKMC)에서 연계기관을 확대하여 서비스를 제공하고 있다. 2002년 3월에는 일부 담당자들을 대상으로 지식관리 전반에 대한 이해, 시스템 구축 준비사항 등 정부지식관리시스템에 대한 교육을 실시하였다. 그리고 2002년 5월~12월까지 지식관리제도의 법제화 추진 및 운영지침을 수립·통보하여 각 정부기관들이 KMS를 운영하는 것과 관련된 문제들을 해소해 주고자 하였으며, 공무원 제안제도 및 신지식공무원 등 유사제도와 일원화를 추진하였다. 또한 2002년 7월에는 2003년도 지방자치단체 예산편성지침에서 지식관리시스템 사업에 대하여 예산을 편성

할 수 있도록 하였다(강황선, 2002; 한동효, 2003).

행정자치부는 2002년 9월부터 정부지식관리시스템과 전자문서시스템과의 연계, 정부지식관리센터의 사용자 범위 확대와 컨텐츠의 충실화 등을 통하여 정부지식관리시스템 및 정부지식관리센터의 기능 개선을 위한 노력을 하고 있으며, 동시에 정부지식관리시스템 운영 우수기관의 사례를 발굴하여 제도개선에 활용하려는 시도를 하고 있다. 또한 행정자치부는 무상보급을 2003년 4월까지로 제한하고, 이후부터는 조달계약에 의한 조달구매를 통해 장비를 도입할 수 있도록 지원하였다(강황선, 2002).

〈표 2-5〉 지식관리시스템의 개통 및 보급 과정

시 기	주 요 내 용
2001년 3월	정부지식관리시스템(GKMS)의 시범운영 (행정자치부, 통계청, 국방부, 중소기업청, 경상북도, 과천시, 칠곡군, 고성군 등 8개 기관에서 시범운영 실시)
2002년 2-3월	사용 희망기관을 대상으로 정부지식관리시스템 보급
2002년 3월	담당자 교육 (지식관리, 시스템 구축 준비사항 등에 대한 교육)
2002년 5-12월	지식관리제도의 법제화 추진 및 정부지식관리시스템의 운영지침을 수립·통보
2002년 7월	2003년도 지방자치단체 예산편성지침에 지식관리시스템 사업예산 편성 가능하도록 함
2002년 9월	정부지식관리시스템과 전자문서시스템 연계 작업 정부지식관리시스템 운영현황 조사

자료: 강황선(2002: 90)과 한동효(2003: 189)를 참조하여 재구성.

3) 정부지식관리센터(GKMC)

행정자치부는 2001년 10월부터 2개월에 걸쳐 정부지식관리센터(GKMC)를 구축하여[12] 2002년 2월에는 지식관리시스템을 운영하는 기

12) 정부지식관리센터(GKMC)는 모든 공무원들이 행정지식을 공유·활용하고 지식 Q&A, 커뮤니티 등 다양한 의견교환 및 지식활동을 할 수 있는 것으로, 보다 자

관간의 공유와 연계를 위하여 정식 가동을 시작하였다. 그리고 2002년 11월부터 2003년 2월까지 정부지식관리센터의 기능을 확충하고, 2003년 4월 8일부터 본격적인 서비스를 제시하였다.

정부지식관리센터는 기관별로 구축된 지시관리시스템의 지식지도와 지식목록을 통합적으로 관리·제공하며, 신문·간행물·연구기관 등 200여 개의 정보원으로부터 추출한 다양한 정보를 실시간으로 제공하는 한편, 정부지식관리시스템의 안정적 운영을 위한 Help Desk를 운영하는 등 지식관리제도를 운영하는데 있어 중추적 역할을 담당하도록 하였다. 그러나 정부지식관리센터를 구축하더라도 각 기관별로 지식의 승인·삭제 등을 가능하게 하여 기관의 자율성을 확보해 두었으며, 정부지식관리시스템 보급 및 정부지식관리센터 구축을 통해서 노하우 미전수로 인한 시행착오를 방지하고, 전임자의 노하우를 단기간에 습득함으로써 행정의 효율성을 극대화하는 한편, 기관간의 지식공유를 촉진하고 우수 지식사례의 확산 및 학습기회 제공으로 지식활용의 시너지 효과를 창출할 것으로 기대하고 있다(강황선, 2002).

이 프로젝트는 정부지식관리시스템 시범운영 결과에서 제기된 문제점에 대한 시스템의 기능을 개선하는데 주력하였다. 그리고 범정부적 지식공유를 위한 GKMC 구축과 운영, 지식관리센터 연계를 위한 연동방안 등을 주요 내용으로 하고 있다.[13]

향후 정부지식관리센터(GKMC)의 계획으로는 현재 연계기관인 행정자치부, 철도청, 서울시청, 경상북도, 경상남도, 전라남도, 충청남도, 과천시청, 광양시청을 제외한 타기관에 더욱 확대한다는 계획을 수립·추진하고 있으며, 지속적으로 이 시스템의 기능을 개선하고 지식공유의 활성화를 위한 방안을 모색하고 있다.

세한 사항은 정부전산 정보관리소홈페이지(http://www.gcc.go.kr/)를 참조하기 바람.

13) 행정자치부는 GKMC를 통해 기관간 지식정보의 공유로 지식활용의 시너지 효과 창출, 우수지식 사례의 확산과 지식작성의 학습기회 제공, 지식관리 제도·운영의 활성화 촉진을 기대하고 있다(한동효, 2003: 189).

4) 정부지식관리시스템 모델[14]

(1) 주요 메뉴의 구성 및 내용

행정자치부에서 구축·운영하고 있는 정부지식관리시스템(GKMS)은 마이페이지·지식모음·지식등록·커뮤니티·정책토론·최신동향·지식 Q&A·지식검색 등 8개의 메뉴로 구성되어 있다. 다음의 〈표 2-6〉은 주요 메뉴의 내용을 설명한 것이다.

특히 정부지식관리시스템(GKMS)은 개인이 노하우, 성공·실수사례, 아이디어, 보고서, 계획서, 관련 인터넷 사이트 등 실용적인 지식을 등록하면 다른 사용자들이 이렇게 등록된 지식을 공유 및 활용하면서 활용가치를 평가하고, 그 결과가 등록자의 '지식마일리지'로 관리되며 이러한 마일리지에 따라 금전보상이나 인사특전을 주고자 하였다. 이를 통해 후임자나 동료에게 노하우가 전수되지 않아 사람이 바뀌면 처음부터 다시 배우는 시행착오나 병폐를 줄이고, 전임자의 노하우를 빠른 시일 내에 배우고 익혀 업무의 효율성을 제고하며, 보다 진일보한 노하우를 추가로 또는 새롭게 축적하여 행정의 지속적인 발전을 유도하도록 하고 있다.

---

14) 정부지식관리시스템 모델(GKMS)의 내용은 행정자치부가 다른 공공기관들이 지식관리시스템을 구축·운영함에 있어서 참조하도록 하기 위해 제시한 운영 지침의 내용과 정부전산관리소 홈페이지를 통해 소개하고 있는 내용을 중심으로 작성하였다.

〈표 2-6〉 GKMS의 각 메뉴별 내용

구성메뉴	내 용
마이페이지 (MyPage)	공지사항, 새로운 지식, 새로운 Q&A, 이달의 전문가, 나의 지식 등 개인별 맞춤 페이지를 제공하며, 정부지식관리센터 메일링 서비스 신청 및 나의정보관리 등을 할 수 있음
지식모음	지식관리센터의 핵심기능으로서 정부내 지식을 행정/일반, 경제/산업, 교육/문화 등 정부 주요 기능에 따라 8개 분야별로 정부통합 '지식지도'(Knowledge Map)를 마련함으로써 등록된 지식을 쉽게 검색·열람할 수 있도록 하였고, 기관별 KMS를 연계하여 다양한 행정지식을 활용할 수 있음
지식등록	정부지식관리센터에 회원으로 가입한 공무원이면 누구나 지식을 쉽게 등록할 수 있도록 하였으며 지식등록시 마일리지도 제공함
커뮤니티	오프라인상의 각종 동호회, 연구모임, 국내외 훈련모임 등 공무원 모임들이 사이버 공간에서 편리하게 활동할 수 있도록 게시판 등록, 회원관리, 일정관리, 토론 등 커뮤니티 공간을 제공하고 있으며, 커뮤니티 검색, 신청기능 등이 있음
정책토론	공무원들 상호간에 정책토론 및 정책제안 등 다양한 의견을 제시할 수 있는 정책토론 및 자유토론, 게시판 등이 있으며 토론주제에 따른 토론방 만들기, 토론기간 설정하기, 토론결과 통계보기 등 다양한 기능을 제공하고 있음
최신동향	신문, 간행물, 공공·연구기관 등 방대한 정보원으로부터 다양한 정보를 카테고리별로 실시간으로 제공하는 최신동향 서비스 및 신지식 행정사례 서비스, 추천 홈페이지 정보 등 공무원에게 유익한 각종 정보를 제공함
지식 Q&A	알고싶은 행정지식을 공무원 상호간에 질의·응답하도록 하여 우수 지식을 많이 등록한 사람은 전문가로 추천·포상하고, 개인별 활용실적에 따라 점수화하는 지식 마일리지 기능을 도입함
지식검색	지식모음에 등록된 지식 및 첨부파일에 대한 지식목록 검색, 원문검색, KMS 운영기관의 지식내용 검색 및 신지식 행정사례 등을 대상으로 한 검색, 지식관리센터 사용자 검색 등 강력한 검색 기능을 제공함

자료: 정부전산정보관리소 홈페이지
(http://www.gcc.go.kr/biz/network/networkstep02.asp)를 참조.

(2) 지식관리 추진조직

〈그림 2-1〉 지식관리 추진조직의 예시

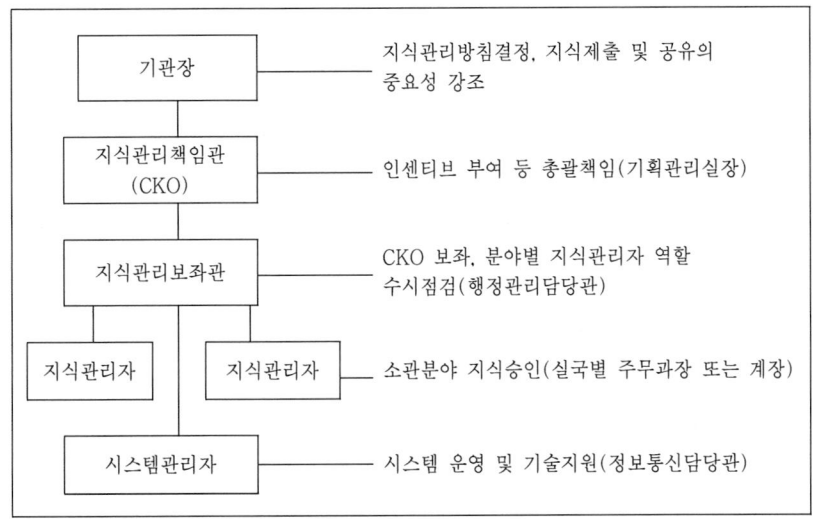

자료: 행정자치부(2002). 「지식관리시스템 운영지침」.

　행정자치부는 기관의 지식관리 기획·홍보·교육, 조직문화 변화 주도, 지식관리시스템 운영에 대한 업무를 맡는 지식관리 추진조직을 〈그림 2-1〉과 같이 구성하도록 권고하고 있다. 지식관리 업무는 새로운 지원업무이므로 전반적인 제도운영은 행정관리부서에서, 기술지원은 전산부서에서 담당하도록 하고 있다.

(3) 지식의 평가와 보상

　먼저 지식의 평가와 관련하여 행정자치부는 전문가 평가와 사용자 평가를 제시하고 있다. 첫째, 전문가 평가는 소규모 조직이나 부서별 전문업무를 수행하는 조직에 적합한 방식으로서, 오프라인(off-line)상에서 분야별 전문가로 평가단을 구성하여 지식을 평가하고 점수를 부여하는 방식이다.

둘째, 사용자 평가는 규모가 큰 조직이나 동일유형의 업무를 수행하는 조직에 적합한 방식으로서, 온라인(on-line)상에서 사용자들이 지식의 가치를 평가하고 마일리지를 부여하는 것이다.

행정자치부는 지식의 양과 질을 모두 고려하여 등록점수, 지식점수, 활동점수로 나누어 사용자 평가와 전문가 평가를 하고 마일리지를 부여하도록 권고하고 있다. 또한 조직의 성격에 따라서도 점수체계를 달리할 것을 제시하고 있다. 즉 전문업무를 수행하는 조직은 우수한 지식이라도 공유범위가 좁기 때문에 등록점수의 비중을 높이고, 예를 들어 심사업무와 같은 일유형의 업무를 수행하는 조직은 지식의 공유범위가 넓어서 많은 직원들이 공유할수록 우수지식으로 볼 수 있으므로 사용자 평가 위주로 마일리지 체계를 구성해야 한다는 것이다. 그리고 지식의 성격과 원천에 따라서도 점수를 달리 정하도록 하고 있다.

다음으로 이러한 평가에 대한 보상과 관련하여 행정자치부는 다수의 사람에게 작은 규모로 자주 포상하는 것이 소수의 사람에게 큰 규모로 가끔씩 포상하는 것보다 바람직하다고 제시하고 있다. 지식을 등록한 직원은 등록과 더불어 보상을 바라는 경향이 있기 때문에 정기포상과 별개로 자주 포상하는 것이 바람직하며, 수시포상과 별개로 평가주기별(분기·반기·년 단위)로 우수지식활동자를 선발하여 포상하도록 하고 있다. 우수지식을 평가하는 기준으로는 "창의성", "업무적용성", "조직 내 확산가능성", "노력성"의 네 가지를 제시하고 있다. 또한 보상의 유형 및 범위와 관련하여서도 제시하고 있는데, 〈표 2-7〉을 통해 볼 수 있듯이 우수지식과 지식마일리지상의 경우 부상금과 수상후 다음 근무평정에 있어서 실적 가점을 부여하는 것을 예시하면서 이러한 보상을 각 실국 및 소속기관장이 우선적으로 고려하도록 하고 있다.

〈표 2-7〉 우수지식과 지식마일리지상에 대한 보상의 유형 및 범위 예시

보상유형		보상범위	비 고
부상금	최우수상	50만원 이내	각 실국 및 소속기관장이 고려 후 결정
	우수상	30만원 이내	
	장려상	20만원 이내	
근무평정 실적에 대한 가점	최우수상	1.5점 이내	
	우수상	1.0점 이내	

자료: 행정자치부(2002). 「지식관리시스템 운영지침」을 참고로 재구성.

5) 지식관리시스템의 구축·운영기관 현황

2003년 6월 현재 지식관리시스템(KMS/GKMS)을 구축·운영하고 있는 정부기관은 중앙부처 30개(자체시스템 22개, GKMS 8개), 지방자치단체 27개(자체시스템 1개, GKMS 26개), 그리고 교육행정기관 2개(자치시스템 2개)로 총 59개 기관이 있다(보다 자세한 현황은 다음의 〈표 2-8〉 및 〈표 2-9〉를 참조할 것).

56

〈표 2-8〉 지식관리시스템(KMS/GKMS) 구축·운영현황(중앙행정기관)

기 관 명	담당부서	도입년월	비 고
기획예산처	정보화담당관	2000. 3.	
공정거래위원회	행정법무담당관	2000. 7.	
재정경제부	재정정보과	2001. 12.	
법 무 부	정보화담당관	2002. 7.	
국 방 부	기획조정관	2002. 11.	GKMS
행정자치부	행정관리담당관	2001. 2.	GKMS
과학기술부	정보화담당관	2001. 12.	
문화관광부	정보화담당관	2002. 10.	
농 림 부	정보화담당관	2001. 3.	
산업자원부	정보화담당관	2002. 5.	
정보통신부	정보관리담당관	2001. 9.	
보건복지부	정보화담당관	2002. 5.	
환 경 부	행정관리담당관	2003. 1.	GKMS
노 동 부	정보화담당관	2002. 11.	
여 성 부	행정법무담당관	2003. 5.	GKMS
건설교통부	행정관리담당관	2002. 12.	
해양수산부	정보화담당관	2001. 12.	
국 세 청	정보개발2과	2001. 1.	
관 세 청	정보관리과	2001. 10.	
조 달 청	정보기획과	2000. 12	
통 계 청	기획과	2002. 2.	GKMS
대검찰청	정보통신과	2001. 12.	
병 무 청	정보관리담당관	2001. 5.	
기 상 청	기상교육과	2000. 4.	
산 림 청	행정관리담당관	2003. 4.	
중소기업청	정보화지원과	2001. 11.	
특 허 청	정보개발과	2001. 9.	
철 도 청	경영기획과	2002. 4.	GKMS
해양경찰청	기획과	2001. 12.	GKMS
해군본부	통신참모부	2002. 4.	GKMS

자료: 행정자치부 내부자료(2003. 6. 현재). 중앙행정기관: 30개 기관.

〈표 2-9〉 지식관리시스템(KMS/GKMS) 구축·운영현황
(지방자치단체 및 교육행정기관)

기 관 명	담당부서	도입년월	비 고
서울특별시	정보화시스템	2002. 5.	GKMS
부산광역시	정보화담당관	2002. 5.	GKMS
울산광역시	행정관리법무	2003. 3.	GKMS
경 기 도	정보통신담당관	2003. 4.	GKMS
강 원 도	정보화담당관	2003. 5.	GKMS
충청남도	정책기획관실	2003. 3.	GKMS
전라남도	정보통신담당관	2003. 1.	GKMS
경상북도	기획관실	2001. 2.	GKMS
경상남도	행정과	2003. 3.	GKMS
서울 구로구	기획예산과	2003. 2.	GKMS
인천 부평구	기획감사실	2003. 2.	GKMS
대전 동구	기획감사실	2003. 1.	GKMS
경기 과천시	지역정보과	2002. 1.	GKMS
경기 파주시	총 무 과	2002. 2.	GKMS
경기 화성시	기획홍보담당관	2002. 12.	GKMS
경기 부천시	정보관리과	2003. 1.	GKMS
경기 시흥시	기획감사담당관	2003. 4.	GKMS
경기 용인시	정보통신담당관	2003. 5.	GKMS
강원 춘천시	기획예산과	2003. 1.	GKMS
강원 태백시	총무과	2003. 1.	GKMS
전남 광양시	기획감사담당관	2003. 2.	GKMS
경북 칠곡군	총무과	2002. 4.	GKMS
경남 고성군	기획감사실	2002. 4.	GKMS
경남 거창군	기획감사실	2001. 3.	
제주시	기획감사담당관	2003. 1.	GKMS
제주 서귀포시	기획감사담당관	2003. 2.	GKMS
제주 남제주군	기획감사관실	2003. 2.	GKMS
광주시교육청	교육정보화과	2002. 3	
충청남도교육청	교육정보화과	2001. 1.	

자료: 행정자치부 내부자료(2003. 6. 현재). 지방자치단체: 27개 기관/ 교육
행정기관: 2개 기관.

3. 중앙기관의 지식관리시스템의 도입 및 운영현황

1) 공정거래위원회의 지식관리시스템

공정거래위원회는 1999년 7월 시스템개발 추진단을 구성하고 동년 6월~8월까지 지식경영 마스터플랜을 작성하였다. 그리고 2000년 2월 "고객감동을 위한 공정거래 종합지식경영시스템"을 구축하였으며, 동년 5월부터 한 달간 핵심 5개 부서를 중심으로 시범운영을 실시한 후 7월 10일에 지식관리시스템을 개통하였다.

공정거래위원회는 지식관리시스템의 구현 목표로서 국민편의 위주의 서비스 구현, 공정위 업무처리 지원, 지식경영체계 수립, 그리고 업무추진 점검의 용이성 확보를 내세웠다. 국민에게는 대 국민서비스 수준을 제고하고, 국민의 부담을 경감하고자 하였으며, 공정위의 간부에게는 정확한 의사결정을 지원하고 업무추진 상황을 점검할 수 있도록 하였다. 또한 공정위 직원들에게는 신속한 검사 및 업무처리 지원과 원활한 정보공유가 가능하도록 하였다(한동효, 2003). 업무수행 중 생산하는 지식과 직원 개개인이 습득한 지식을 체계적으로 공유하게 하여 업무의 생산성을 획기적으로 제고하고, 인터넷을 통한 사건처리 공개 등 국민편의 위주의 서비스 구현으로 고객감동을 실현하고자 한 것이다. 그리고 공정거래위원회는 통합결제, 사건처리, 대민정보, 기업정보, 업무추진점검 시스템 등의 응용시스템을 지식관리시스템과 연동하여 지식의 수집과 활용 및 재창출이 활발히 일어나도록 구성하였다. 업무처리 프로세스와 전자결재 등의 그룹웨어와 지식관리시스템의 연계를 통해서 이중적인 중복작업을 배제시키고, 대민시스템인 홈페이지와 지식관리시스템의 연계를 통하여 정보의 적극적인 공개를 시도하였다. 업무처리용 응용시스템에 축적된 정보, 그룹웨어 자료, 인터넷 산재정보 등의 자동수집과 분류를 통하여 지식관리의 편의성을 향상시켰다(강황선, 2002).

공정거래위원회의 지식활동 현황을 보면, 2001년도에는 개인들이 등록

한 지식 209건, 행정 프로세스 과정에서 발생된 문서 15,500여건이 공유
되고 209건에 대하여 4,170의 조회수를 기록하는 등 공유된 지식이 활용
되었다.

또한 2000년 7월에 개통된 종합지식 경영시스템 중에서 '지식관리'와
'묻고 답하기' 게시판에 등록된 지식을 대상으로 2001년부터 지식마일리지
제도를 시행하고 있다. 지식마일리지는 지식제공에 중점을 두어 부여하는
것을 원칙으로 지식 이용에 대한 마일리지도 같이 부여하고 있으며, 지식
을 이용하는 직원들이 개별 지식이 얼마나 도움이 되는가를 평가한 점수
를 부여하고 이를 합산하여 마일리지를 부여하고 있다(한동효, 2003).

한편 공정거래 위원회는 공정거래위원회는 인식의 부족과 지식공유 문
화가 정착되지 않아 지식공유가 원활히 일어나지 못하고 있기 때문에 아
직도 정보와 지식의 공유에 대한 구성원들의 인식이 부족하다고 자체 진
단하고, 이러한 문제를 개선하기 위한 노력의 일환으로 지식정보의 유통
및 공유채널을 개선하고 우수 아이디어 발굴대회 등의 다양한 이벤트를
통하여 구성원들의 인식을 바꾸고 공유문화를 확산하고자 노력하고 있다.
또한 부서별 지식선도자를 지정하여 각 부서의 지식공유를 촉진하고 공정
한 평가와 보상을 할 수 있도록 노력하고 있다(강황선, 2002).[15]

---

15) 기타 공정거래위원회의 지식관리시스템 활성화를 위한 노력을 보면 다음과 같
   다. ① 사내 정보화 소식지(E-FTC) 전자발행과 배포, IT분야의 전문가 초
   청강연, 업무수행에 도움이 되는 아이디어 또는 공유된 지식을 유용하게 활용
   한 사례를 공모하는 발굴대회의 개최, 1년에 2회 지식관리시스템, 게시판 등
   에 소개된 정보를 이용하여 정답을 찾을 수 있는 정보 찾기 퀴즈대회 개최
   등의 지식공유 이벤트를 통한 지식관리에 대한 직원들의 지속적인 관심을 유
   도하고 있으며, ② 지식관리팀을 구성하여 지식공유 촉진 및 지식의 공정한
   평가 및 보상제도를 마련하고, ③ 각 응용시스템의 검색기능을 통합하여 어느
   시스템에서 검색 하더라도 포탈검색·전문검색·조건검색 등이 가능하도록
   개선하고, 검색된 결과를 사용자 가 원하는 기호에 따라 다양하게 정렬할 수
   있는 기능은 보완하는 등 지식관리시스템을 지속적으로 보완하고 있으며, ④
   프로젝트 조직 및 동호회를 위한 지식커뮤니티를 구성하여 이를 활용하려는
   노력을 하고 있다(강황선, 2002: 142-143).

2) 기상청의 지식관리시스템

기상청은 기상예보의 노하우 및 경험 등이 예보의 정확도를 좌우하는 관건이 되기 때문에 예보관련 업무 노하우와 경험의 체계적인 전수 필요성이 과거부터 절실했었으나, 업무부담과 공유에 대한 거부감으로 지식관리를 하는데 걸림돌이 되어 왔다. 그러나 신대방동 신청사에 입주한 1999년 6월 슈퍼컴퓨터의 가동으로 전직원이 하고자 하는 분위기가 형성되었고 예보업무에 필수적인 유경험 예보관의 노하우 및 경험을 문자화하고 이를 체계적으로 관리하자는데 직원들의 인식이 합치되었다. 따라서 기상청은 1999년 4월 지식관리 기본계획을 수립하여 동년 6~8월까지 지식관리 프로그램을 설계하고 개발하였으며, 이후 6개월 동안의 시범운영을 거쳐 2000년 4월부터 "알리바바"라는 기상청 지식관리시스템을 본격적으로 운영하였다. 그 이후 시스템의 사용에 따른 사용자의 요구사항과 문제점들을 개선하여 2000년 6월~11월의 2차 개발기간을 거쳐 2001년 1월 이후 새로운 종합기상정보시스템(NCOMIS)과 연계된 새로운 지식관리시스템을 개통하여 운영하고 있다. 또한 기상청은 개인별로 내면화되어 있는 지식을 문자로 표현하여 체계화하고 이를 공유함으로써 전 직원의 업무수준을 제고하고 궁극적으로 빠르고 정확한 기상정보 서비스제공하기 위해서 기상청 기상종합시스템(COMIS) 사업과 연계하여 지식관리시스템 프로그램을 개선하였다.

기상청의 지식관리시스템의 구성과 운영을 살펴보면, 먼저 시스템 관리조직으로 기획국장, 지식관리계획 수립 및 진행상황 점검 등 지식관리 업무 전반을 총괄하는 지식관리관을 두고 기상청 소속 공무원 중 해당분야 업무에 2년 이상 또는 통산 3년 이상 근무경력이 있는 자로 지식관리시스템에 게재된 지식을 평가하기 위하여 지식관리관 소속 하에 지식전문가단(6개 분야 36명의 전문가로 구성)을 구성하였다. 다음으로 시스템의 구성으로 반복질문(빈번하게 질의되는 내용을 분야별 전문가가 등록하여 게재함), 노하우·경험(개인이 업무과정에서 다년간의 노력과 경험으로 터득한 비법, 기술 및 개인 또는 단위부서가 업무상 성공사례 또는 실패사례를 게재), 질문답변, 건의제안, 공유자료, 지식방 등을 배치하였다.[16]

기상청의 지식관리시스템은 그 기능면에서 사용자모드에 지식의 등록과 검색, 지식방의 메뉴를 갖추고 있으며, 관리자모드는 정보관리실의 담당자가 지식관리실적 통계(개인, 조직별)를 내고, 등재지식통보 및 삭제하고 공지사항을 작성하는 작업을 지원하고 있다.[17]

또한 기상청은 소속 공무원의 개인지식을 체계화하고, 이를 조직 전체가 공유함으로써 기상업무를 발전시키기 위해 운영중인 기상청 지식관리제도의 문제점을 개선하고 미비점을 보완하고자 지식관리시스템의 운영규칙을 개정할 계획이다. 지식관리제도상 용어의 정의를 명확히 하고, 등록되는 지식의 질을 관리하기 위하여 지식관리팀장에게 지식재분류권 및 삭제권을 부여하였으며, 지식전문가단 보강 및 지식공유도우미를 신설하였다. 또한 지식관리프로그램의 명칭을 부여하고 지식분류체계를 보강하였다. 평가대상지식 및 평가기준을 세분화하여 객관적이고 공정한 평가를 꾀

---

16) 지식평가의 기준은 내용의 충실성, 활용가능성, 표현의 정확성, 독창성이다. 이를 기준으로 이원화(사전적, 사후적)시켜 5단계로 평가하였다. 또한 이용자가 추천 평가를 한 경우 이용자에게 0.1점의 추천활동 마일리지를 부여하고, 질문·답변 메뉴에서 질문에 답변을 한 사람에게는 1건당 0.5점이 자동 부여된다. 월별로 마일리지가 가장 높은 3개의 지식과 주별로 마일리지 상승률이 가장 높은 3인을 선정하여 각 1점의 마일리지를 부여하고 있다. 지식관리에 기여한 개인 및 부서에게는 규정에 의하여 합산한 마일리지에 따라 포상한다(강황선, 2002: 144-145).

17) 지식의 등록은 FAQ, 노하우/경험, Q&A, 건의/제안, 공유자료 등의 분류에 따라 이루어지고, 검색은 분야별 검색(예보, 관측, 기후, 응용기상, 전산/통신, 행정, 기타)과 단순 게시판 검색기능을 제공하고 있다. 한편, 지식방은 지식창고의 개념으로 점수가 70점 이상인 지식 은 장기 보관하고 15점 이하인 지식은 삭제하여 지식을 정체하도록 하고 있다. 전문가모드 에서는 등재지식(노하우/경험)을 평가하고, 지식의 재분류, FAQ작성 등을 가능하게 하고 있으며, 분야별 질의·응답 처리를 지원하고 있다(강황선, 2002: 145).

하였으며, 지식관리 교육 과목을 설치하고 포상제도를 개선하였다(강황선, 2003).

3) 기획예산처의 지식관리시스템

기획예산처는 1999년 9월 지식관리시스템의 구축방침을 결정하고 2000년 2월까지 LG-EDS와 공동으로 지식관리시스템을 개발하여 2000년 3월 14일부터 지식관리시스템을 정식으로 개통하였다. 이로써 기획예산처는 한국 공공부문 행정부처 중에서 가장 먼저 시스템을 활용하고 있으며, 상반기 중 전자결재시스템을 도입함에 따라 업무방식에 있어서 혁신을 기하고 있다. 기획예산처의 지식관리시스템 구축배경은 공무원의 퇴직 및 순환배치에 따른 경험지식의 상실, 부서간의 지식공유 부족으로 유사업무의 중복수행 등 기존 행정체제에 있어서 지식의 효율적 관리의 한계를 극복하기 위함에 있었다. 기획예산처의 지식관리시스템은 주 분류와 보조 분류로 구분하여 7개 분야에서 지식창고에 넣어 관리해 나가는 것으로 이루어져 있으며, 여기에서 주 분류는 문서관리와 공유지식의 두 가지를 포함한다. 그리고 보조 분류는 정책제안·표준의 장·토론의 장·도움의 장·나눔의 장 등으로 구성되어 있다(이 근, 2000).

이러한 지식창고를 통해 직원 전체가 업무와 관련된 지식을 공유할 수 있도록 문서양식의 표준화·전자화를 구축하고, 나아가 다양한 주제를 놓고 의견을 제시함으로써 개인의 암묵적 지식을 조직 전체의 지식자산으로 만들어 나갈 계획이다. 예를 들어, 어떤 직원이 업무수행에 관련된 질문을 지식창고에 등록하면 다른 직원들이 답변을 게재해 지식을 공유할 수 있도록 하였다. 이밖에 지식관리시스템을 위해 구축해 놓은 인트라넷을 통해 지식의 공동자산화와 협업을 통한 공유문화의 정착, 개인의 업무수행능력 및 정보화 마인드의 제공, 종이없는 사무실(paperless office)환경의 조기 구현을 도모하고 있다. 그리고 유용한 자료의 지속적인 입력 및 시스템의 보완·지속적인 발전을 통해 전체 행정기관에 확산될 것으로 기대하고 있다(한동효, 2003).

4) 특허청의 지식관리시스템

특허청은 1999년부터 지식관리를 도입하기 시작하여 2001년 정부기관 최초로 매경-부즈앨런 지식경영대상을 수상하였다. 지식관리를 위한 조직 제도 및 학습문화 형성을 위하여 지속적으로 노력하고 있는 기관으로 지식관리를 도입하려는 정부조직들이나 활성화의 어려움을 겪는 기관들의 벤치마킹 대상이 되고 있다.

특허청은 지식관리의 목표를 업무처리시스템의 지식기반 체제 확립이라는 단기 목표와 고객만족경영을 위한 통합지식업무 체제 확립이라는 장기 목표로 나누어 추진하고 있다.[18]

---

18) 먼저 지식관리의 단기 목표는 다음과 같다. ① 모든 민원서류 및 정보의 전자적 접수 및 디지털 데이터 처리체제 구축, 신기술 정보 및 지재권 관련 각종 정보서비스 강화, 안방에 서 지재권 관련 정보를 손쉽게 활용할 수 있는 환경 구현으로, 디지털 지식정보 유통·서 비스 체제를 강화하고, ② 지식관리시스템 시스템, 사이버 통합 민원실, 사이버 교육시스템, 사이버 지식재산종합 정보서비스 체제 등의 확충을 통한 지식관리시스템 고도화 추진을 통 하여 종합적 지식관리시스템을 구축하며, ③ 효율적인 지식 창출 및 고유를 통한 생산성 제고, 지식관리 내재화를 위한 조직 혁신 및 법령 및 제도 정비 등을 통하여 업무 효율성을 극대화하는 것이다. 다음으로 지식관리의 장기 목표는 다음과 같다. ① 특허청의 법령, 조직문화, 제도 및 IT기반을 지식관리에 적합한 시스템으로 혁신을 통하여 법령, 조직문화, 제도 및 IT기반의 지식관리 고도화를 달성하고, ② 체계적이고 효율적인 기술정보 제공 서비스를 통하여 기업 및 연구기관 등이 손쉽게 최신 기술정보를 활용할 수 있는 체제 구 축, 기업의 특허전략 고도화 기반 구축을 위한 고급기술정보 제공 등을 통해 지식기반 사 회화를 선도해 나가며, ③ 특허기술 정보의 정량적·정성적 분석을 통하여 국가 기술정책 및 R&D 투자 방향을 제시할 수 있는 지식 창출 및 보급 체제 구축을 통하여 국가 기술정책 및 R&D. 투자의 방향을 제시하는 것이다(강황선, 2002: 152-154).

특허청은 지식관리의 효율적 운영을 기하고, 지식활동에 대한 객관적 평가 및 보상체제를 구축하여 특허행정의 질적 생산성을 향상시킴으로써 특허행정업무에 대한 지식관리를 활성화하기 위하여 지식관리시스템을 구축하였다. 전담사업자를 (주)포스데이타로 선정하여 2001년 5월부터 3개월의 개발기간을 거쳐 지식관리시스템을 구축하였다. 지식등록 및 평가 시스템, 지식맵 설계 및 개인 지식맵 설정, 복수의 맞춤형 화면 구성(My Page), 메신저(채팅, 화이트보드, 화면공유)를 활용한 협업시스템, 첨부파일 포함한 다양한 전문검색, 특허넷 연계(통합인증, 심사알림정보 등), 일반행정시스템의 전자결재를 제외한 나머지 부분을 흡수 통합하게 디자인하였다.

특허청의 지식관리시스템 운영사항을 살펴보면, 지식이 등록되면 전문가를 통해 여과되는 장치를 두고 있다. 즉 3명의 전문가는 등록지식을 평가하고 보완을 요구하거나 삭제한다. 등록지식에 대해 3일 이내에 전문가가 평가한 평균점수를 등록점수로 부여하며, 전문가 평가이외에 사용자의 평가도 평가점수에 포함된다. 그리고 지식의 등록 및 활동에 따른 지식마일리지를 가장 많이 획득한 개인 및 부서를 매월 및 매분기별로 지식활동 우수자로 선정하여 금전적 포상 등을 수행하고 있다. 또한 지식모우기 운동에 의해 등록된 지식에 대해 부서의 자체심사, 혁신대책반의 평가 등을 거쳐 양질의 지식에 대한 포상을 실시하고 있다.

또한 특허청은 지식관리 활성화를 위한 다양한 연구모임 활동을 장려하고 있다. 이러한 연구모임 활동으로 신기술조사회, 수요아카데미, 선진국특허제도연구회, 특허검색연구회, 화학특허판례(심결)연구회, 전자상거래연구회, 심판사례연구회 등 개인의 관심분야별로 다양한 형태의 연구모임이 조직되어 전문적인 지식을 공유하고 의견교환이 이루어질 수 있는 토대 구축하고 있다(강황선, 2002).

5) 기타 기관의 지식관리시스템

철도청의 경우도 서울정비본부를 시초로 전직원의 지식마인드 혁신과 학습조직화를 위한 교육훈련체계를 구축, 고객요구에 부응하는 완벽한 차량정비와 개인의 노하우를 공유하기 위해 지식행정을 실천하고 있다. 철도청장의 강한 의지로 2000년 1월 28일 '철도지식경영시스템'을 구축하여 운영하고 있다.

국방부는 기존에 운영 중인 국방사무자동화체계와 전자문서관리체계 (EDMS)의 상호 연동 및 관련 자료의 체계적 통합관리로 국방통합사무자동화체계를 구현하기 위한 1단계 시범사업을 1999년 2월에 완료하였다. 이후 국방문서통합관리체계 구축을 위한 2단계 사업(1999년 8월부터 2000년3월까지)을 마무리하고 현재 지식관리체계 기반 구축사업을 추진하고 있다.

그리고 지방자치단체의 경우에는 경상북도가 2001년 11월 (주)와이즈소프트를 주사업자로 선정한 후 GKMS를 이용한 지식관리시스템을 구축하였다. 경상북도의 GKMS는 부서별로 산재되어 있는 정보나 지식을 지식창고에 저장하여 필요한 사람이 필요한 시기에 공유·활용할 수 있는 지식관리시스템을 구축한 것으로 행정자치부에서 보급하고 있는 GKMS에 근거하여 2002년 4월에 '장자방'이라는 지식관리시스템을 개통하여 운영하고 있다. 또한 경기도 과천시 등이 지식관리시스템을 도입·운영하고 있다(한동효, 2003).

제3장 지식공유 행위에
관한 이론적 배경

제1절 지식공유의 개념과 과정

1. 지식공유의 개념

지식공유란 개인간이나 조직간에 상호작용을 통해 지식을 교환하는 일체의 활동을 말한다(삼성경제연구소, 1999). 이러한 지식공유는 앞에서 살펴본 지식관리 과정(process)의 한 영역이라고 할 수 있다. 왜냐하면 지식관리가 전체 조직에 다양한 형태로 분산되어 있는 지식을 조직적 차원에서 창출하고, 이를 저장 및 공유하여 조직의 총체적 활동에 사용하는 개념을 의미하는데, 이러한 광의의 개념 중에 지식공유라는 개념이 포함되기 때문이다.

지식공유의 개념에 관하여 여러 학자들이 정의내리고 있는 내용을 살펴보면, 우선 Henderson & Clark(1990)은 지식공유란 관계를 가지는 조직구성원들이 공유하고 있는 지식으로서 조직 상호간의 이해라고 정의하였으며, 이러한 지식공유의 정도가 조직이나 개인들간의 관계형성에 중요한 요소가 되기 때문에 상대방의 역할에 대한 정확한 이해가 효과적인 업무관계에 중요함을 주장하였다.

그리고 Nelson & Cooprider(1996)는 지식공유란 정보시스템 관리자와 일선 관리자가 서로의 업무성과에 영향을 미치는 요인에 대하여 이해하고 인지하는 정도로 정의하였으며, 지식의 공유가 존재하지 않는다면 부서간 또는 개인간의 갈등만을 초래할 뿐 목표성과를 달성하는 것은 불가능하게 될 것이고, 지식의 공유가 존재한다면 높은 목표성과를 달성할 것이라고 지적하였다.

Grant(1996)는 지식공유란 조직이 보유한 지식자산을 조직 내에 공유시킴으로써 지식의 활용을 극대화하여 조직역량을 강화하려는 활동이라고 하였으며, Chakravarthy et al.(1999)은 지식공유란 조직 내의 차별적인 역량을 지닌 부서들이 자신들이 가지고 있는 지식을 다른 부서가 필요로 하는 경우, 사용이 가능하게 하는 과정이라고 정의하였다.

강황선(2002)은 지식공유를 조직 내 구성원간·조직간의 상호작용을 통하여 지식을 교환하는 활동으로 정의하였다. 그는 지식공유가 공식적·비공식적 의사소통(communication), 지식저장 공간에로의 자유로운 접근 등을 통하여 원활하게 전개되며, 이는 필요한 적절한 지식을 탐색하고 획득하여 활용하기 위한 기반이 된다고 하였다.

이상에서 살펴본 여러 학자들의 정의를 정리해보면, 지식공유는 개인에 내재화되어 있는 다양한 지식을 학습조직 또는 정보기술을 통해 조직구성원들 상호간의 지식으로 축적해 가는 과정이라고 할 수 있다.

그런데 이러한 지식공유의 개념은 지식전이와 함께 명확한 개념의 구분 없이 혼용되어 사용되고 있다(박태호, 2002).[1] 즉 1990년대 중반이후의 지식관련 문헌들에서는 정보와 지식의 개념을 비교적 엄격하게 구분하여 사용하는데 비해서, 지식공유(knowledge sharing)의 개념은 지식전이(knowledge transfer)와 함께 명확한 개념의 구분 없이 혼용되어 사용되고 있다(Moon & Park, 2000b).

한편 Allee(1997)와 같은 학자는 이러한 원인을 연구자의 지식을 보는 관점에 대한 인식이 불명확한데 있다고 주장하면서 지식을 전이할 수 있는 실체(object)로 인식할 경우에는 지식전이라는 개념이 적절하고, 지식을 전이하기 어려운 프로세스(process)로 인식할 경우에는 지식공유라는

---

1) 지식공유·전이·전파·확산·배포 등의 개념은 연구자의 연구분야와 특성에 따라 서로 다른 수준과 폭으로 정의하고 있다(박태호 & 정동섭, 2002a: 115).

개념이 적합하다는 설명하였다. 실제로 그는 지식전이에 비해서 지식공유
는 사회적 상호작용을 강조하는 좀더 폭넓은 의미로 사용된다고 설명하고
있다(박문수·문형구, 2001).

　이와 관련하여 선행연구들에서 정의된 지식공유와 지식전이의 개념을
정리해 보면 〈표 3-1〉과 같다.

〈표 3-1〉 지식공유와 지식전이의 개념

구 분	연 구 자	개 념 정 의
지식 공유	Henderson & Clark(1990)	관계를 가지는 조직구성원들이 공유하고 있는 지식으 로서 조직 상호간의 이해
	Nelson & Cooprider(1996)	정보시스템 관리자와 일선 관리자가 서로의 업무성과 에 영향을 미치는 요인에 대하여 이해하고 인지하는 정도
	Grant(1996)	조직이 보유한 지식자산을 조직 내에 공유시킴으로써 지식의 활용을 극대화하여 조직역량을 강화하려는 활 동
	Chakravarthy et al.(1999)	조직 내의 차별적인 역량을 지닌 부서들이 자신들이 가 지고 있는 지식을 다른 부서가 필요로 하는 경우, 사용 이 가능하게 하는 과정
	Hansen(1999)	타부서 사람들과의 견고한 상호관계(네트워크 연결) 을 통해 이루어지는 과정
	삼성경제연구소 (1999)	개인간이나 조직간에 상호작용을 통해 지식을 교환하 는 일체의 활동
	Gupta & Govindarajan (2000b)	지식구분(identification),　전수(outflow),　이동(transmi- ssion), 흡수(inflow) 모두를 포함하는 과정
	강황선(2002)	조직 내 구성원간·조직간의 상호작용을 통하여 지식 을 교환하는 활동
지식 전이	Zander & Kogut(1995)	새로운 skill이나 역량 강화를 위해 조직 내 네트워크 구조와 성문화된 공유 스키마(schemes)를 가지고, 의 사소통하는 과정
	Szulanski(1996)	전수부서와 수혜부서 사이의 조직 내 지식의 상호간 교환과정
	O'Dell & Grayson(1998)	전수자와 수혜자간의 상호작용이며 동태적인 과정
	Kostova(1999)	전이된 지식이 수혜부서의 실행을 위해 제도화되는 과정

자료: 박문수(2002: 35)를 수정·보완하여 재구성.

〈표 3-1〉에서 볼 수 있듯이, 인식론적 지식관점에서는 지식전이와 지식공유가 서로 분명히 구별되는 개념이라고 가정하고 있지만 이러한 인식론적 차이점에도 불구하고 문헌들의 개념정의를 살펴보면, 지식전이의 경우 지식을 주고받는 당사자를 강조하는 것 외에는 별다른 차이점이 없는 것을 알 수 있다. 이처럼 학자들간에 지식공유와 지식전이가 동일한 개념으로 사용되고 있는 이유는 아직까지 지식에 대한 관점뿐만 아니라 지식공유의 개념에 대해서도 합의가 이루어지지 않았기 때문이다(박문수, 2002).

그러나 본 연구에서는 지식공유와 지식전이를 동일한 개념으로 보고, 조직의 한 부분이 확보한 지식을 다른 부분으로 전파하는 정도를 지식공유로 설정하여 분석하고자 한다.

2. 지식공유의 과정

지식공유는 우선 조직구성원들의 지식의 획득,[2] 창조활동[3]에 적합한

---

2) 지식의 획득은 조직의 내부 및 외부에서 조직의 목표달성을 위하여 암묵지 혹은 형식지를 조직의 내부에 받아들이는 것을 의미하며, 개인 및 조직의 데이터베이스 및 내부 조직구성원간의 의사소통(communication)에 의한 교류 혹은 접촉을 통하여 이루어진다. 외부의 다양한 획득 원천(source) 및 회의·세미나·심포지움 등과 같은 공식적 채널을 통하거나 의사소통과 같은 비공식적 채널을 통해 지식의 획득이 이루어진다(Nonaka, 1997). 이는 타인으로부터 지식을 수집하고, 수집한 것을 합치고, 다시 섞어 새로운 것으로 가공하는 것 등 지식활동의 시발점 역할을 하는 모든 활동을 의미하는 개념이다(강황선, 2002: 25).
3) 지식의 창조 또는 창출이란 새로운 기술이나 노하우를 생성하는 활동을 의미한다. 이는 조 직의 암묵지가 조직문화로 나타나고 개인간의 상호 대화를 통해 지식이 확산되며 한편으로 암묵지가 변환과정을 통하여 형식지로 변화되고 체계화되어 창조된 지식의 활용을 촉진할 수 있게 되며, 프로젝트팀과 같은 자기조직화를 통하여 조직의 형식지인 하나의 모델로 발전하게 되고, 이것을 모든 조직구성원들이 체험하고 공유하는 과정을 거치면서 조직문화로 정착되는 등 지식활동 전반이 함축된 개념이라고 할 수 있다(강황선, 2002: 25).

환경을 가지고 있어야 하며, 여기에서 제시된 지식은 조직지식으로 확정되고, 이는 직무의 효과뿐만 아니라 조직의 성과를 위해서는 조직으로서 적합한 지식인지 그렇지 않은지 검증의 단계를 통하기 마련이다.

〈그림 3-1〉 지식공유의 과정

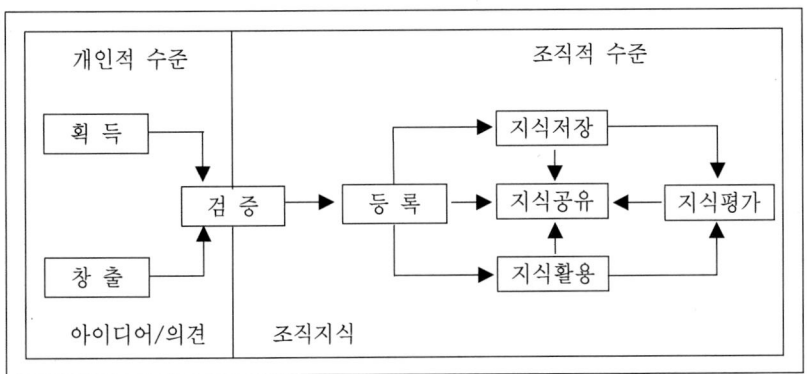

자료: 이장환·김영걸(1999: 192)을 참조하여 재구성.

〈그림 3-1〉에서 나타난 것과 같이 검증을 통한 지식을 조직지식으로서 등록하여 조직 지식창고에 저장되어 공유하고 있도록 하고 이를 필요로 하는 조직구성원뿐만 아니라 외부의 고객 등의 이해관계자들도 언제든지 활용할 수 있도록 하여야 한다. 또한 제시된 지식에 대한 효과를 평가하여 가치를 측정하는 단계도 거치게 된다. 지식의 검증단계는 지식전담관리자나 전담부서 혹은 통합부서를 통하여 검증을 받게 된다(정동섭·박태호, 2002b).

제2절 지식공유 행위 관련 선행연구:
영향요인별 검토

지식공유 행위에 관한 거의 대부분의 선행연구들은 대체로 조직에 있어서 지식공유 행위가 성공적으로 이루어질 수 있도록 긍정적인 영향을 미치는 영향요인(선행요인)을 규명하는데 치중해왔다. 왜냐하면 지식관리에서 강조되고 있는 지식공유 행위를 모든 조직구성원들에게 촉진하여 조직이 효과적으로 이를 실시하기 위해서는 조직구성원들이 지식을 공유할 수 있도록 하는 이러한 지식공유 행위의 영향요인을 규명하여 이를 지원·육성하거나 또는 제도적으로 뒷받침하는 장치를 마련하는 것이 무엇보다도 우선적으로 필요할 것이기 때문이다. 따라서 조직구성원의 지식공유 행위 활성화를 위해서는 지식공유 행위에 영향을 미치는 요인을 규명하고 그것을 최적화하려는 노력이 요구된다.

그러나 이러한 지식공유 행위의 영향요인, 즉 선행요인은 아직까지 체계적인 연구가 나타나지 않은 점으로 인해 많은 어려움을 겪고 있는 부문 중에 하나이며, 주로 기업을 대상으로 실시한 지식경영의 성공요인과 저해요인에 관한 탐색적 연구에 그 기반을 두고 있다(Davenport & Prusak, 1998; Wiig, 1997; Ruggles, 1998; 박태호, 2002).

따라서 본 연구에서는 지식공유 행위에 관한 선행연구의 검토를 함에 있어서 지식공유 행위의 영향요인(선행요인)을 중심으로 검토하였으며, 여러 가지의 다양한 영향요인들을 보다 큰 요인으로 범주화하여 정리하고자 하였다.

〈표 3-2〉 지식공유의 영향요인별 분류표

영향 요인	하위요인	선행 연구자들
구조적 요인	조직문화	Beckman(1997), Bukowitz(1998), Davenport et al.(1998), Fahey & Prusak(1998), Fiol(1991), Hargadon(1998), Jelinek(1997), Kogut & Zander(1992,1995), Kostova(1999), McDermott(1999), O'Dell & Grayson(1998), Pan & Scarbrough(1998), Ruggles(1998), Tsai & Ghoshal(1998), Wiig(2000), 김성훈(1998), 이순철(1999), 김상수·김용우(2000), 한세억(2001), 박병식(2002), 구교봉(2000), 박재린·박재헌(2000), 김구(2003a), 오을임·김구(2003), 장영철(2001), 강황선(2002)
	리더십의 유형	Beckman(1997), Chakravarthy et al.(1999), Davenport et al.(1998), O'Dell & Grayson(1998), Ruggles(1998), 이순철(1999), 정윤수(2001), 장영철(2001), 박태호·정동섭(2002), 김성훈(1998), 김상수·김용우(2000), 박재린·박재헌(2000), 박문수·문형구(2001), 한세억(2001), 강황선(2002), 김구(2003a), 오을임·김구(2003), 한동효(2003)
	조직구조	Bhatt(2001), Chakravarthy et al.(1999), Jelinek(1997), Nonaka & Konno(1998), Ruggles(1998), 한세억(1998), 사재명(2002), 강황선(2003)
	정보기술의 지원 (시스템 구축)	Beckman(1997), Davenport et al.(1998), Grayson(1998), Gupta & Govindarajan(1991), Hansen(1999), Marshall et al.(1996), Nahapiet & Ghoshal(1998), O'Dell & Grayson(1998), Pan & Scarbrough(1998), Ruggles(1998), 김성훈(1998), 김장기(2002), 강황선(2002), 한동효(2003), 김구(2003a), 오을임·김구(2003)
	평가 및 보상제도	Davenport et al.(1998), Huber(1991), McDermott & O'Dell(2001), O'Dell & Grayson(1998), Ruggles(1998), Wiig(2000), 추 헌(1994), 김성훈(2000), 박희서·임병춘(2001), 장영철(2001), 정윤수(2001), 이순철(1999), 김상수·김용우(2000), 강명희·권용선(2001), 박문수·문형구(2001), 한세억(2001), 박태호·정동섭(2002), 강황선(2002), 김구(2003a), 오을임·김구(2003)·한동효(2003)

영향 요인	하위요인	선행 연구자들
관계적 요인	신뢰 수준	Andrews & Delahaye(2000), Butler(1999), Chakravarthy et al.(1999), Davenport(1998), De Long(1999), Kramer(1999), Leana & Van Buren Ⅲ(1999), Lesser & Prusak(1999), McAllister(1995), Nahapiet & Ghoshal(1998), Nelson & Cooprider(1996), Roberts & O'Reilly(1974), Roos & Roos(1997), Tsai & Ghoshal(1998), Wathne et al.(1996), Zand(1972), 권석균(1996), 정성휘·김효근(2000), 정명호(1998), 박재린·박재헌(2000), 박문수·문형구(2001), 박태호·정동섭(2002), 박희서·김구(2002), 강황선(2002), 김구(2003a), 오을임·김구(2003), 한동효(2003), 강여진·박천오(2004)
	상호관계	Gupta & Govindarajan(1991), Nelson & Cooprider(1996), O'Dell & Grayson(1998), Szulanski(1996), 장영철(2001)
	전수자 특성	Chakravarthy et al.(1999), Gupta & Govindarajan (2000b), Huber(1991), Kramer(1999), Olivera & Argote (1999), Szulanski(1996)
관계적 요인	수혜자 특성	Gupta & Govindarajan(2000a,b), Kogut & Zander(1992,1993), Kostova(1999), O'Dell & Grayson(1998), Olivera & Argote(1999), Szulanski(1996), Teece(1977), Wathne et al.(1996)
	지식 소유자 정보	Grant(1996), Krogh et al.(1996), Marshall et al.(1996), Moreland(1999), Stasser(1999)
	집단간 경쟁	Hansen(1999), Krogh et al.(1996), Zander & Kogut(1995)
지식 특성 요인	지식의 명문화 가능성	Kogut & Zander(1992, 1993, 1995), Inkpen & Dinur(1998)
	지식의 인과적 모호성	Kogut & Zander(1993), Simonin(1999), Szulanski(1996)
	가치 지식/ 유용성	Grant(1996), Krogh et al.(1996), Marshall et al.(1996), McDermott & O'Dell(2001), O'Dell & Grayson(1998), Szulanski(1996),

지금까지 지식공유와 관련된 많은 선행연구들의 연구결과로써 규명된 지식공유에 관한 영향요인들을 범주화하여 분류한 결과, 대체로 크게 3가지 요인으로 묶여졌다. 본 연구에서는 〈표 3-2〉에 나타난 바와 같이 이를 구조적 요인, 관계적 요인, 지식특성과 관련된 요인으로 대별해서 분류하였으며, 이를 보다 구체적으로 살펴보면 다음과 같다.[4]

1. 구조적 요인

조직 내 지식공유는 지식을 공유·전이하는 맥락과 상황(setting)에 의해서 많은 영향을 받을 수 있다. 이러한 상황과 관련된 요인들로는 조직문화, 리더십, 조직구조, 정보기술, 보상제도 등이 포함된다.

1) 조직문화

조직문화는 조직구성원의 가치관과 신념, 그리고 행동에 영향을 주는 가장 기본적인 요소이기 때문에 많은 학자들이 조직문화를 지식공유 행위의 주요 영향요인으로 제시하였다(Beckman, 1997; Bukowitz, 1998; Davenport et al., 1998; Fahey & Prusak, 1998; Fiol, 1991; Hargadon, 1998; Jelinek, 1997; Kogut & Zander, 1992, 1995; Kostova, 1999; McDermottl, 1999; O'Dell & Grayson, 1998; Pan & Scarbrough, 1998; Ruggles, 1998; Tsai & Ghoshal, 1998; Wiig, 2000).

Ruggles(1998)는 미국과 유럽의 431개 조직에 대한 서베이 결과를 제시하면서, 조직 내 지식전이 또는 지식공유 행위에 장애가 되는 요인으로

---

4) 지식공유의 영향요인에 관한 선행연구들에서 국내 학자들(박문수·문형구, 2001; 박문수, 2002; 박태호·정동섭, 2002a; 박태호, 2002)은 이와 같이 3가지 요인으로 범주화하여 공통 적으로 분류하고 있으며(각각의 세부적인 요인들에 있어서는 용어나 내용에 있어 다소 상이하게 사용하고 있으나 큰 범주에서는 공통적으로 사용하고 있다), 본 연구자도 이들의 견해가 타당하다고 생각되어 이들 선행 연구자들의 분류방식에 따라 지식공유의 영향요인을 분류하였다. 그리고 여기에서 영향요인의 용어를 구조적·관계적 지식특성 요인으로 분류 하여 사용한 기준을 설명하면 다음과 같다. 즉, 하위요인들의 성격이 조직의 구조(제도)적 측면과 관련 있는 것은 구조적 요인으로, 조직구성원인 공무원들간의 관계적 측면과 관련 있는 것은 관계적 요인으로, 그리고 지식자체의 성격 또는 가치적 측면과 관련 있는 것은 지식특성 요인으로 분류하였다.

조직문화(54%), 최고관리자의 전파노력(32%), 사업전략에 대한 공유 (30%), 조직구조(28%)임을 밝혔다. 즉 조직문화가 지식공유 행위의 가장 큰 장애물임을 제시하였다. 이처럼 조직문화는 조직 내에서 지식공유 행위의 가장 중요한 영향요인으로 인식되고 있다. 조직문화 차원에서 규명되는 주요 요인으로는 지식전파의 환경 창조, 지식문화5)의 확산, 문화의 양립성6) 등이다.

첫째, 지식전파의 환경 창조와 관련하여 살펴보면, O'Dell & Grayson(1998)은 지식전파를 위한 환경창조의 중요성을 강조하면서 조직 내 최선의 실무경험 (best practice)을 성공적으로 공유하려면 구성원간에 경쟁개념이 아닌 협동과 공유개념이 문화로써 정착되어야 지식공유 행위가 성공적으로 이루어진다고 주장하였다. Fahey & Prusak(1998) 역시 지식공유 행위의 환경조성을 위한 '공유맥락(shared context)'을 강조하였는데, 이들이 말하는 공유맥락의 개념은 조직 내에 공유된 이해가 없이는 지식의 유동성이 약화되며 개인의 관점·신념·가정·미래에 대한 견해는 서로 충돌하고 따라서 어떠한 의사결정도 할 수 없게 된다는 것이다. 이러한 지식공유 행위의 환경창조를 위해서 조직 내부에 협동과 공유의 개념을 정착시키는 것이 가장 중요한 과제라는 것이다. 또한 Beckman(1997)와 Davenport et al.(1998)도 지식공유 행위의 성공을 위해서는 지식친화적인 문화의 기반형성이 중요하다고 하였으며, Fiol(1991)도 지식공유 행위에 영향을 미치는 요인을 조직문화적 관점에서 접근하면서 지식중심의 조직문화는 창조적 문화, 참여와 공유의 문화, 그리고 협력의 문화가 형성되어야 한다고 주장하였다.

둘째, 지식문화의 확산과 관련하여 살펴보면, Pan & Scarbrough(1998)는 한 기업의 사례를 통해 지식문화가 지식관리의 성공조건임을 밝혔다. 그리고

---

5) 지식문화란 구성원간에 상호 신뢰하는 문화이며, 지식공유의 중요성에 대한 믿음을 갖고, 이를 개인의 가치관화 함으로써 지식의 상호 교류를 촉진시키는 문화를 말한다(박문수, 2002: 40).
6) 문화의 양립성은 다국적 기업 내에서의 지식전이에 있어서 특히 많이 발생한 다(박문수, 2002: 40).

McDermottl(1999)은 지식문화를 조성하기 위한 구체적인 대안으로써 보상제도, 정책, 혹은 조직구조의 조정을 통한 노력보다는 조직 내 학습 공동체(communities)를 통한 확산이 가장 효과적이라고 주장하였으며, Hargadon(1998) 또한 미국 내 8개 기업의 사례연구를 통해서 지식공유문화를 촉진하기 위해서는 조직이 지식중개자(knowledge brokers)로서의 역할을 해야 한다고 지적하였다.7)

셋째, 문화의 양립성과 관련하여 살펴보면, Kostova(1999)는 다국적 기업 내에서 기술이전이 성공적으로 이루어지려면 두 조직(전수조직과 수혜조직) 간의 조직문화가 상호 공존할 수 있는 양립성이 요구된다고 강조하였으며, Kogut & Zander(1992, 1995) 또한 지식전이 또는 지식공유 행위의 성공은 전수 받을 기술에 함축된 원칙들과 수혜부서의 조직화된 원칙들간의 양립성에 영향을 받는다고 주장하였다.

이처럼 지식공유 또는 지식관리의 활성화를 위해 조직문화가 중요하다고 주장한 국내 학자들의 연구로는 먼저 일반적인 조직문화를 주장한 김성훈(1998)·이순철(1999)·김상수와 김용우(2000)·한세억(2001)·박병식(2002)의 연구, 자발적 참여문화를 주장한 구교봉(2000)의 연구, 합리적이고 친화적 조직문화를 주장한 박재린과 박재헌(2000)·김구(2003a)·오을임과 김구(2003)의 연구, 지식지향적 문화의 개발을 주장한 장영철(2001)의 연구, 위기수용문화를 주장한 강황선(2002) 등의 연구가 있다.

2) 리더십의 유형

---

7) 여기서 지식중개자(knowledge brokers)로서의 조직은 지식 접근, 학습, 조직 맥락과의 연결, 실행을 통해서 지속적인 기술혁신을 가능하게 하는 조직을 말한다. 즉 다양한 산업에 접근해서 다른 산업 내의 다양한 지식을 학습하고, 현재의 문제에 대해 과거 지식의 경험을 연결하며, 새로운 산출물이나 프로세스 형태의 새로운 문제해결을 수행하는 것이다(Hargadon, 1998).

지식공유 행위와 관련하여 관리자의 지원과 몰입 등을 포함한 리더십도 여러 학자들이 주요 영향요인으로 제시하였다(Beckman, 1997; Chakra- varthy et al., 1999; Davenport et al., 1998; O'Dell & Grayson, 1998; Ruggles, 1998).

Ruggles(1998)는 지식전이 또는 지식공유 행위의 장애물로 조직문화에 이어 최고관리자의 지식공유 중요성에 대한 전파노력을 두 번째 장애요인으로 지적하였으며, Davenport et al.(1998)도 고위관리층의 지원이 지식공유 행위의 성공요인 중의 하나임을 제시하였다.

Chakravarthy et al.(1999) 또한 최고관리자의 역할을 강조하면서 직접적인 개입보다는 지식공유 행위를 위한 환경을 만들어 주는 역할이 더 중요하다고 지적하였다. 특히 평가·보상제도의 추진 및 조직구조의 개선 등을 통한 변화주도적인 리더십을 강조하였다.

그리고 O'Dell & Grayson(1998)은 한 기업의 사례를 통하여 지식공유 행위의 환경을 조성하려는 중간관리자의 리더십을 강조하였다. 이들은 구체적인 실행방안으로 조직 내의 성공담을 확산시키고, 적절한 보상계획을 수립·시행하고, 최선의 실무경험(best practice)의 공유 및 활용의 중요성을 전파하는 노력을 지속적으로 해야 한다고 주장하였다.

또한 Beckman(1997)은 지식공유 행위가 성공하기 위해서는 관리층의 리더십과 몰입이 선행되어야 한다고 주장하였다.

이처럼 지식공유 행위 또는 지식관리의 활성화를 위해 최고관리자의 지원 혹은 리더십이 중요하다고 주장한 국내 학자들의 연구로는 먼저 최고관리자의 지원을 주장한 이순철(1999)·정윤수(2001)·장영철(2001)·박태호와 정동섭(2002)의 연구, 리더십을 주장한 김성훈(1998)·김상수와 김용우(2000)·박재린과 박재헌(2000)·박문수와 문형구(2001)·한세억(2001)·강황선(2002)·김구(2003a)·오을임과 김구(2003)·한동효(2003) 등의 연구가 있다.

3) 조직구조

조직구조 또한 지식공유 행위와 관련하여 여러 학자들에 의해 주요 영향 요인으로 제시되었다(Bhatt, 2001; Chakravarthy et al., 1999; Jelinek, 1997; Nonaka & Konno, 1998; Ruggles, 1998).

Ruggles(1998)는 지식전이 또는 지식공유 행위를 저해하는 장애물로 조직문화, 리더십, 사업전략의 공유에 이어 조직구조의 적합성 여부를 꼽았다.[8]

또한 Bhatt(2001)는 전통적인 계층구조를 통한 지식배분이 지식공유 행위를 위한 상호작용을 오히려 억제시킬 수 있다고 주장하였다. 그는 대안으로 권한의 위임(empowerment)과 열린 대화의 정책(open door policy)을 바탕으로 한 수평적 조직구조가 가장 적합하다고 설명하고 있다.

Chakravarthy et al.(1999)도 지식공유 행위의 기회 마련을 강조하면서 이러한 기회는 조직구조와 시스템을 통해 제공되어야 하고, 특히 상호 의존성을 강화하는 조직구조가 부서간에 심도 있는 연결의 개발을 촉진함과 동시에 지식공유를 촉진시킬 수 있다고 주장하였다.

그리고 Nonaka & Konno(1998)는 지식공유 행위의 성공요소로서 학습조직을 고려한 조직구조를 강조하였으며, Jelinek(1997)는 조직구조와 지식공유 행위와의 관계성을 강조하면서 지식공유 행위에 영향을 미치는 요인으로서 지식의 창조·경유·활용의 조직문화와 적합성을 지닌 조직구조를 제시하였다.[9]

---

8) 반면에 권태형 외(1999)는 Ruggles의 연구분석의 틀을 사용하여 국내 40여 개 기업과 비교한 결과, '부적절한 조직구조'가 Ruggles의 연구에서는 4번째(28%)인데 반해 국내 기업들에서는 9번째(8%)의 다소 낮은 상이한 결과를 보여주고 있다(박문수, 2002: 42).

9) Jelinek(1997)는 여기에서의 적합성이란 지식중심의 조직문화와 조직구조가 상호보완적이어야 한다는 의미를 담고 있다고 하였다.

국내 학자의 연구로서 한세억(1998)은 조직구조의 분권성과 유연성을 지식관리의 촉진 요인으로 강조하였으며, 사재명(2002)은 경직적 조직구조가 지식공유 행위를 포함한 지식관리의 중요한 장애요인임을 강조하면서 부서이기주의의 존재 여부와 경쟁적 근무분위기의 존재 여부 등을 토대로 조직구조의 유연성 정도를 측정하였다.[10]

한편 강황선(2003)은 정부조직의 지식관리를 활성화하기 위하여 민간부문에 비해 수직적 · 집권적이고, 개방성과 유연성이 낮은 조직구조를 유기적으로 수평적 · 분권적인 조직구조로 변화시키는데 초점을 두어야 한다고 주장하였다. 특히 그는 조직구성원들에게 자율성과 권한을 부여하는 것이 중요하다고 하였다.

4) 정보기술의 지원(시스템 구축)

많은 학자들이 정보기술의 지원이 지식공유 행위를 위해서는 기본적인 영향요소임을 강조하였다(Beckman, 1997; Davenport et al., 1998; Grayson, 1998; Gupta & Govindarajan, 1991; Hansen, 1999; Marshall et al., 1996; Nahapiet & Ghoshal, 1998; O'Dell & Grayson, 1998; Pan & Scarbrough, 1998; Ruggles, 1998).

Ruggles(1998)와 Davenport et al.(1998)는 정보기술 관점에서 조직 내에서 특정지식에 접근하고 이를 널리 보급 · 공유하기 위해서는 컴퓨팅과 인트라넷(intranet)의 구축과 활용을 통한 의사소통의 활성화가 이루어져야 한다고 강조하였다.

또한 Davenport & Klahr(1998)는 조직 내에서 고객이 필요로 하는

---

10) 사재명(2002)은 조직구조를 측정하는 요인으로 부서이기주의의 존재 여부와 경쟁적 근무분 위기의 존재 여부 외에도 의사소통의 제한성 여부를 포함시켰으나, 본 연구자는 의사소통 의 제한성 여부는 구조적 요인보다는 박문수 · 문형구(2001), 박문수(20002), 박태호(2002) 등의 연구에서처럼 관계적 요인으로 분류하는 것이 타당하다고 생각하여 관계적 요인으로 구분하였다.

지식을 지원하는 지식공유활동의 핵심은 기술에 있으며, 고객에게 지식내용을 구조화해서 보급하는 기술이 가장 중요하다고 주장하였으며, Wathne et al.(1996)은 e-mail, 전화, 컴퓨터 회의 등 풍부한 정보기술의 활용이 성공적인 지식전이 또는 지식공유 행위의 결정요인이긴 하지만, 대면만남(face to face)이 보다 최상의 지식공유방법이라고 지적하였다.

이처럼 지식공유 또는 지식관리의 활성화를 위해 정보기술의 지원이 중요하다고 주장한 국내 학자들의 연구로는 김성훈(1998)·한세억(2001)·사득환과 김장기(2002)·강황선(2002)·한동효(2003)·김구(2003a)·오을임과 김구(2003) 등의 연구가 있다.

5) 평가 및 보상제도

평가 및 보상제도 또한 지식공유 행위와 관련하여 여러 학자들에 의해 주요 영향요인으로 제시되었다(Davenport et al., 1998; Huber, 1991; McDermott & O'Dell, 2001; O'Dell & Grayson, 1998; Ruggles, 1998; Wiig, 2000).

Huber(1991)는 전수자가 기대하는 보상 및 문책의 정도가 개인/집단간의 정보전달에 영향을 준다고 주장하였으며, O'Dell & Grayson(1998)과 Ruggles(1998)은 보상제도의 구축을, 그리고 Davenport et al.(1998)와 Wiig(2000)는 평가와 보상을 통한 동기부여의 유발이 지식공유 행위를 촉진할 수 있는 요인임을 강조하였다.

또한 McDermott & O'Dell(2001) 역시 5개 기업에 대한 사례연구를 통해 보상시스템을 통한 평가 및 보상이 지식공유를 촉진할 수 있는 요인임을 지적하였다.[11]

---

11) 그리고 '적절한 보상시스템의 부재'가 Ruggles의 연구에서는 8번째(19%)인데 반해 국내 기업들을 대상으로 한 권태형 외(1999)의 연구에서는 4번째(40%)로 큰 장애요인으로 나타나 대조적인 차이점을 보여주고 있다(박문수,

국내학자의 연구로서는 이순철(1999)이 지식관리에서 보상의 목적은 직접적인 이익의 증가를 가져오지 않더라도 조직구성원으로 하여금 이익의 증가를 가져올 수 있도록 하거나 향후에 증가를 가져올 수 있는 지식의 창조·공유·활용에 기여하도록 동기를 부여하는 것이라고 하였다.

또한 추 헌(1994)은 최고관리자는 조직구성원들이 그들의 과업을 수행하고자 하는 노력이 실제적으로 보상을 받을 수 있다는 점을 명확하게 인식할 수 있도록 해야 하며, 계속적인 보상에 대한 욕구의 개발과 명확한 목표설정과 교육의 제공, 노력과 보상의 연결을 명확하게 해야 한다고 주장하였다.12)

이 외에도 지식공유 행위 또는 지식관리의 활성화를 위해 평가 및 보상체계를 중요한 요인으로 주장한 국내 학자들의 연구로는 먼저 인센티브의 부여 및 승진 등 효과적인 동기부여를 주장한 김성훈(2000)·박희서와 임병춘(2001)·장영철(2001)·정윤수(2001)의 연구, 평가 및 보상체계의 구축을 주장한 이순철(1999)·김상수와 김용우(2000)·강명희와 권용선(2001)·박문수와 문형구(2001)·한세억(2001)·박태호와 정동섭(2002)·강황선(2002)·김구(2003a)·오을임과 김구(2003)·한동효(2003)의 연구가 있다.

이상에서 살펴본 지식공유 행위의 구조적 요인을 정리하면, 모든 문헌에서 가장 많이 언급되고 있는 영향요인이 조직문화임을 알 수 있다.13) 조직문화는 지식공유뿐만 아니라 성공적인 지식관리를 위해서도 중요한

2002: 43).

12) 보상의 유형은 대개 금전적 보상과 인사고과 및 승진, 팀성과 인식, 명성부여 등의 비금전적 보상으로 나눌 수 있다.

13) 박문수(2002)는 이러한 이유가 Schein(1985)이 정의한 것처럼, 조직문화는 조직구성원들이 공유하고 있는 가치관과 신념, 이념, 규범과 전통, 지식과 기술을 모두 포함한 종합적인 개념이며, 조직 전체의 행동에 가장 많은 영향을 미치는 요인이기 때문이라고 설명하고 있다.

환경요인으로 제시되고 있다(김상수·김용우, 2000). 그리고 조직문화 다음으로 제시되는 영향요인은 최고관리자의 리더십 유형과 조직구조의 적합성, 그리고 보상제도이다.

그러나 전체적으로 조직문화, 조직구조, 보상제도 등의 구조적 요인들에 대한 실증적 연구가 이론적 연구에 비해 아직까지는 상대적으로 미흡한 실정이다.

2. 관계적 요인

지식공유 행위는 지식을 전수하고, 전수 받는 당사자(집단, 조직)간의 관계에서 발생하는 다양한 요인들에 의해서 그 성과가 달리 나타날 수 있다. 이러한 사람 혹은 조직간의 상호관계에서 발생되는 요인들로는 신뢰수준, 상호관계의 정도(의사소통, 친밀감, 상호간 영향력), 전수자의 특성, 수혜자의 특성, 지식보유자에 대한 정보, 집단간 경쟁관계 등이 해당된다(Moon & Park, 2000b, 박문수, 2002).

1) 신뢰수준

신뢰가 지식공유에 주요한 영향요인임을 규명한 많은 연구결과가 제시되었다(Andrews & Delahaye, 2000; Butler, 1999; Chakravarthy et al., 1999; Davenport, 1998; De Long, 1999; Kramer, 1999; Leana & Van Buren III, 1999; Lesser & Prusak, 1999; McAllister, 1995; Nahapiet & Ghoshal, 1998; Nelson & Cooprider, 1996; Roberts & O'Reilly, 1974; Roos & Roos, 1997; Tsai & Ghoshal, 1998; Wathne et al., 1996; Zand, 1972). 신뢰가 지식공유에 직접적인 영향요인임을 규명한 연구로 Roberts & O'Reilly(1974)는 계층 구조 조직에서 부하가 상사에게

의사소통을 하는 경우 상사에 대한 신뢰가 주요한 요소라고 주장하였다. 이 들은 부하가 상사에 대하여 신뢰할 경우 상사에게 제공받은 정보를 정확하다 고 생각하며, 상사를 신뢰하지 않을 경우에는 상사에게 정보를 제공하지 않 고 숨기게 되며 상황과 정보의 흐름을 왜곡하게 된다고 주장하였다.

그리고 Zand(1972)는 높은 신뢰집단과 낮은 신뢰집단간에 문제해결과 정에서의 정보, 아이디어 및 감정의 공유가 어떻게 차이가 나는지를 조사하 였다. 연구결과 낮은 신뢰집단에서는 구성원들이 적정한 정보나 아이디어, 해결방안 등을 숨기고자 하기 때문에 공유하는 정보의 정확성과 적시성이 떨어지는 것으로 나타났으며,14) Zand는 이 연구를 통해 개인간의 신뢰가 지식공유에 있어서 중요한 요소이며 지식공유가 문제 해결의 효과성에 영 향을 미친다고 주장하였다. Nelson & Cooprider(1996)도 상호간 신뢰와 상호간 영향력을 독립변수로 지식공유에 미치는 영향을 분석한 결과, 정 (+)의 관계가 있음을 밝혔다. 즉 상호간 신뢰에 대한 높은 인식이 집단간 공유지식을 증가시킨다는 것이다. 또한 Tsai & Ghoshal(1998)도 조직 내 15개 부서를 대상으로 한 연구를 통해 신뢰(trust)와 신뢰스러움 (trustworthness)이 부서간 정보의 교환에 직접적인 영향을 준다는 점을 강조하였으며, Chakravarthy et al.(1999)과 Butler(1999)도 부서간의 신뢰수준이 지식공유에 직접적인 정(+)의 영향을 미친다는 연구결과를 제 시하였다.

한편 Kramer(1999)는 신뢰와 지식공유의 상호적(reciprocal)인 관계를 제시하였다. 그는 집단이나 조직을 집단지식(collective knowledge)의 개발, 전파에 목적을 둔 공동체(communities)로 규정하고, 조직 내의 신뢰수준 이 높을 때 개인은 위험부담이나 의심 없이 지식이나 정보를 공유하게 된다

---

14) 또한 상대방으로부터 얻게 되는 정보의 신뢰성을 낮게 받아들이고 상대방의 아이디어에 대 해 의심을 갖는 경향이 있는 것으로 나타났다. 반면에 높은 신 뢰집단에서는 자신이 갖고 있는 정보를 정확하고 신속하게 그리고 보다 많이 제공함으로써 공동의 문제해결과정에 기여하고자 노력하는 것으로 나타났다.

고 주장하였다. 특히 신뢰와 지식공유의 관계는 상호적이기 때문에 네트웍
이나 집단에서 지식이 공유되면 구성원사이에 신뢰가 증가하고, 동시에 집
단에 신뢰관계가 존재하면 개인들은 각자가 소유하고 있는 지식을 공유하
려 한다는 점을 강조한다. Andrews & Delahaye(2000)도 생물의학 기업
내의 과학자들을 대상으로 한 연구를 바탕으로 개인 수준의 지식 교환 프로
세스 내에서 사회 심리적 필터(psychosocial filter)의 개념을 소개하면서
지식의 교환을 지식의 수용과 지식의 공유로 분류하였다.[15] 이들은 지식 수
용 결정 영향요인으로 사회적 확신과 확실성(credibility)을, 지식 공유 결
정의 영향요인은 인지된 신뢰성이라고 주장하면서 이를 바탕으로 신뢰가
없이는 비록 지식공유의 필요성이 아무리 높다고 하더라도, 조직 구성원은
지식을 공유하지 않을 것이라고 하였다.

그리고 Wathne et al.(1996)은 북유럽의 45개 기업을 대상으로 실시
한 조직간 연구를 통해서 신뢰수준이 조직의 개방성에 영향을 주는 선행
요인으로 작용하고 있으며, 조직의 개방성이 지식공유에 영향을 준다고 주
장하였다. 그리고 Lesser & Prusak(1999)과 정성휘・김효근(2000) 등
은 이론연구를 통해서 개인간의 신뢰관계가 지식공유에 많은 영향을 준다
는 가설을 제시하였다.

또한 권석균(1996)은 지식공유를 저해하는 주요 요인에 관한 실증적
연구를 통해 개인 또는 집단에 의한 정보독점 성향을 지식공유의 저해요
인으로 지적하고 지식공유를 활성화시키기 위해서는 특정 개인 또는 집단
의 지식 및 정보 독점을 방지하여 공유로 인한 내재적 위험을 감소시켜주
는 것이 주요한 과제가 된다고 하였다. 이와 관련하여 최근
McAllister(1995)는 관리자들을 대상으로 한 실증연구에서 대인간 신뢰
가 높은 경우에 상대방에 대한 통제 모니터링이 낮다는 것을 보여 주었다.

---

15) 이들은 지식교환 과정에서 사회 심리적 필터는 지식수용(외부 원천으로부터
    획득하는 지식)과 지식 공유(다른 사람과 공유하는 개인적인 지식)에 대한
    결정에 영향을 미치는 요인 이라고 설명하였다.

이는 신뢰가 높은 경우 상대방이 기회주의적으로 행동할 가능성을 낮게 인식한다는 것을 보여주는 결과로서, 신뢰가 지식공유의 지각된 위험을 감소시켜 주리라는 것을 간접적으로 뒷받침하고 있다(권석균·이을터, 1999: 48).

이 외에도 신뢰관계가 지식공유에 많은 영향을 주는 요인이라고 주장한 국내 학자들의 연구로는 강여진과 박천오(2004)·정명호(1998)·박재린과 박재헌(2000)·박문수와 문형구(2001)·박태호와 정동섭(2002)·박희서와 김구(2002)·강황선(2002)·김구(2003a)·오을임과 김구(2003)·한동효(2003)의 연구가 있다.

2) 상호관계의 정도

지식공유에 영향을 미치는 영향요인으로 전수자와 수혜자간 의사소통의 강도, 친밀감, 상호간 영향력의 정도 등을 들 수 있다.

첫째, 의사소통(communication)의 강도(intensity)를 들 수 있다. Gupta & Govindarajan(1991)은 지식전이의 활성화를 위해서 의사소통의 강도[16]를 강조하였으며, 이들은 또한 개인수준이 아닌 조직의 부서수준에서 접근할 경우, 의사소통의 밀도(density)를 추가로 감안해야 한다고 주장하였다.[17]

둘째, 친밀감(intimacy)의 정도를 들 수 있다. Szulanski(1996)는 지식교환이 성공적으로 이루어지려면 상호간의 의사소통이 원활해야 하는데, 이것은 전수부서와 수혜부서간의 종합적인 친밀감에 의해서 좌우되며, 부서간의 이러한 관계가 지식전이에 영향을 미친다고 강조하였다. O'Dell &

---

16) Gupta & Govindarajan(1991)은 여기에서 의사소통의 강도는 접촉빈도, 비공식성, 개방성 등을 포함하는 개념이라고 설명하였다.
17) Gupta & Govindarajan(1991)은 의사소통의 밀도란 두 부서간에 많은 사람들이 조직경계를 넘어서 서로 상호 작용하는 정도라고 설명하였다.

Grayson(1998)도 조직 내의 지식전이를 사람끼리의 상호작용으로 정의하고, 특히 인간관계의 동태적인 측면을 강조하였다. 즉 지식의 대부분은 글로써 표현될 수 없기 때문에 문제해결을 위해서는 직접 만나서 대화하고 교감을 나눔으로써 상호관계를 친밀하게 하는 것이 지식전이를 촉진하는 직접적인 요인이 된다고 설명하였다.

셋째, 상호간 영향력의 정도를 들 수 있다. Nelson & Cooprider(1996)는 상호관계에서의 영향력에 대한 인식이 높을수록 집단간 공유지식을 증가시킨다고 주장하고 있다.

이 외에도 국내학자의 연구로서 장영철(2001)은 다양한 채널을 통한 지식전파가 지식공유 및 지시관리를 촉진시키는 요인이라고 주장하였다.

3) 전수자의 특성

전수자의 입장에서 지식공유의 영향요인으로 가장 중요시되는 특성은 전수자가 전수하려는 공유동기를 가지고 있느냐 하는 것이다.

Szulanski(1996)는 전수자의 지식공유동기가 있는지의 여부와 전달할 지식에 대한 신뢰정도에 따라서 지식공유현상이 촉진될 수 있음을 밝혔다.

Chakravarthy et al.(1999) 또한 조직 내 부서간의 지식공유 촉진요인으로 공유성향과 공유동기를 제시하였으며, Kramer(1999)는 이를 구성원간의 자발적인 협력정도와 지식을 타인과 공유하려는 개인의 참여의지로 설명하였다.

Gupta & Govindarajan(2000b)도 지식전수자 스스로의 지식유출(outflow) 동기가 중요하다고 주장하였다.

전수자의 특성과 관련된 또 다른 연구로는 전수자의 과중한 업무상태, 정보전달 비용부담 등이 정보공유에 장애요인이 될 수 있다는 Huber(1991)의 연구와 e-mail 등 정보시스템 활용능력을 조건으로 제시한 Olivera & Argote(1999)의 연구를 들 수 있다.

4) 수혜자의 특성

지식공유에 영향을 미치는 수혜자의 특성으로는 지식을 수용의 동기와 흡수능력, 사전 경험 등을 들 수 있다.

첫째, 수용동기의 중요성이 많은 학자들에 의해서 강조되었다. Szulanski(1996)는 수용동기의 결핍에서 오는 지식전수에 대한 심리적 부담감을 "NIH증후군(not-invented here syndrome)"(Katz & Allen, 1982)이라고 지칭하면서 이것이 새로운 지식의 실행 및 활용에 저항요소로 작용한다고 주장하였다. Gupta & Govindarajan(2000a, 2000b) 역시 지식획득동기를 주요 요인으로 지적하면서 NIH증후군을 해결하는 방안으로 자아방어 메커니즘과 타조직의 지식을 비하시키는 조직 내 권력싸움을 극복해야 한다고 주장하였다. 또한 O'Dell & Grayson(1998)은 수혜자의 학습의지를 강조하였고, Olivera & Argote(1999)는 수혜자의 자발적인 참여의지 및 타인의 지식과 정보를 수용하려는 동기가 필요하다고 주장하였다. Kostova(1999) 역시 다국적 기업의 경우에는 전수조직에 대한 수혜조직의 긍정적인 수용태도가 중요시된다고 강조하였다.

둘째, 흡수능력(absorptive capacity)이다. Szulanski(1996)와 Gupta & Govindarajan(2000a)는 수혜집단의 흡수능력을 강조하면서 이러한 흡수능력이 없다면 지식을 외부에서 수용하고 받아들이기가 어렵다고 주장하였다. 한편 Kogut & Zander(1992)는 결합능력(combinative capacity)을 지식전이의 촉진요인으로 제시하였는데, 결합능력이란 기존에 산재해 있는 혹은 새로 획득한 지식과 정보를 결합하고, 조직 내의 잠재력을 최대한 활용하는 능력을 말한다고 하였다. 그러나 이들이 주장한 이러한 결합능력도 흡수능력과 유사한 개념이라고 할 수 있다.

셋째, 이러한 흡수능력은 사전 경험(prior experience)에 의해서 강화될 수 있으며, 사전 경험이 지식전이에 직접적인 영향을 준다는 연구결과가 제시되었다(Kogut & Zander, 1993; Wathne et al., 1996). 여기에서의 사전 경험이란 전수부서와 수혜부서간의 지식전이에 대한 과거 경험 여부를 말하는데, 이는 Teece(1977)가 주장한 바 있는 이전비용과 관계가 있다. 그는 이전비용을 결정하는 요인으로 사전 경험의 정도와 유사한 기술을 사용하는 조직의 숫자를 제시한 바 있는데, 이러한 경험이 이전비용을 줄이고 조직 내 또 다른 지식전이를 촉진시키는 효과가 있다는 것이다.

5) 지식보유자에 대한 정보(transactive memory)

지식공유의 촉진요소로써 많은 학자들이 지식보유자에 대한 정보를 강조하였다(Grant, 1996; Krogh et al., 1996; Marshall et al., 1996; Moreland, 1999; Stasser, 1999).

지식보유자에 대한 정보라는 개념을 처음 연구한 학자는 Wegner(1987)로써, 그는 가까운 관계에서의 인지(cognition)가 상호간에 어떻게 공유되는가를 나타내는 용어로써 처음 사용하였다.

Krogh et al.(1996)은 이론연구를 통해 지식전이모델을 제시하면서 지식의 성공적인 전이를 위해서는 타인의 지식에 대한 지식(정보)을 강조하였으며, 이러한 지식은 지식전이과정에서 빈번하게 요구되는 지식이며, 과제해결을 위해서는 선결요건이라고 하였다.

Marshall et al.(1996)도 지식이전을 위해서는 누가 무엇을 아는지(who knows what), 누가 누구를 아는지(who knows who)에 대한 지식이 선행되어야 한다고 주장하였다.

Moreland(1999) 역시 개인의 지식보유자에 대한 정보 소유 정도가 지식공유에 영향을 미친다고 주장하였고, 조직 내 누가 무엇을 알고 있는지에 대한 개인적 인지도가 지식처리절차에 동기를 부여한다고 강조하였다.

또한 지식획득을 위한 구체적인 방법으로 조직 내 특정인을 찾아 그들로부터 필요한 정보를 습득하는 방법, 컴퓨터(e-mail, 전자인명부, 인트라넷)를 통해 정보를 습득하는 방법을 설명하고 있다.

한편 Stasser(1999)는 정보공유를 저해하는 3가지 구조적 장애요인들을 설명하였는데, 첫째는 표본장애(sampling barrier)로써 많은 정보가운데 귀중한 정보를 찾아내기가 어렵다는 것이고, 둘째는 의사소통 구조의 장애로써 집단 내 누구와 접촉을 했는지에 따라 정보의 왜곡가능성이 상존한다는 것이며, 마지막으로 공유된 행동기대에 따라 정보를 찾기 때문에 실제 중요 정보를 소유한 개인이 소외될 가능성이 있다는 것이다. 따라서 이러한 장애요인들은 개개인이 지식보유자에 대한 정보를 소유할 경우, 상당부분 해결될 수 있다는 것이다.

6) 집단간 경쟁관계

집단간의 경쟁관계도 지식공유에 많은 영향을 준다. Zander & Kogut(1995)는 조직 내 여러 부서에서 유사한 프로젝트가 동시에 개발되고 있는 경우에 조직 내 지식전이의 속도가 더 빨라진다고 주장하였으며, 이것은 집단간 경쟁관계가 내부의 지식공유를 촉진시킨 결과라고 하였다.

Krogh et al.(1996)도 목표달성 등에 있어 동료간, 부서간의 경쟁관계가 스트레스를 일으키고, 이러한 위기의식이 내부의 지식전이를 촉진시킬 수 있다고 했으며, Hansen(1999) 또한 프로젝트의 완료시기에 대한 압박감이 지식공유에 긍정적인 영향을 줄 수 있다고 주장하였다.

이상에서 살펴본 관계적 요인을 정리하면, 연구결과로 가장 많이 제시되는 영향요인으로 신뢰수준, 전수자와 수혜자간의 상호관계, 전수자의 공유의지, 수혜집단의 흡수능력, 지식보유자에 대한 정보 등을 들 수 있다.

3. 지식특성과 관련된 요인

조직 내 지식공유는 지식의 특성에 의해서도 영향을 받는다. 지식특성 요인에는 지식의 명문화 가능성, 인과적 모호성 및 지식의 가치/유용성 등을 포함한다(Moon & Park, 2000b, 박문수, 2002).

1) 지식의 명문화 가능성

지식의 명문화 가능성은 지식공유 연구의 모든 분석수준에서 제시되고 있는 영향요인 중 하나이다. Kogut & Zander(1992)는 지식전이를 촉진시킬 수 있는 지식특성으로 지식의 부호화 및 단순화를 제시하였으며, 이를 더욱 세분화하여 Kogut & Zander(1993, 1995)는 지식의 명문화 가능성(codifiability), 지식의 교수 가능성(teachability)을 제시하였다. 이들은 명문화 가능성은 조직 내 생산과정을 문자로 자세히 기술한 매뉴얼을 사용하는지의 정도를 말하고, 교수 가능성은 신규인력이 기존 기술인력과 대화를 통해 쉽게 학습하고 연구할 수 있는지의 정도를 말한다고 설명하였다. Inkpen & Dinur(1998) 또한 이론연구를 통해 전이할 지식의 암묵성이 강하면 강할수록 조직간 공유를 위한 상호관계는 더욱 더 악화되고, 집단수준에서의 지식전이의 효과성은 지식의 암묵성과 부(-)의 관계를 가진다고 주장하였다.

2) 지식의 인과적 모호성

지식의 인과적 모호성은 지식의 암묵성 및 복잡성과 밀접한 관계를 가지고 있다. Szulanski(1996)는 인과적 모호성이 크면 클수록 지식전이가 어려워지기 때문에 조직 내부에서는 장애요인으로 작용할 수 있지만, 한편으로는 경쟁조직의 모방을 어렵게 함으로써 지속적인 경쟁우위를 유지할 수 있다는 점에서 장점이 될 수 있다고 지적하였다. Kogut & Zander(1993)는 지식의 복잡성에 관하여 설명하였는데, 이들이 말하는 지식의 복잡성은 인과적 모호성을 높일 수 있는 지식의 특성으로 볼 수 있다. 또한 Simonin(1999)은 암묵성과 복잡성 정도가 인과적 모호성에 영향을 미치고, 모호성이 지식전이에 직접적인 영향을 주는 요인이라고 주장하였다.

3) 지식의 가치/유용성

조직 내 지식공유는 지식의 가치/유용성과 같은 지식특성에 따라서 영향을 받는다. 지식의 가치/유용성을 나타내는 개념으로 일상지식(common knowledge), 과업지향지식(task-oriented knowledge), 지식의 비증명성(unproveness) 등이 포함된다.

Grant(1996)는 조직 내 일상지식의 역할 및 중요성을 강조하였다.[18] 즉 일상지식은 지식을 공유하는데 근본적인 역할을 함은 물론 지식전이의 비효과성을 극복하고 지식결합을 위해서도 중요한 역할을 하며, 지식공유를 촉진시키기 위해서는 현장문제를 해결할 수 있는 실제적인 지식을 공유해야 한다고 설명하였다.

Krogh et al.(1996)은 현장에서의 실제적인 행동여부를 결정지을 수 있는 지식의 중요성을 강조하면서 지식 자체가 과제를 해결하기 위한 지식인지의 여부가 지식공유에 동기를 부여한다고 주장하였다.

또한 Marshall et al.(1996)도 지식 자체가 직무 필요성과의 관련성을 가져야 한다고 강조하였고, McDermott & O'Dell(2001) 역시 실제적인 현장문제를 해결할 수 있는 지식을 공유해야 한다고 주장하였다.

---

18) Grant(1996)는 일상지식의 구성요소로써 공통언어, 상징적 의사소통의 다른 형태들, 전문화 된 지식의 공통성, 공유의미, 개인간 지식영역에 대한 인식 등을 제시하였다.

그리고 Szulanski(1996)는 전이가 촉진될 수 있는 지식의 특성을 제시하면서 지식의 비증명성의 개념을 제시하였는데, 이는 효용성이 이미 증명된 과거 기록을 가진 지식은 신뢰가 가기 때문에 훨씬 더 전이하기가 용이하다는 것이다.

O'Dell & Grayson(1998)도 지식공유를 위해서 최선의 실무경험(best practice)의 명확한 규정을 강조하였는데, 이러한 실무경험도 이미 효용성이 증명된 지식이라는 것이다.

이상에서 살펴본 지식특성 요인을 정리하면, 크게 지식의 암묵적인 특성과 지식의 가치/유용성을 들 수 있다. 암묵성과 관련 깊은 인과적 모호성은 조직차원에서는 경쟁우위의 요소가 될 수 있기 때문에 중요한 가치를 지닐 수 있지만, 조직 내 지식공유를 위해서는 제약점이 될 수 있다는 양면성을 지니고 있다.

제4장 지식공유 행위 분석을
위한 연구조사의 설계

제1절 측정변수의 조작적 정의

선행연구에서 규명된 지식공유 행위에 영향을 미치는 요인으로 조직문화, 리더십, 조직구조, 정보기술, 평가 및 보상제도, 신뢰수준, 의사소통, 친밀감, 상호 영향력, 전수자 특성, 수혜자 특성, 지식보유자에 대한 정보, 집단간 경쟁관계, 지식의 명문화 가능성, 인과적 모호성, 지식의 가치/유용성 등을 들 수 있다.

그러나 본 연구에서는 지식공유 행위에 관한 선행연구들에서 학자들이 지식공유 행위에 긍정적인 영향을 미친다고 주장한 여러 영향요인들 중 많은 학자들이 공통적으로 중요한 요인으로서 지적하고 있는지 여부와 실증연구를 통해 일반적인 결과를 도출하고 있는 요인인지 여부를 판단기준으로 삼아 크게 구조적 요인과 관계적 요인을 중심으로 구분하여 이들 요인을 독립변수로 설정하였다.[1] 이들 독립변수는 다시 세부적으로 구조적

---

1) 3장의 지식공유 행위에 관한 이론적 배경에서 지식공유 행위의 영향요인을 3 가지로 범주화시켜 살펴보았는데, 이중 지식특성 요인(지식의 명문화 가능성, 지식의 인과적 모호성, 가치지식/유용성)은 선행연구들을 통해 알 수 있듯이 그 측정이 매우 어렵기 때문에 실증적 연구보다는 이론적 연구 위주로 이루어지고 있으며, 또한 학자들에 따라 연구결과가 상이하게 도출되고 있기 때문에, 본 연구에서는 제외하기로 하였다. 그리고 구조적 요인 중 시스템 구축과 관련된 정보기술의 지원 요인은 본 연구가 지식관리시스템이라는 제도의 도입내용보다는 도입·실시이후의 공무원간 지식공유 행위 실태 및 변화에 초점을 맞추었기 때문에 제외하기로 하였다. 마지막으로 관계적 요인 중 전수자 및

요인으로는 최고관리자의 지원, 조직구조, 그리고 평가 및 보상제도를 사용하였으며, 관계적 요인으로는 상사 및 동료신뢰 수준, 조직신뢰 수준, 그리고 의사소통의 개방성을 사용하였다.[2]

그리고 지식공유 행위를 종속변수로 설정하여 독립변수인 영향요인들이 한국 공무원의 지식공유 행위에 미치는 영향을 실증적으로 분석하였다.

1. 지식공유 행위(종속변수)

지식공유 행위는 그 범위를 조직 내부로 한정할 때, 미시적으로는 조직 내에 있는 개인과 개인간의 상호작용에 의해 이루어지며 거시적으로는 조직전체와 조직구성원간의 상호작용을 통해 이루어진다.

수혜자의 특성, 지식 소유자에 관한 정보, 집단간 경쟁 요인을 본 연구에서 제외시킨 이유는 선행연구들을 통해 알 수 있듯이 연구의 양이 상대적으로 적어 일반적 설명을 하기에 어려움이 있으며, 이들 하위변수들이 구성원간 신뢰 수준 및 상호관계와 중복되는 부분이 있다는 판단 하에 이들 변수들간의 중복된 부분들을 포함·재구성하여 상사 및 동료 신뢰, 조직신뢰, 의사소통의 개방성이라는 이름으로 변수들을 통합적으로 구성하였기 때문이다.

2) 본 연구에서 지식공유 행위의 영향요인들 중 많은 학자들에 의해 가장 중요하다고 주장되어온 조직문화 요인을 하나의 구별된 독립변수로 포함시키지 않은 이유는 다음과 같다. 본 연구자는 지식공유 행위에 관한 조직문화 요인의 영향을 주장하는 대부분 학자들의 조직문화에 대한 개념 정의가 마치 조직 내외에 존재하는 조직에 대한 일반적인 분위기와 같이 매우 광범위한 의미로 사용되고 있다고 판단하였다. 따라서 이를 하나의 구별된 독립변수로 포함시킬 경우 다른 하위 요인들(최고 관리자의 지원 및 리더십, 조직구조의 형태, 평가 및 보상제도의 구축, 조직구성원간의 신뢰, 조직에 대한 신뢰, 의사소통의 개방성)과의 개념구별이 모호해질 우려가 있다고 판단하였다. 또한 공무원의 지식공유 행위에 긍정적인 정(+)의 영향을 미치는 요인을 정확하게 규명하기 위해서는 지나치게 포괄적인 개념보다는 이를 보다 세분화된 개념으로 구분하여 측정하는 것이 연구과정의 신뢰성과 타당성 확보를 통한 결과의 일반화 도출에 도움이 될 것이라고 판단하였다.

그러나 어떤 형태의 공유 행위(개인간, 조직과 개인간 등)이든 간에 지식공유를 위한 상호작용은 개인간의 형태로 진행된다. 즉 지식공유 행위는 공식적인 문서의 교환을 제외하고는 업무담당자간 또는 부서의 리더간 등 개인적인 상호관계의 영향을 받는 것이다. 결국 지식공유 행위는 경제적인 거래와 더불어 사회적이며 동시에 조직적인 맥락에서 발생하는 사회적인 교환관계로 설명될 수 있다(박태호, 2002, : 58).

Kohli et al.(1993)은 조직 내부에서의 정보교환 수준을 측정하기 위한 지표로 정보보급(intelligence dissmination)을 측정하는 지표를 개발하였다. 또한 Szulanski(1996)는 최선의 실무경험(best practice)의 이전활동을 4단계, 즉 초기화·구현·활성화·통합화로 나누었다. 이전에 있어서의 점착성을 측정하기 위하여 이전활동의 수준을 이전에 걸린 시간과 비용 등의 결과에 기반을 둔 측정지표와 각 단계에 해당하는 인식과 활동들을 규정한 측정지표를 사용하였다. Hansen(1999)은 지식공유 행위를 측정하기 위하여 위험률(hazard rate)을 사용하였다. 위험률이란 모방이나 이전에 걸린 시간을 측정하는 개념이다.

본 연구에서는 지식공유 행위를 조직의 한 부분에서 확보한 지식이 그 조직구성원들에 의해 다른 부분으로 전파되는 정도로 정의하였으며, Kohli et al.(1993)의 연구와 Szulanski(1996)의 연구, Fisher & Jaworski(1997)의 연구, Bock & Kim(2002)의 연구 등에서 사용한 설문문항을 참고하여 수정·보완한 후 측정하였다. 사용된 설문문항은 모두 10개로서 다음의 〈표 4-1〉과 같다.

〈표 4-1〉 지식공유 행위 현황관련 설문지구성 내용

측정내용	설문문항	설문번호
지식공유 행위현황	보고서, 품의서, 기안서를 공유	질문 2-1
	매뉴얼, 방법론, 업무관련 분석모델을 공유	질문 2-2
	선진국 정부의 성공/실패사례를 공유	질문 2-3
	신문/잡지/TV 등 매스미디어에서 얻은 지식을 공유	질문 2-4
	업무수행과정에서 얻은 경험 및 노하우를 공유	질문 2-5
	어디에 지식이 있는지, 누가 지식을 소유하고 있는 지에 대한 지식을 공유	질문 2-6
	교육훈련을 통해 얻은 전문지식을 공유	질문 2-7
	업무에 관한 통찰력과 직관적인 지식을 공유	질문 2-8
	부서 전체의 지식 변화시 직원들이 이를 빨리 인식함	질문 2-9
	업무상 필요한 자료를 정기적으로 직원들에게 배포	질문 2-10

2. 구조적 요인(독립변수)

1) 최고관리자의 지원 유형

선행연구를 통해 살펴보았듯이, 많은 학자들이 지식공유를 위한 환경을 만들어주는 최고관리자의 역할과 리더십의 유형을 강조하고 있다. 본 연구에서는 최고관리자의 지원을 이들 관리자들이 지식공유에 대한 지식을 바탕으로 지식공유를 위해 지원하고 참여하며 분위기 조성을 하는 것으로 정의하였으며, Chakravarthy et al.(1999)와 O'Dell & Grayson(1998)의 연구에서 사용한 설문문항을 부분적으로 수정·보완한 후 측정하였다. 사용된 설문문항은 모두 4개로서 p. 69의 〈표 4-2〉와 같다.

2) 조직구조

Ruggles(1998), Bhatt(2001), Chakravarthy et al.(1999), 한세억 (1998), 사재명(2002), 강황선(2003) 등의 선행연구를 통해서 원활한 지 식공유를 위해서는 조직구조가 지나치게 집권적·경직적·비통합적 구조 이기보다는 분권적·유연적·통합적 구조로 이루어져야 할 필요가 있다는 것을 알 수 있다.[3] 본 연구에서는 조직구조와 관련하여 권인석(1993)의 연구, 사재명(2002)의 연구, 강황선(2003)의 연구 등에서 사용한 설문문 항을 부분적으로 수정·보완한 후 측정하였다. 사용된 설문문항은 모두 5 개로서 아래의 〈표 4-2〉와 같다.

3) 평가 및 보상제도의 수준

평가 및 보상제도 역시 Huber(1991), McDermott & O'Dell(2001), 이순철(1999), 추 헌(1994) 등의 선행연구를 통해 지식공유를 촉진할 수 있는 요인이라는 것과 계속적인 보상에 대한 욕구의 개발과 명확한 목표 설정과 교육의 제공, 공정한 평가를 통한 노력과 보상의 연결을 명확하게 해야 한다는 것을 알 수 있다. 본 연구에서는 McDermott & O'Dell의 연구에서 사용한 설문문항을 부분적으로 수정·보완한 후 보상의 유무, 평가의 적절성 및 공정성을 측정하였다. 사용된 설문문항은 모두 4개로서 다음의 〈표 4-2〉와 같다.

---

3) 본 연구에서 조직구조 중 경직적 조직구조는 지나치게 업무가 표준화·구체화 되어 있고 관련 규정이 너무나 많은 상태, 즉 지나치게 공식화되어 있는 상태 를 의미한다. 그러나 이와 상대적인 개념으로 사용하는 유연적 조직구조는 무 조건적인 비공식화를 의미하는 것은 아니며, 지식공유 행위 관련 업무처리를 위해 일정 수준의 범위하에서 업무가 표준화·구체화되어 있고 관련 규정이 갖추어져 있는 상태를 의미한다. 이는 현실적으로 공공부문 자체가 업무수행 시 비공식화된 구조하에서보다는 공익의 추구라는 업무의 성격상 합법성과 민주성 등의 객관성을 확보하려는 목적으로 일정 수준의 공식화(업무처리의 표준화, 근거 법령 및 규정 등의 확립)를 전제로 한다고 보기 때문이다.

〈표 4-2〉 지식공유 행위의 구조적 요인관련 설문지구성 내용

측정내용	설문문항	설문번호
최고관리자의 지원	최고관리자의 조직내 지식공유에 관한 중요성 강조	질문 3-1
	최고관리자의 지식공유에 관한 지원	질문 3-2
	각종 매체를 통한 지식공유에 관한 최고관리자의 관심과 지원	질문 3-3
	최고관리자의 지식공유 환경 조성 노력	질문 3-4
조직구조	직원들의 의사결정 참여기회 보장	질문 5-1
	상하 계층간 권한의 위임여부	질문 5-2
	업무에 대한 표준화·구체화	질문 5-3
	업무처리를 규율하는 규정이 많음	질문 5-4
	최고관리자가 공동체 의식을 불어넣음	질문 5-5
평가 및 보상	지식공유 행위시 내재적 보상 제공	질문 4-1
	지식공유 행위에 대한 평가 및 보상 반영 유무	질문 4-2
	지식공유 행위에 대한 평가 및 보상의 적절성	질문 4-3
	지식공유 행위에 대한 평가기준 및 선정방법의 공정성	질문 4-4

3. 관계적 요인(독립변수)

1) 상사 및 동료신뢰 수준

신뢰가 다양한 학문에서 연구되는 특성에 기인하여 그 개념이 혼란스러울 정도로 다양하게 정의되고 있다.[4] 그러나 본 연구에서는 신뢰를 자신

---

4) 신뢰는 사회학, 심리학, 경제학, 행정학 등의 다양한 학문에서 연구되고 있으며, 각각의 학문분야의 연구전통을 따라 신뢰를 연구해오고 있다. 이로 인해 신뢰에 관한 기존 연구들은 개인적인 특성에서 제도적인 현상 등으로 다양하게 정의되어 왔다. 즉 경제학자들은 신뢰를 계산적이거나(Williamson, 1993) 또는 제도론적인 것(North, 1990)으로 보는 경향이 있고, 심리학자들은 내부적인 인지에 초점을 맞추고 신뢰를 신뢰자와 피신뢰자의 측면에서 규정짓는

이 재직하고 있는 조직의 구성원에 대한 믿음으로 정의하여 조직 내 신뢰를 연구하기 위해 구성원간 관계에 초점을 두는 사회학적 접근을 채택하였다. 그리고 이와 같은 관계를 다계충적이고 다차원적으로 파악하였다.

Fox(1974)는 신뢰를 수평적 신뢰와 수직적 신뢰로 나누면서, 수평적 신뢰를 업무환경을 공유하는 사람들과의 신뢰로, 수직적 신뢰를 관리자와 크게는 조직에 대한 신뢰로 정의내렸다. 그러나 Mishra(1996)는 기존의 신뢰 연구가 개인, 집단, 조직을 분석 단위로 하여 신뢰의 일차원적 개념화와 조작화를 통해 연구를 진행했다고 비판하고 신뢰의 다계충성을 주장하였다. 예를 들어, 조직 구성원 자신이 속한 조직은 신뢰하지만 자신의 상사는 신뢰하지 않을 수 있는 것처럼 조직 내 신뢰의 대상은 조직, 최고경영진, 그리고 조직구성과 함께 업무를 수행하는 상사, 동료, 부하, 다른 부서나 팀의 조직 구성원 등으로 다계충적이기 때문이라는 것이다.[5]

본 연구에서는 신뢰의 개념이나 유형분류가 다계충적이며 다차원적인 특성을 지니고 있어서 하나의 통일화되고 보편적인 기준이 없이 이루어지고 있다는 점을 인정하여 크게 조직구성원간의 신뢰로서 '상사 및 동료에 대한 신뢰'와 조직과 구성원간의 신뢰로서 '조직에 대한 신뢰'로 구분하여 측정하고자 한다. 여기서 '상사 및 동료에 대한 신뢰'는 사람에 대한 신뢰를 의미하는 것이며, '조직에 대한 신뢰'는 사람이 아닌 사물(조직)에 대한 신뢰로 구분하였다.[6] 먼저 본 연구에서 상사 및 동료에 대한 신뢰는 Cook &

반면, 사회학자들은 사람들간의 관계 속에 체화된 속성에서 신뢰를 발견한다 (Rousseau, et al., 1998: 393; 나태준 · 최순영, 2003: 2).

5) 신뢰는 근본적으로 다차원적인 현상이므로 신뢰의 개념적 명확화에 있어서 다차원성은 중요한 의미를 갖는다는 주장들이 제기되었다(Luhmann, 1979; Barber, 1983; Lewis & Weigert, 1985; 원숙연, 2001: 66).

6) 조직에 대한 신뢰는 조직에 대한 확신과 지지의 감정으로서, 구성원이 조직의 개방성 · 공정성 · 일관성과 같은 조직 차원의 요인에 대해서 믿음을 가지는 것으로 실제적인 상호 작용에 기반하지 않는다. 이에 반해, 상사에 대한 신뢰와 동료에 대한 신뢰는 직접인 사람과 사람의 관계에서 발생하는 대인적 신뢰 (interpersonal trust)이며, 조직 구성원간의 상호 작용에 기반한 신뢰이다 (Costigan et al., 1998).

Wall(1980)의 연구, Pruitt(1981)의 연구, McAllister(1995)의 연구, Currall & Judge(1995)의 연구, 원숙연·박통희(2000) 및 원숙연(2001)의 연구에서 사용한 설문문항을 부분적으로 수정·보완한 후 측정하였다. 사용된 설문문항은 모두 8개로서 p. 72의 〈표 4-3〉과 같다.

2) 조직신뢰 수준

조직에 대한 신뢰는 조직에 대한 확신과 지지의 감정으로서(Gillbert & Tang, 1998), 개인이 느끼는 조직의 공정성·개방성 및 구성원에 대한 배려에 대해 신뢰하는 정도를 의미한다.

이러한 조직에 대한 신뢰는 상사에 대한 신뢰나 동료에 대한 신뢰와는 구분되는 특성을 가진다. 즉 상사 및 동료에 대한 신뢰와는 달리 비인격적이며 제도적이다(Costigan et al., 1998). 본 연구에서 조직에 대한 신뢰는 Cook & Wall(1980)의 연구, Gabarro & Athos(1995)의 연구, Ross & Weiland(1996)의 연구, 이시원(1999)의 연구, 박광국 외(1999)의 연구, 나태준·최순영(2003)의 연구에서 사용된 설문문항을 통합·수정하여 사용하였다. 사용된 설문문항은 모두 4개로서 아래의 〈표 4-3〉과 같다.

3) 의사소통의 개방성 정도

본 연구에서는 의사소통의 개방성을 조직구성원들간의 직무 및 제반문제에 대한 숨김없는 상호작용으로 정의하였으며, O'Reilly et al.(1977)의 연구에서 사용한 설문문항을 부분적으로 수정·보완한 후 측정하였다. 사용된 설문문항은 모두 5개로서 다음의 〈표 4-3〉과 같다.

〈표 4-3〉 지식공유 행위의 관계적 요인관련 설문지구성 내용

측정내용	설 문 문 항	설문번호
상사 및 동료신뢰	상사의 부서이동에 대한 아쉬움	질문 1-1
	업무처리시 상사의 전문가적 자세	질문 1-2
	상사의 공정한 대우	질문 1-3
	상사의 업무능력	질문 1-4
	동료의 부서이동에 대한 아쉬움	질문 1-5
	업무처리시 동료의 전문가적 자세	질문 1-6
	동료의 공정한 대우	질문 1-7
	동료의 업무능력	질문 1-8
조직신뢰	부서의 정책과 실행결과에 대한 믿음	질문 1-9
	부서의 조직원에 대한 공정한 대우	질문 1-10
	부서의 직원의견 반영 노력	질문 1-11
	부서의 직원들에 대한 정직성	질문 1-12
의사 소통의 개 방성	업무관련 대화시 상호간에 충분한 이해를 하고 있음	질문 6-1
	어려움을 겪을 때 쉽게 조언을 요청함	질문 6-2
	자신의 중요한 정보까지도 교환함	질문 6-3
	정보와 자료의 교환이 자유롭고 의사소통이 원활함	질문 6-4
	상향적 의사전달이 가능함	질문 6-5

제2절 연구분석의 틀 설정

본 연구는 한국 공무원을 대상으로 한 인식 조사를 통해 이들의 지식공유 행위에 관한 제반 실태를 점검하고, 지식공유 관련 선행연구들에서 지식공유 행위에 긍정적인 영향을 미친다고 주장하고 있는 지식공유의 영향요인이 과연 한국 공무원의 지식공유 행위에도 긍정적인 정(+)의 영향을 미치는가, 그리고 어떠한 요인이 보다 강한 정(+)의 영향을 미치는가를 규명하는 것을 주목적으로 하였다.

따라서 〈그림 4-1〉에서 보는 바와 같이, 선행연구들에서 지식공유 행위에 긍정적인 영향을 미친다고 주장한 요인들 중 구조적 요인과 관계적 요인을 중심으로 이들 요인을 독립변수로,[7] 지식공유 행위를 종속변수로 설정하여 이들 변수간 영향관계를 실증적으로 분석하고자 하였다. 또한 이들 변수간의 영향관계를 보다 미시적이고 동태적인 수준에서 자세히 규명하기 위하여 개인 특성별 요인과 기관 특성별 요인에 따른 인식차이를 분석하고자 하였다.

---

7) 2장의 이론적 배경에서 지식공유의 영향요인을 3가지로 범주화시켜 살펴보았는데, 이중 지식특성 요인은 선행연구들을 통해 알 수 있듯이 그 측정이 매우 어렵기 때문에 실증적 연구보다는 이론적 연구 위주로 이루어지고 있으며, 또한 학자들에 따라 연구결과가 상이하게 도출되고 있기 때문에, 본 연구에서는 제외하기로 한다.

〈그림 4-1〉 연구모형(분석의 틀)

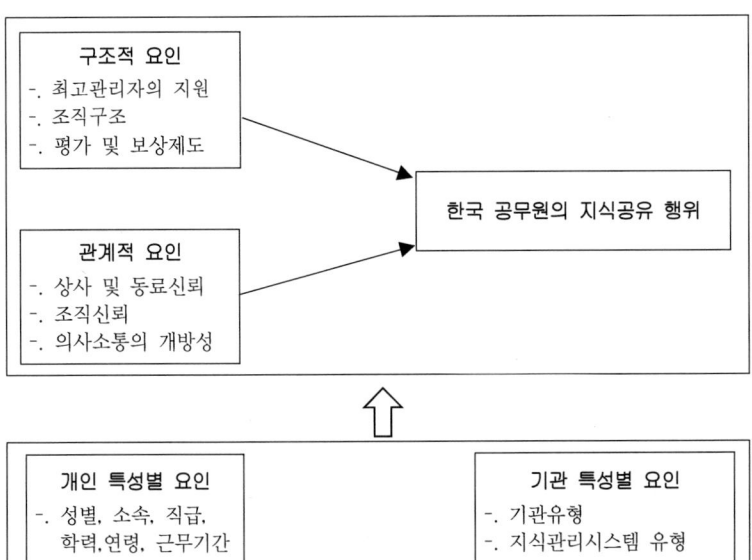

제3절 연구조사의 개요

1. 조사대상의 선정 및 표본의 특성

본 연구의 실증적 조사는 한국 공무원의 지식공유 행위에 관한 충분한 연구결과물들이 축적되지 못하고 있다는 인식 하에 이러한 공무원들의 지식공유 행위에 관한 실태 및 현황과 그 영향요인을 중앙과 지방자치단체 공무원의 인식을 토대로 실증적으로 규명하는데 초점을 두었다.

본 연구의 경험적 조사는 중앙행정기관과 광역자치단체 및 기초자치단체 공무원들을 대상으로 한 설문조사를 통해 이루어졌다.[8] 설문조사는 2003년 7월 말부터 본격적으로 연구조사를 시작하여 2003년 8월 중순까지 실시되었으며, 중앙기관과 광역자치단체 및 기초자치단체 공무원을 대상으로 무작위표본추출방법을 사용하여 표본을 추출하였다. 설문지는 총 900부를 배부하여 696부가 회수(회수율은 77.3%)되었으며, 이 중 활용 가능한 설문은 650부였다.9)

먼저 중앙행정기관으로는 부처단위 기관(행정자치부, 정보통신부, 해양수산부, 농림부, 기획예산처)과 청단위 기관(국세청, 기상청, 특허청)을 대상으로 각각 154부와 141부를 회수하였으며, 다음으로 광역자치단체(서울시청, 경기도청, 전남도청)와 기초자체단체(과천시청, 광양시청, 제주시청)를 대상으로 각각 239부와 116부를 회수하였다.10) 본 연구조사와 관련하여 지식관리시스템을 도입·실시하고 있는 전체 59개 기관들 중에서 중앙 8개 기관과 지방 6개 기관만을 조사대상으로 선정한 이유는 무엇보다도 본 연구자의 조사능력상의 한계와 관련 기관들의 협조부족으로 인해 전체 기관을 대상으로 조사하지 못한 점을 들 수 있다. 그러나 연구자의 판단상 차선책으로서 이제 막 도입·실시하고 있는 기관보다는 상대적으로 타 기관에 비해 도입·실시가 조기에 이루어진 기관들(중앙의 경우는 2000년-2001년에, 지방의 경우는 2002년-2003년 상반기에 도입·실시한 기관들)이 나름대로의 성과와 미비점들을 규명하는 데에 도움을 줄 것으로 기대하여 이들을 주요 분석대상 기관으로 선정하여 조사하였다.

또한 연구대상자의 기본적 특성을 살펴보면, 전체응답자 중 남성이 465명으로 전체의 71.5%이며, 여성은 185명으로 28.5%를 차지하고 있다. 이 외 응답자의 인구통계학적 특성은 다음의 〈표 4-4〉와 같다.

---

8) 설문조사방법으로는 배포조사법과 우편조사법을 병행하였다. 설문대상부처 중 특허청, 광양시청, 제주시청은 우편조사법을 통해 자료를 수집하였고, 나머지 11개 기관은 배포조사법을 적용하여 자료를 수집하였다.
9) 본 설문 문항의 일부 또는 전체에 대해 응답을 하지 않은 46부의 설문지는 자료로서의 가치가 없다고 판단되어 분석대상에서 제외시켰다.
10) 조사대상기관의 유형구분과 관련한 보다 자세한 설명은 pp. 102-103의 각주 10)과 11)의 내용을 참조할 것.

〈표 4-4〉 설문조사 응답자의 특성

변 수	구 분	빈 도*	비 율	변 수		구 분	빈 도*	비 율
성 별	남 성	465	71.5	기관 특성	기관 유형	부처	154	23.7
	여 성	185	28.5			청	141	21.7
소 속	중 앙	295	45.4			광역	239	36.8
	지 방	355	54.6			기초	116	17.8
직 급	6급이하	548	84.3		지식관리 시스템 유 형	KMS기관	388	59.7
	5급이상	102	15.7					
학 력	전문대이하	145	22.3			GKMS기관	262	40.3
	대학이상	505	77.7					
연 령	35세이하	239	36.8	근무 기간		10년이하	279	42.9
	36-45세	298	45.8			11-20년	272	41.8
	46세이상	113	17.4			21년이상	99	15.2

2. 설문지의 구성

본 연구의 실증분석을 위해 설계된 설문지는 총 46개 문항으로 구성되었다.11) 먼저 지식공유 행위의 구조적 요인, 지식공유 행위의 관계적 요인, 그리고 지식공유 행위 현황으로 크게 세 개의 카테고리로 이루어졌다. 다음으로 이들 세 개의 카테고리 중 지식공유 행위의 구조적 요인은 다시 최고관리자의 지원 유형, 조직구조, 평가 및 보상 수준으로 재구성하였다. 또한 지식공유 행위의 관계적 요인은 상사 및 동료에 대한 신뢰 수준, 조직에 대한 신

---

11) 즉 설문대상자의 사회학적 배경에 관한 질문(6개 문항), 최고관리자의 지원 유형에 관한 질문(4개 문항), 조직구조에 관한 질문(5개 문항), 평가 및 보상 수준에 관한 질문(4개 문항), 상사 및 동료신뢰 수준에 관한 질문(8개 문항), 조직신뢰 수준에 관한 질문(4개 문항), 의사소통의 개방성 정도에 관한 질문(5개 문항), 지식공유 행위 현황에 관한 질문(10개 문항)으 로 구성되었다.

뢰 수준, 의사소통의 개방성 정도로 재구성하였다(앞의 〈표 4-1〉, 〈표 4-2〉, 〈표 4-3〉 참조).

각 질문문항은 명목척도(nominal scale)와 서열척도(ordinal scale)로 이루어졌으며, 서열수준을 보다 객관적으로 특정하기 위해 5점 리커트 척도를 사용하였다(전혀 그렇지 않다-1점, 그렇지 않다-2점, 보통이다-3점, 그렇다-4점, 전적으로 그렇다-5점).

제4절 신뢰성 검증과 타당성 검증

1. 신뢰도 분석에 의한 신뢰성 검증

본 연구의 실증연구에서 사용된 조사항목들과 설명변수들간의 내적 일관성을 통한 신뢰도(reliability)를 확인하기 위하여 Cronbach's Alpha(α) Test를 실시하였으며 신뢰도 분석결과는 〈표 4-5〉와 같다.

〈표 4-5〉 측정항목의 신뢰도 분석

변 수 명		항목수	Cronbach's alpha 값
독립변수	**구조적 요인** · 최고관리자의 지원 유형 · 조직구조 · 평가 및 보상 수준	4 5 4	.8355 .6853 .8260
	관계적 요인 · 상사 및 동료신뢰 수준 · 조직신뢰 수준 · 의사소통의 개방성 정도	8 4 5	.8673 .8369 .7505
종속변수	지식공유	10	.8892

〈표 4-5〉에 나타낸 바와 같이 당초 변수의 구성 설문항목들의 신뢰도를 나타내는 Cronbach's Alpha(α) 계수가 0.68이상으로 나타나 모든 변수들이 강한 응집력을 갖기 때문에 집단화하더라도 신뢰성이 충분하다고 볼 수 있다.[12]

2. 요인분석에 의한 타당성 검증[13]

독립변수가 종속변수에 미치는 영향의 유무는 회귀분석을 통한 인과관계의 검증으로 파악할 수 있다. 이를 위해서는 요인분석을 통해 독립변수들을 몇 개의 요인으로 유형화하여 분석하는 것이 보다 합리적이다. 30개의 독립변수에 대하여 요인분석을 실시하여 아이겐 값이 1.0 이상인 요인[14]을   추출하였다.   요인추출방법은   주성분분석방법(principal component analysis)을 사용하였으며, 요인회전은 베리멕스(Varimax) 회전방식을 사용하였다. 독립변수들에 대한 요인분석의 적절성 검증 결과 KMO(Kaiser-Meyer-Olkin) 척도값이 .919로 매우 높으며, Barlett의 구형성 검증에서도 유의확률이 .000으로 $p < .05$보다 작아 통계적으로 유의미한 것으로 나타나, 요인분석을 할 말한 공통요인이 존재한다고 볼 수

---

12) 연구변수들의 측정도구가 신뢰성을 확보하기 위한 절대적인 기준은 없지만, 일반적으로 신뢰계 수 값이 .5이상일 때 신뢰성이 확보된 것으로 보고 있다 (Nunnally, 1978; Van de Ven & Ferry, 1980; Andreassen, 1995; 박철민, 2001: 206; 강여진·최호진, 2003: 103 재인용).

13) 타당성이란 측정항목 자체가 측정하고자 하는 개념이나 속성을 정확히 반영하고 있는가를 측정하는 것으로서(채서일, 1999), 본 연구에서는 요인분석 (factor analysis)을 사용하였다.

14) 요인추출의 요인수를 결정하는 방법으로 아이겐값을 기준으로 하였다. 아이겐값은 요인이 설명해 줄 수는 있는 분산의 정도를 의미하는 것으로 아이겐값이 1이라는 것은 변수하나 정도의 분산을 축약하고 있다는 것이다(채서일, 1999: 561).

있다(배일섭·정영숙, 1998: 224-242: 강여진·최호진, 2003: 103).

요인분석 결과 독립변수들은 〈표 4-6〉와 같이 통계적으로 서로 독립적인 6개의 동질적 요인으로 묶여졌다. 이 중 요인 1을 '상사 및 동료신뢰 수준', 요인 2를 '조직신뢰 수준', 요인 3을 '평가 및 보상 수준', 요인 4를 '의사소통의 개방성 정도', 요인5를 '최고관리자의 지원 유형', 요인 6을 '조직구조'라고 명명하였다. 독립변수로서 설정하였던 변수 가운데 구조적 요인은 최고관리자의 지원 유형, 조직구조, 그리고 평가 및 보상 수준이라는 3가지 요인으로, 관계적 요인은 상사 및 동료신뢰 수준, 조직신뢰 수준, 그리고 의사소통의 개방성 정도라는 3가지 요인으로 묶이게 되었다.

이들 6개 요인이 공무원의 지식공유 행위에 미치는 영향을 분석하기 위하여, 각 요인의 요인점수(factor score coefficient)를 새로운 변수로 저장하고, 이를 독립변수로 설정하였다.

〈표 4-6〉 요인분석 결과(Varimax 회전후의 요인적재량과 아이겐 값)

요인 변수	요인1 상시 및 동료 신뢰 수준	요인2 조직신뢰 수준	요인3 평가 및 보상 수준	요인4 의사소통의 개방성 정도	요인5 최고관리자의 지원 정도	요인6 조직구조
질문 1.7	.738	.110	.123	-3.18E-02	.121	.189
질문 1.8	.726	.158	.117	.157	.128	6.825E-02
질문 1.5	.721	.163	5.332E-03	.213	.185	8.819E-02
질문 1.6	.716	.113	-9.23E-03	.116	.246	.178
질문 1.4	.556	.399	.117	.301	.121	-7.02E-02
질문 1.3	.520	.480	.179	.118	.136	.102
질문 1.2	.471	.443	9.961E-02	.109	.156	.213
질문 1.1	.381	.254	.224	.143	.203	.145
질문 1.11	.125	.808	-4.28E-02	7.227E-02	.228	.246
질문 1.10	.122	.776	.228	.187	5.281E-02	3.245E-02
질문 1.12	.167	.752	.215	.286	4.045E-02	-5.26E-02
질문 1.9	.297	.521	.154	.343	.300	-6.43E-02
질문 4.3	8.890E-02	.151	.835	7.216E-02	.176	8.072E-02
질문 4.2	7.004E-02	.116	.829	5.446E-02	.181	.108
질문 4.4	1.873E-02	.139	.763	.141	.133	.168
질문 4.1	.250	.175	.512	-5.93E-02	.246	.291
질문 6.1	.243	6.962E-02	3.518E-02	.704	7.882E-02	.128
질문 6.3	-5.38E-02	3.021E-02	5.450E-02	.673	.279	.152
질문 6.4	.276	.144	.140	.669	-.108	.125
질문 6.5	7.198E-02	.271	-2.32E-02	.600	.307	.152
질문 6.2	.332	.197	.117	.461	-9.62E-03	.221
질문 3.4	.309	.178	.229	8.686E-02	.717	.108
질문 3.1	.117	.266	.151	.230	.645	2.980E-03
질문 3.3	.258	.139	.329	.124	.635	.142
질문 3.2	.265	.256	.350	.132	.616	7.757E-02
질문 5.4	.108	-6.87E-04	.218	1.762E-02	4.083E-02	.687
질문 5.2	.195	.193	.116	.284	-5.39E-02	.627
질문 5.5	7.575E-02	.155	.106	.230	.256	.611
질문 5.1	-5.35E-02	.167	-1.83E-02	.410	.184	.531
질문 5.3	.283	.127	.265	6.295E-02	-.295	.422
아이겐값	9.789	2.216	1.867	1.581	1.379	1.081

 한편 종속변수로 설정한 지식공유 행위에 대한 설문문항들이 동질적인 하나의 요인으로 형성되는가를 파악하기 위하여 요인분석을 실시하였다. 그 결과 각 문항에 대한 요인 적재량은 .578~.803 사이에 분포하며, 이들 문항들은 모두 하나의 요인으로 묶여졌고, 이를 통해 얻은 요인점수를 종속변수로 설정하였다.

제5장 지식공유 행위에 관한 실증분석

제1절 지식공유 행위에 관한 인식실태 및 일반적 특성 분석

이하에서는 조직구성원의 지식공유 행위에 영향을 미치는 요인(구조적 요인과 관계적 요인)과 지식공유 행위에 관한 전체 응답공무원들의 인식 측정을 통해 현행 공공부문의 지식공유 행위 관련 실태 및 일반적 특성을 파악하였다.

1. 지식공유 행위관련 요인에 대한 인식

〈표 5-1〉은 공무원의 지식공유 행위에 관한 부문별 응답평균을 보여주고 있다. 먼저 지식공유 행위관련 여러 하위 요인들 중 평가 및 보상 수준(2.9368)을 제외한 나머지 5개 하위 요인들의 평균값이 3.1753부터 3.3852까지로 나타났으며, 전체 평균값도 3.2489로 나타나 대체로 긍정적인 것으로 해석할 수 있다.

114

〈표 5-1〉 지식공유 행위관련 요인 및 지식공유 행위 실태에 대한 인식

부 문 별		평 균 값		표준편차	
구조적 요인	최고관리자 지원 유형	3.3538	3.1825	.7082	.5440
	조직구조	3.2403		.6336	
	평가 및 보상 수준	2.9368		.7371	
관계적 요인	상사 및 동료신뢰 수준	3.3852	3.3022	.6050	.5344
	조직신뢰 수준	3.1753		.7337	
	의사소통의 개방성 정도	3.2707		.5972	
합 계		3.2489		.4957	
지식공유 행위 실태		3.0550		.6714	

1) 구조적 요인에 대한 인식

〈표 5-2〉는 지식공유 행위 관련 요인 중 구조적 요인에 대한 공무원들의 응답결과를 보여주고 있다.[1]

먼저 앞의 〈표 5-1〉에서 보았듯이 지식공유 행위 관련 구조적 요인에 대한 공무원들의 응답평균값은 3.1825로 나타났으며, 이를 하위 요인별로 살펴보면 다음과 같다.

첫째, 최고관리자의 지원에 대한 공무원들의 인식은 평균 3.3538로 상대적으로 높게 나타났으며, 구조적 요인 중 가장 높았다. 이는 현행 한국 공공부문에서 조직의 최고관리자들이 지식공유 행위에 대한 관심과 지원을 위한 노력을 다소 긍정적으로 수행하고 있다는 것을 확인해 주고 있다. 그리고 최고관리자의 지원과 관련하여 질문한 4개 문항 모두가 대체로 높

---

1) 구조적 영향요인에 대한 인식을 분석한 결과를 요약하면 다음과 같다. 첫째, 최고관리자의 지원에 대한 공무원들의 인식은 상대적으로 높게 나타났을 뿐만 아니라 구조적 요인 중 가장 높았다. 둘째, 조직구조에 대한 공무원들의 인식 또한 상대적으로 긍정적인 수준으로 나타나 조직구조가 분권적·공식적·통합적이라는 것을 알 수 있다. 셋째, 평가 및 보상 수준에 대한 공무원들의 인식은 상대적으로 낮게 나타났을 뿐만 아니라 구조적 요인을 포함한 전체 하위 요인 중 가장 낮았다.

은 응답평균값을 보였지만, 특히 '조직내 지식공유에 관한 중요성 강조(3.3657)'와 '지식공유 환경조성 노력(3.4000)'이 높은 응답평균값을 보였다. 이러한 결과가 나타난 원인은 국정의 최고 책임자이자 지도자인 김대중 전대통령과 노무현 현대통령이 지식중심의 국정운영방침을 표방하고, 부처의 업무보고시 이를 대통령지시사항으로 각 기관의 최고관리자들에게 전달하는 등의 모습을 보였기 때문인 것으로 판단된다. 따라서 이러한 요인이 한국 공무원의 지식공유 행위를 촉진시키는데 많은 도움을 주고 있음을 시사한다.

둘째, 조직구조에 대한 공무원들의 인식 또한 평균 3.2403으로 상대적으로 긍정적인 수준으로 나타났다. 이는 현행 한국 공공부문이 지식공유 행위를 촉진하기 위한 조직구조를 어느 정도 갖추고 있다는 것을 확인해 주고 있다. 이를 구체적으로 살펴보면, 조직의 분권화 정도를 측정하기 위해 물었던 '직원들의 의사결정 참여기회 보장(3.1415)'과 '계층간 권한의 위임여부(3.2600)'에 대한 응답의 평균값, 조직의 업무에 대한 공식화 정도를 측정하기 위해 물었던 '업무에 대한 표준화·구체화 정도(3.2846)'와 '업무처리 규정의 존재 정도(3.2338)'에 대한 응답의 평균값, 그리고 조직의 통합화 정도를 측정하기 위해 물었던 '최고관리자의 공동체의식 주입여부(3.2815)'에 대한 응답의 평균값이 대체로 3.2000대로 나타나 조직구조가 분권적·공식적·통합적이라는 것을 알 수 있다. 이러한 결과가 나타난 원인은 최근에 신공공관리 및 거버넌스와 같은 행정혁신 관련 이론의 등장에 따른 개혁노력으로 인해 분권화가 촉진되고 있으며, IMF사태와 같은 경제위기의 극복과 무한경쟁체제 속에서의 국가경쟁력 제고를 도모하기 위한 노력의 일환으로 정부조직의 위기관리 차원에서 조직의 목표달성을 위한 통합적 노력이 강조되고 있기 때문에 공무원들이 분권적이면서도 통합적인 조직구조의 변화에 긍정적인 인식을 보이고 있는 것으로 판단된다. 그러나 특히 공식적 조직구조에 대한 공무원들의 인식과 관련하여서는 민간부문과는 달리 공공부문은 아무래도 대부분의 업무를 관련 법규

를 근거로 처리하기 때문에 공식화 정도가 다소 높게 나타난 것으로 판단
되며, 지나친 공식화 정도는 지식공유 행위에 부정적인 영향을 미칠 우려
가 많지만 일정 수준의 공식화된 조직구조는 공공부문의 특성상 공무원의
지식공유 행위를 촉진하는 긍정적인 영향으로 작용하고 있는 것으로 사료
된다.[2]

   셋째, 평가 및 보상 수준에 대한 공무원들의 인식은 평균 2.9368로 상
대적으로 낮게 나타났으며, 구조적 요인뿐만 아니라 전체 하위 요인 중 가
장 낮았다. 평가 및 보상 수준과 관련하여 질문한 문항 중 '내재적 보상의
제공(3.0554)'에 대한 응답의 평균값만이 약간 긍정적일 뿐, 평가 및 보상
의 반영 유무·적절성·공정성을 묻는 문항들에 대한 응답의 평균값은 대
체로 낮게 나타났다. 이러한 결과가 나타난 이유는 조사대상 기관들이 대
체로 조직구성원들이 만족할 만한 객관적이고 공정한 평가방법을 구축하
지 못하고 있으며, 보상의 수준도 다른 성과에 대한 유인기제보다는 미미
한 수준에 머무르고 있기 때문인 것으로 판단된다.[3]

---

 2) 공식적 조직구조와 관련한 이러한 해석은 본 설문조사결과와 관련하여 공공부
    문에 근무하고 있는 공무원들을 대상으로 전화로 인터뷰를 한 내용을 토대로
    작성하였다. 중앙의 H·G부처 및 지방의 G·J기관에 근무하는 4급에서 7급
    공무원들을 포함하여 인터뷰에 응해준 공무원들 대부분은 공공조직의 특성상
    어떤 제도나 시스템 등이 도입·실시될 경우에 관련 업무가 일정 수준의 공
    식화(업무처리의 표준화, 근거 법령 및 규정 등의 확립)를 지원하지 않을 경
    우 공무원의 관심과 참여를 유도하기가 어려운 것이 현실이라고 응답하였다.
 3) 설문조사결과와 관련하여 공무원들을 대상으로 전화로 인터뷰를 한 결과, 중앙의
    G·J·L부처와 지방의 J·G기관의 5급에서 9급 공무원들을 포함한 공무원들
    대부분은 지식공유 행위에 대한 반대급부로서 받는 보상이 예를 들어 아직까지
    금전적 보상내용을 구축하지 않았거나 구축하였다해도 도서상품권 또는 문화상
    품권의 지급 등과 같은 소액규모의 금전적 보상 수준에 머무르고 있어 불만족스
    러울 뿐만 아니라 아직까지는 인사고과에 전폭적으로 반영하는 등의 적극적인
    수준에는 대부분 못 미치고 있기 때문에 솔직히 별다른 관심을 유발시키지 못하
    고 있는 것 같다고 응답하였다. 그리고 평가기준 및 방법과 관련하여서도 평가위
    원의 구성이 객관적이지 못한 것 같다는 생각과 세부평가항목의 내용에 대해 충
    분히 신뢰할 수는 없는 것 같다는 생각을 가지고 있는 것으로 응답하였다.

〈표 5-2〉 지식공유 행위의 구조적 요인별 인식

	설 문 문 항	빈 도					평균	표준편차
		전혀 그렇지 않다	그렇지 않다	보통이다	그렇다	전적으로 그렇다		
최고관리자의 지원 유형	1) 우리 부서의 최고관리자는 조직 내 지식공유가 중요하다고 강조하고 있다	9 (1.4)	109 (16.8)	214 (33.0)	268 (41.4)	48 (7.4)	3.3657	.8950
	2) 우리 부서의 최고관리자는 자신의 지식 또는 정보를 공유하려는 사람들을 적극적으로 지원해주고 있다	7 (1.1)	93 (14.3)	276 (42.5)	233 (35.8)	41 (6.3)	3.3200	.8340
	3) 우리 부서는 각종 매체(지식관리시스템, 그룹회의, 대면접촉)을 통한 지식공유에 대해 서 최고관리자의 관심과 지원이 높은 편이다	12 (1.8)	108 (16.6)	221 (34.0)	272 (41.8)	37 (5.7)	3.3292	.8826
	4) 우리 부서의 최고관리자는 지식공유를 위한 환경(각종 보상제도 추진, 공유문화 강조)을 조성하는 데 많은 노력을 하고 있다	9 (1.4)	78 (12.0)	256 (39.4)	258 (39.7)	49 (7.5)	3.4000	.8455
조직구조	5) 우리 부서의 직원들은 부서의 의사결정에 대해 참여할 수 있는 기회가 잘 보장되어 있다	26 (4.0)	129 (19.8)	288 (44.3)	141 (21.7)	66 (10.2)	3.1415	.9813
	6) 우리 부서는 상하 계층간에 직무와 관련 하여 권한의 위임이 잘 되어 있다	20 (3.1)	104 (16.0)	282 (43.4)	175 (26.9)	69 (10.6)	3.2600	.9543
	7) 우리 부서는 직원들의 업무에 대해 규칙·절차·지시 등을 통해 표준화 또는 구체화 시켜 놓고 있다	11 (1.7)	123 (18.9)	254 (39.1)	194 (29.8)	68 (10.5)	3.2846	.9456
	8) 우리 부서는 업무처리의 방법과 절차를 규율하는 규정이 많은 편이다	14 (2.2)	130 (20.0)	268 (41.2)	166 (25.5)	72 (11.1)	3.2338	.9651
	9) 최고관리자는 조직구성원들에게 공동체 의식을 불어넣고 있다	22 (3.4)	87 (13.4)	279 (42.9)	210 (32.3)	52 (8.0)	3.2815	.9134
평가 및 보상 수준	10) 우리 부서는 업무지식과 노하우 등을 공유 할 경우에 충분한 인정과 칭찬 등 내재적 보상을 하고 있다	20 (3.1)	157 (24.2)	258 (39.7)	197 (30.3)	18 (2.8)	3.0554	.8812
	11) 우리 부서는 업무지식과 노하우 등을 공유 하는 것을 평가 및 보상에 반영하고 있다	51 (7.8)	178 (27.4)	250 (38.5)	153 (23.6)	17 (2.6)	2.8567	.9539
	12) 우리 부서는 각종 방법을 통해서 지식을 공유할 경우에 대한 평가 및 보상이 적절한 편이다	41 (6.3)	145 (22.3)	317 (48.8)	136 (20.9)	11 (1.7)	2.8938	.8615
	13) 우리 부서는 각종 방법을 통해서 지식을 공유할 경우에 대한 평가기준 및 선정방법이 공정한 편이다	38 (5.8)	166 (25.5)	264 (40.6)	158 (24.3)	24 (3.7)	2.9446	.9372

118

2) 관계적 요인에 대한 인식

〈표 5-3〉은 지식공유 행위 관련 요인 중 관계적 요인에 대한 공무원들의 응답결과를 보여주고 있다.[4]

먼저 앞의 〈표 5-1〉에서 보았듯이 지식공유 행위 관련 관계적 요인에 대한 공무원들의 응답평균값은 3.3022로 나타났으며, 이를 하위 요인별로 살펴보면 다음과 같다.

첫째, 상사 및 동료신뢰 수준에 대한 공무원들의 인식은 평균 3.3852로 상대적으로 높게 나타났으며, 관계적 요인 중 가장 높았다. 이는 현행 한국 공무원들간의 신뢰가 어느 정도 긍정적인 수준을 형성하고 있다는 것을 확인해 주고 있다. 개인간 신뢰와 관련하여 보다 구체적으로 살펴보면, 상사에 대한 신뢰는 주로 '업무처리에 관한 상사의 전문가적 자세(3.4034)'와 '상사의 업무능력(3.3846)'에 대한 응답의 평균값이 특히 높았으며, 동료에 대한 신뢰는 대체로 응답의 평균값들이 3.4369에서 3.5138로 나타나 모든 문항에서 골고루 높은 응답평균값을 보였다. 즉 상사에 대해서는 업무관련 측면에서의 존경심과 의존도가 높기 때문에 신뢰를 보내는 것으로 판단되며, 동료와 관련하여서는 대체로 모든 문항에서 골고루 높은 응답평균값을 보여 업무관련 측면뿐만 아니라 감정적인 측면에서도 의존도와 동료애가 높기 때문에 신뢰를 보내는 것으로 보인다. 따라서 이러한 결과를 통해 공무원들은 상호간의 신뢰감을 형성하고 있다는 것을 확인할 수 있다.

둘째, 조직신뢰 수준에 대한 공무원들의 인식 또한 평균 3.1753으로 나타났다. 비록 상대적으로 관계적 요인 중에서는 가장 낮은 응답평균값을

---

4) 관계적 영향요인에 대한 인식을 분석한 결과를 요약하면 다음과 같다. 첫째, 상사 및 동료신뢰 수준에 대한 공무원들의 인식은 상대적으로 높게 나타났을 뿐만 아니라 관계적 요인 중 가장 높았다. 둘째, 조직신뢰 수준에 대한 공무원들의 인식은 비록 상대적으로 관계적 요인 중에서는 가장 낮은 응답평균값을 나타내었지만 긍정적인 응답을 보였다. 셋째, 의사소통의 개방성 정도에 대한 공무원들의 인식 역시 상대적으로 긍정적인 수준으로 나타났다.

나타내었지만 긍정적인 응답을 보였다. 이는 현행 한국 공공부문에 대해 조직구성원인 공무원들이 대체로 신뢰를 보내고 있음을 확인해 주고 있다. 특히 '부서의 정책과 실행결과에 대한 믿음(3.3892)'에 대한 응답의 평균 값이 가장 높게 나타났다. 이밖에도 부서가 조직원들을 정직하고 공정하게 대우한다는 문항들에 대한 응답의 평균값이 대체로 긍정적으로 나타났다.

셋째, 의사소통의 개방성 정도에 대한 공무원들의 인식은 평균 3.2707 로 상대적으로 긍정적인 수준으로 나타났다. 특히 '업무관련 대화시 상호 간 충분한 이해 유무(3.4138)'와 '정보와 자료교환의 자유로움과 의사소통 의 원활함 정도(3.3769)'에 대한 응답의 평균값이 높게 나타났다. 이는 현 행 한국 공공부문에 있어서 조직구성원간의 의사소통이 정확하고 원활하 게 이루어지고 있으며, 정보와 자료 등의 교환도 잘 이루어지고 있다는 것 을 확인해 주고 있다.

<표 5-3> 지식공유 행위의 관계적 요인별 인식

설 문 문 항	빈 도					평균	표준편차
	전혀 그렇지 않다	그렇지 않다	보통 이다	그렇다	전적으로 그렇다		
상사 및 동료 신뢰 수준 1) 나는 우리 부서의 상사들 중 누군가 다른 부서로 떠난다면 상당한 아쉬움과 상실감을 느낄 것이다	7 (1.1)	139 (21.4)	269 (41.4)	201 (31.0)	33 (5.1)	3.1757	.8606
2) 우리 부서의 상사들은 전문가적 자세를 가지고 업무를 처리하기 때문에 믿음이 간다	12 (1.9)	96 (14.8)	230 (35.5)	237 (36.6)	72 (11.1)	3.4034	.9341
3) 우리 부서의 상사들은 나를 항상 공정하게 대우해주기 때문에 나는 그들을 믿고 존경한다	10 (1.5)	102 (15.8)	289 (44.7)	207 (32.0)	38 (5.9)	3.2492	.8453
4) 우리 부서의 상사들이 내리는 결정이나 그들의 업무능력에 대해 전혀 의심치 않는다	9 (1.4)	98 (15.1)	228 (35.1)	264 (40.6)	51 (7.8)	3.3846	.8828
5) 나는 우리 부서의 동료들 중 누군가 다른 부서로 떠난다면 상당한 아쉬움과 상실감을 느낄 것이다	2 (0.3)	87 (13.4)	220 (34.0)	285 (44.0)	54 (8.3)	3.4660	.8388
6) 우리 부서의 동료들은 전문가적 자세를 가지고 업무를 처리하기 때문에 믿음이 간다	1 (0.2)	61 (9.4)	243 (37.4)	293 (45.1)	52 (8.0)	3.5138	.7795
7) 우리 부서의 동료들은 나를 항상 공정하게 대우해주기 때문에 나는 그들을 믿고 존경한다	2 (0.3)	68 (10.5)	256 (39.4)	288 (44.3)	36 (5.5)	3.4431	.7656
8) 우리 부서의 동료들의 업무능력에 대해 전혀 의심치 않는다	2 (0.3)	79 (12.2)	243 (37.4)	285 (43.8)	41 (6.3)	3.4369	.7967
조직 신뢰 수준 9) 우리 부서가 시행하는 정책과 그 실행 결과가 믿을만하다고 생각한다	11 (1.7)	70 (10.8)	262 (40.3)	269 (41.4)	38 (5.8)	3.3892	.8201
10) 우리 부서는 조직원들을 공정하게 대우한다고 생각한다	31 (4.8)	133 (20.5)	254 (39.1)	199 (30.6)	33 (5.1)	3.1077	.9457
11) 우리 조직은 직원들의 의견을 잘 반영하기 위해서 많은 노력을 한다고 생각한다	26 (4.0)	137 (21.1)	269 (41.4)	199 (30.6)	19 (2.9)	3.0738	.8886
12) 우리 조직은 직원들에게 정직하며 믿음을 준다고 생각한다	30 (4.6)	120 (18.5)	263 (40.5)	208 (32.0)	28 (4.3)	3.1294	.9206
의사 소통의 개방성 정도 13) 우리 부서의 직원들은 업무와 관련된 대화를 할 때에 상호간에 충분한 이해를 하고 있다고 생각한다	9 (1.4)	78 (12.0)	245 (37.7)	271 (41.7)	47 (7.2)	3.4138	.8434
14) 우리 부서의 직원들은 자신이 어려움을 겪을 때 부서 내부의 누구에게도 쉽게 조언을 요청할 수 있다고 생각한다	9 (1.4)	113 (17.4)	304 (46.9)	192 (29.6)	30 (4.6)	3.1867	.8232

	설 문 문 항	빈 도					평균	표준편차
		전혀 그렇지 않다	그렇지 않다	보통 이다	그렇다	전적 으로 그렇다		
의사 소통의 개방성 정도	15) 우리 부서의 직원들은 자신이 생각 하는 중요한 정보라도 다른 직원 들과 서로 교환 한다	15 (2.3)	121 (18.6)	296 (45.5)	163 (25.1)	55 (8.5)	3.1877	.9131
	16) 우리 부서는 직원들간에 정보와 자 료의 교환이 자유롭고 의사소통이 원활하다	6 (0.9)	61 (9.4)	306 (47.1)	236 (36.3)	41 (6.3)	3.3769	.7778
	17) 우리 부서는 상향적 의사전달이 가 능하다	12 (1.8)	122 (18.8)	283 (43.5)	202 (31.1)	31 (4.8)	3.1815	.8551

2. 지식공유 행위 실태에 대한 인식

〈표 5-4〉는 현행 공공부문의 지식공유 행위 실태에 대한 공무원들의 응답결과를 보여주고 있다.

먼저 앞의 〈표 5-1〉에서 보았듯이 지식공유 행위 실태에 대한 공무원 들의 응답평균값은 3.0550으로 나타나 그 반응은 보통수준을 약간 상회하 는 정도임을 확인할 수 있다. 그리고 현행 한국 공무원간의 지식공유 행위 중 업무처리를 위해서 반드시 필요하다고 여겨지는 기본적이며 필수적인 성격의 지식은 다른 지식보다는 공유 행위가 상대적으로 긍정적인 수준에 서 이루어지고 있는 것으로 나타난 반면에, 업무처리를 위한 기본적인 내 용이상의 지식, 즉 전문적 수준이나 내용을 포함하는 지식은 아직까지는 공유 행위가 상대적으로 잘 이루어지지 않고 있는 것으로 나타났다.

이러한 결과와 관련하여 그 원인을 추론해 보면 첫째, 현행 한국 공무 원간의 지식공유 행위 중 업무처리를 위해서 반드시 필요하다고 여겨지는 기본적이며 필수적인 성격의 지식이 다른 지식보다는 공유 행위가 상대적 으로 긍정적인 수준에서 이루어지고 있는 것으로 나타났다. 그 이유는 '보 고서·품의서·기안서의 공유(3.1323)', '메뉴얼·방법론·업무관련 분석 모델의 공유(3.1000)', '신문/잡지/TV 등 매스미디어에서 얻은 지식의 공유(3.1577)', '업무수행과정에서 얻은 경험 및 노하우의 공유(3.1385)', '업무상 필요한 자료의 정기적인 배포(3.1587)'와 관련된 문항의 응답평균 값이 상대적으로 조금 높게 나타났기 때문인 것으로 판단된다. 이는 앞서 살펴본 관계적 요인 중 의사소통의 개방성 정도를 묻는 문항에서 정보와 자료의 자유로운 교환이 이루어지고 있다는 응답과 같은 맥락에서 이해할 수 있다고 판단된다. 즉 업무처리와 관련한 내용의 지식은 교환이나 공유 가 상대적으로 다소 자유롭게 이루어지고 있다고 볼 수 있다는 것이다.

둘째, 현행 한국 공공부문 공무원간에 일어나는 지식공유 행위 중 업무 처리를 위한 기본적인 내용이상의 지식, 즉 전문적 수준이나 내용을 포함 하는 지식은 아직까지는 공유 행위가 상대적으로 잘 이루어지지 않고 있 는 것으로 나타났다. 그 이유는 '선진국 정부의 성공/실패사례 공유 (2.9892)', '교육훈련을 통해 얻은 전문지식의 공유(2.9598)', '업무에 관 한 통찰력과 직관적인 지식의 공유(2.8783)', '부서 전체의 중요한 지식변 화에 대한 인식의 신속성(2.9260)'과 관련된 지식공유 행위를 묻는 문항 의 응답평균값은 상대적으로 낮게 나타났기 때문인 것으로 생각된다.[5]

---

5) 설문조사결과와 관련하여 공무원들을 대상으로 전화로 인터뷰를 한 결과, 중앙 의 G·H· J·L부처와 지방의 J·G기관의 4급에서 9급 공무원들을 포함한 공무원들 대부분은 자신이 가지고 있는 지식을 조직내 구성원들과 공유할 경우 에 상대적으로 중요성이나 희소성이 높지 않은 지식에 대해서는 거부감이나 부 담감이 별로 없기 때문에 적극적으로 공유하는 경우가 많으나, 지식자체가 중요 성이나 희소성이 높은 경우에는 공유 행위를 적극적으로 하기가 망설여진다고 응답하였다. 그리고 공공부문이 현재 도입·운영하고 있는 지식관리시스템을 통한 지식의 공유 행위에 있어서도 구성원 개개인들의 마음가짐이나 이익추구 성향을 이외에 시스템 자체가 아직까지는 만족스럽지 못해 이용빈도가 떨어지 는 경우 또는 시스템의 사용법을 잘 익히지 못해서 사용빈도가 떨어지는 경우, 시스템의 적극적 사용이나 자료의 업로드(upload)에 대한 동기부여 수단의 부 재 또는 불만족 때문에 사용빈도가 떨어지는 경우가 발생한다고 응답하였다. 또 한 4-5급 이상의 관리자들의 경우 지식관리시스템이 사용됨에 있어서 관리자 직급 수준에서만 필요한 정보들은 비관리자 직급과 구분을 하여 자료를 공유하 게 하는 체제가 구축되는 것도 생각해 볼 필요가 있다는 견해를 제시하였다.

셋째, '지식의 소재와 지식의 소유자에 관한 지식의 공유(3.0985)'여부
를 묻는 응답의 평균값은 업무처리를 위해서 반드시 필요하다고 여겨지는
기본적이며 필수적인 성격의 지식보다는 덜 공유되고 있지만, 보통수준을
약간 상회하는 응답평균을 보여 어느 정도는 공유행위가 이루어지고 있다
는 것을 보여주고 있다. 이는 앞서 살펴본 관계적 요인 중 구성원 개인들
간의 신뢰 수준이 높게 나타난 점과 의사소통의 개방성 정도를 묻는 문항
에서 정보의 교환이 자유롭게 일어나고 개인들간에 어려움을 겪을 때 조
언을 요청하는 정도가 어느 정도 높게 나타난 점 등의 응답결과와 일정한
영향관계를 갖기 때문인 것으로 판단된다.

〈표 5-4〉 지식공유 행위 실태에 대한 인식

	설 문 문 항	빈 도					평균	표준편차
		전혀 그렇지 않다	그렇지 않다	보통 이다	그렇다	전적 으로 그렇다		
지식 공유 행위 실태	1) 다른 부서와 보고서, 품의서, 기안서를 공유 한다	44 (6.8)	125 (19.2)	226 (34.8)	211 (32.5)	44 (6.8)	3.1323	1.0211
	2) 다른 부서와 매뉴얼, 방법론, 업무관련 분석 모델을 공유한다	30 (4.6)	142 (21.8)	236 (36.3)	217 (33.4)	25 (3.8)	3.1000	.9392
	3) 다른 부서와 선진국 정부의 성공/실패 사례를 공유한다	33 (5.1)	155 (23.8)	259 (39.8)	192 (29.5)	11 (1.7)	2.9892	.8976
	4) 다른 부서와 신문/잡지/TV 등 매스미디어 에서 얻은 지식을 공유한다	29 (4.5)	133 (20.6)	229 (35.4)	219 (33.8)	37 (5.7)	3.1577	.9637
	5) 다른 부서와 업무 수행과정에서 얻은 내 경험이나 노하우를 공유한다	24 (3.7)	150 (23.1)	221 (34.0)	222 (34.2)	33 (5.1)	3.1385	.9515
	6) 다른 부서와 어디에 지식이 있는지, 누가 지식을 소유하고 있는지에 대한 지식을 공유 한다	32 (4.9)	141 (21.7)	238 (36.6)	209 (32.2)	30 (4.6)	3.0985	.9548
	7) 다른 부서와 교육훈련을 통해 얻은 전문 지식을 공유한다	38 (5.9)	169 (26.2)	235 (36.4)	189 (29.3)	15 (2.3)	2.9598	.9392
	8) 다른 부서와 업무에 관한 통찰력과 직관적 인 지식을 공유한다	38 (5.9)	180 (27.7)	270 (41.6)	145 (22.3)	16 (2.5)	2.8783	.9056
	9) 우리 부서 전체에 중요한 지식이 바뀌면 이를 필요로 하는 관련 부서 사람들은 이러한 사실을 빨리 알아차린다	39 (60.)	157 (24.2)	273 (42.1)	173 (26.7)	7 (1.1)	2.9260	.8875
	10) 우리 부서는 업무상 필요한 자료 등을 정기적으로 관련된 직원 전원에게 배포한다	38 (5.9)	121 (18.6)	232 (35.7)	216 (33.3)	42 (6.5)	3.1587	.9943

제2절 지식공유 행위에 관한 개인적
특성별 인식 차이 분석

본 연구는 제4장의 연구조사의 설계에서 조직구성원의 지식공유 행위에 영향을 미치는 요인을 크게 구조적 요인(최고관리자의 지원 유형, 조직구조, 평가 및 보상)과 관계적 요인(상사 및 동료에 대한 신뢰, 조직에 대한 신뢰, 의사소통의 개방성 정도)으로 분류하였다. 이하에서는 이렇게 분류한 요인들에 대해 응답자 개인들이 지니고 있는 특성, 즉 사회적 배경에 따라 인식에 있어서 어떠한 차이를 보이고 있는지, 그리고 만약차이가 있다면 어떤 특성에서 어느 정도의 차이를 보이고 있는지를 알아보았다.

이러한 응답자 개인들의 인식 차이를 조사하는 이유는 만약 응답자들이 자신들의 사회적 배경에 따라 지식공유 행위에 영향을 미치는 요인들을 차별적으로 인식할 경우 이를 근거로 현재 지식공유 행위 실태를 보다 미시적인 수준에서 정확하게 진단하는데 도움을 받을 수 있으며, 또한 향후 지식공유 행위를 보다 활성화시키기고 전략적으로 관리하기 위한 방안을 도출하는데 지침을 제공하는 등의 많은 도움을 제공할 수 있다고 보기 때문이다.

1. 구조적 요인에 대한 인식 차이 분석

1) 최고관리자의 지원 유형에 대한 인식 차이

〈표 5-5〉에서 보듯이 지식공유 행위에 관한 최고관리자의 지원을 묻는 질문에 대한 공무원들의 응답평균값이 3.2130에서 3.6571로 높게 나타나

지식공유 행위에 관한 최고관리자의 지원에 대한 인식이 긍정적이라는 것을 알 수 있다.

그리고 응답공무원들의 사회적 배경에 따른 특성별 인식 차이를 살펴보면 다음과 같다. 첫째, 성별에 있어서는 남성 공무원이 여성 공무원보다 응답평균값이 높게 나타났으며, 이러한 차이는 유의수준 $p < 0.05$ 수준에서 통계적으로 유의미하다. 둘째, 소속별로는 지방자치단체 공무원이 중앙기관 공무원보다 높게 나타났으며, 이러한 차이는 유의수준 $p < 0.05$ 수준에서 통계적으로 유의미하다. 셋째, 직급별로는 5급이상 공무원이 6급이하 공무원보다 높게 나타났다. 넷째, 학력별로는 대학이상의 학력을 소유한 공무원이 전문대이하의 학력을 소유한 공무원보다 높게 나타났다. 다섯째, 연령별로는 공무원의 나이가 많을수록 높게 나타났으며, 이러한 차이는 유의수준 $p < 0.05$ 수준에서 통계적으로 유의미하다. 여섯째, 근무기간별로는 근무기간이 긴 공무원일수록 높게 나타났으며, 이러한 차이는 유의수준 $p < 0.05$ 수준에서 통계적으로 유의미하다.

따라서 4가지 특성(성별·소속별·연령별·근무기간별)에서 통계적으로 유의미한 인식 차이를 보였으며, 이러한 결과는 관련 설문 4문항('최고관리자의 지식공유 행위에 관한 중요성 강조', '최고관리자의 지식공유 행위에 관한 지원', '각종 매체를 통한 지식공유 행위에 관한 최고관리자의 관심과 지원', '최고관리자의 지식공유 환경조성 노력') 모두에서도 남성이며 지방자치단체에 근무하고 연령이 많으면서 근무기간에 긴 공무원일수록 지식공유 행위에 관한 최고관리자의 지원에 대해 더 긍정적으로 인식하는 것으로 나타났다.(p. 157의 〈부록 2〉의 표 참조).

이처럼 4가지 특성에서 통계적으로 유의미한 인식 차이가 나타난 이유는 최고관리자를 포함한 공무원의 인적구성비율이 현재까지는 아무래도 여성보다는 남성이 월등히 많고 현실적으로 아직까지는 남성 중심의 조직문화가 지배적이기 때문에 남성 공무원들의 인식이 높게 나타난 것이라고 판단된다.

<표 5-5> 최고관리자의 지원 유형에 대한 인식 차이(개인적 특성별)

변 수		빈 도	평 균	표준편차	t값/F값	유의수준
성 별	남 성	463	3.4039	.7324	3.060	.002
	여 성	185	3.2284	.6279		
소 속	중 앙	295	3.2644	.7255	-2.954	.003
	지 방	353	3.4285	.6854		
직 급	6급이하	546	3.3416	.7086	-1.015	.310
	5급이상	102	3.4191	.7055		
학 력	전문대이하	145	3.3500	.6874	-.073	.942
	대학이상	503	3.3549	.7147		
연 령	35세이하	239	3.2531	.7077	13.643	.000
	36-45세	296	3.3193	.6817		
	46세이상	113	3.6571	.7009		
근무기간	10년이하	277	3.2130	.6979	14.242	.000
	11-20년	272	3.3952	.6806		
	21년이상	99	3.6338	.7199		

또한 지방자치단체의 경우 단체장이 선거를 통해 선출되기 때문에 재선을 위해서 나름대로 소신을 가지고 업무를 추진하여 높은 성과를 산출하고자 하는 욕구가 강하기 때문에 인식이 높게 나타난 것으로 추측된다. 그리고 근무기간이 길면 조직에서 차지하고 있는 지위가 대체로 높을 것이고 조직의 분위기에 긍정적인 인식을 많이 가지고 있기 때문에 인식이 높게 나타난 것으로 판단된다.

2) 조직구조에 대한 인식 차이

<표 5-6>에서 보듯이 조직구조를 묻는 질문에 대한 공무원들의 응답평균값이 3.1436에서 3.4195로 나타나 조직구조에 대한 인식이 대체로 분권적·공식적·통합적이라는 것을 알 수 있다.

그리고 응답공무원들의 사회적 배경에 따른 특성별 인식 차이를 살펴보

면 다음과 같다. 첫째, 성별에 있어서는 남성 공무원이 여성 공무원보다 응답평균값이 높게 나타났다. 둘째, 소속별로는 중앙기관 공무원이 지방자치단체 공무원보다 높게 나타났다. 셋째, 직급별로는 6급이하 공무원이 5급이상 공무원보다 높게 나타났다. 넷째, 학력별로는 전문대이하의 학력을 소유한 공무원이 대학이상의 학력을 소유한 공무원보다 높게 나타났다.

〈표 5-6〉 조직구조에 대한 인식 차이(개인적 특성별)

변 수		빈 도	평 균	표준편차	t값/F값	유의수준
성 별	남 성	465	3.2641	.6416	1.519	.129
	여 성	185	3.1805	.6105		
소 속	중 앙	295	3.2434	.6266	.113	.910
	지 방	355	3.2377	.6401		
직 급	6급이하	548	3.2434	.6307	.291	.771
	5급이상	102	3.2235	.6518		
학 력	전문대이하	145	3.2703	.6274	.647	.518
	대학이상	505	3.2317	.6357		
연 령	35세이하	239	3.2762	.5752	8.566	.000
	36-45세	298	3.1436	.6604		
	46세이상	113	3.4195	.6375		
근무기간	10년이하	279	3.2308	.5931	3.206	.041
	11-20년	272	3.1978	.6580		
	21년이상	99	3.3838	.6613		

다섯째, 연령별로는 나이가 가장 많은 공무원이 높게 나타났으며, 이러한 차이는 유의수준 $p < 0.05$ 수준에서 통계적으로 유의미하다. 여섯째, 근무기간별로는 근무기간이 가장 긴 공무원이 높게 나타났으며, 이러한 차이는 유의수준 $p < 0.05$ 수준에서 통계적으로 유의미하다.

따라서 2가지 특성(연령별·근무기간별)에서 통계적으로 유의미한 인식 차이를 보였으며, 이러한 결과는 분권화 정도를 묻는 설문 2문항('직원들의 의사결정 참여기회 보장', '상하 계층간 권한의 위임여부')과 공식화 정

도를 묻는 설문 2문항('업무에 대한 표준화·구체화', '업무처리를 규율하
는 규정이 많음'), 그리고 통합화 정도를 묻는 설문 1개 문항('최고관리자
가 공동체 의식을 불어넣음') 모두에서 연령이 46세이상으로 가장 많은
공무원이, 그리고 근무기간이 21년이상으로 가장 긴 공무원이 지식공유
행위에 관한 조직구조 정도에 대해 더 분권적·공식적·통합적으로 인식
하는 것으로 나타났다(p. 157의 〈부록 2〉의 표 참조).

이와 같이 2가지 특성에서 통계적으로 유의미한 인식 차이가 나타난 이
유는 연령이 많으면서 근무기간이 긴 공무원일수록 업무에 대한 관리·감
독을 하는 위치에 있기 때문에 대체로 조직에 대한 애착이 많고 이에 따
라 조직에 대한 평가도 대체로 호의적인 경우가 많아 인식이 상대적으로
더 높게 나타난 것으로 판단된다.

3) 평가 및 보상 수준에 대한 인식 차이

〈표 5-7〉에서 보듯이 지식공유 행위에 관한 평가 및 보상 수준을 묻는
질문에 대한 공무원들의 응답평균값이 2.7970에서 3.0465로 낮게 나타나
지식공유 행위에 관한 평가 및 보상 수준에 대한 인식이 대체로 부정적이
라는 것을 알 수 있다.

그리고 응답공무원들의 사회적 배경에 따른 특성별 인식 차이를 살펴보
면 다음과 같다. 첫째, 성별에 있어서는 남성 공무원이 여성 공무원보다
응답평균값이 높게 나타났으며, 이러한 차이는 유의수준 $p < 0.05$ 수준에서
통계적으로 유의미하다. 둘째, 소속별로는 중앙기관 공무원이 지방자치단
체 공무원보다 높게 나타났으며, 이러한 차이는 유의수준 $p < 0.05$ 수준에
서 통계적으로 유의미하다. 셋째, 직급별로는 6급이하 공무원이 5급이상
공무원보다 높게 나타났으며, 이러한 차이는 유의수준 $p < 0.05$ 수준에서
통계적으로 유의미하다. 넷째, 학력별로는 대학이상의 학력을 소유한 공무
원이 전문대이하의 학력을 소유한 공무원보다 높게 나타났다. 다섯째, 연

령별로는 나이가 가장 많은 공무원이 높게 나타났으며, 이러한 차이는 유의수준 p<0.05 수준에서 통계적으로 유의미하다. 여섯째, 근무기간별로는 근무기간이 가장 긴 공무원이 높게 나타났다.

따라서 4가지 특성(성별·소속별·직급별·연령별)에서 통계적으로 유의미한 인식 차이를 보였으며, 이러한 결과는 관련 설문 4문항('지식공유 행위시 내재적 보상 제공', '지식공유 행위에 대한 평가 및 보상 반영 유무', '지식공유 행위에 대한 평가 및 보상의 적절성', '지식공유 행위에 대한 평가기준 및 선정방법의 공정성') 모두에서 남성이며 중앙기관에 근무하고 직급은 6급이하이면서 연령이 가장 많은 공무원일수록 지식공유 행위에 관한 평가 및 보상 수준에 대해 더 긍정적으로 인식하는 것으로 나타났다(p. 157의 〈부록 2〉의 표 참조).

〈표 5-7〉 평가 및 보상 수준에 대한 인식 차이(개인적 특성별)

변 수		빈 도	평 균	표준편차	t값/F값	유의수준
성 별	남 성	464	2.9860	.7336	2.704	.007
	여 성	185	2.8135	.7333		
소 속	중 앙	294	3.0264	.7214	2.831	.005
	지 방	355	2.8627	.7427		
직 급	6급이하	548	2.9626	.7287	2.003	.047
	5급이상	101	2.7970	.7695		
학 력	전문대이하	145	2.8914	.7204	-.842	.400
	대학이상	504	2.9499	.7420		
연 령	35세이하	239	3.0293	.7005	6.941	.001
	36-45세	297	2.8207	.7149		
	46세이상	113	3.0465	.8268		
근무기간	10년이하	279	2.9238	.7035	1.292	.275
	11-20년	271	2.9105	.7166		
	21년이상	99	3.0455	.8714		

이처럼 4가지 특성에서 통계적으로 유의미한 인식 차이가 나타난 이유는 남성 중심의 조직문화 속에서 일반적으로 평가와 보상이 남성에게 보다 더 유리하게 이루어지는 측면이 있기 때문에 남성 공무원들의 인식이 높게 나타난 것으로 사료된다.[6] 또한 중앙기관의 경우 지방자치단체에 비해 지식관리시스템의 도입이 먼저 이루어짐에 따라 관련 제도 및 규정들이 보다 체계적으로 구축된 기관들이 많이 있기 때문에 상대적으로 인식이 높게 나타난 것으로 보인다. 그리고 아직까지는 지식관리시스템의 도입에 따른 지식공유 행위가 적극적으로 활성화되어 있지 못해 전문적인 지식보다는 일반 업무처리와 관련된 지식들이 공유되어 관리직의 관심을 유도하지 못하기 때문에 6급이하 공무원의 인식이 상대적으로 높게 나타난 것으로 판단된다. 한편 고연령의 공무원이 상대적으로 인식이 더 높게 나타난 것은 이들이 대체로 조직에 대한 평가가 호의적인 경우가 많기 때문인 것으로 추측된다.

2. 관계적 요인에 대한 인식 차이 분석

1) 상사 및 동료신뢰 수준에 대한 인식 차이

〈표 5-8〉에서 보듯이 지식공유 행위에 관한 상사 및 동료신뢰 수준을 묻는 질문에 대한 공무원들의 응답평균값이 3.2491에서 3.6352로 높게 나타나 지식공유 행위에 관한 상사 및 동료신뢰 수준에 대한 인식이 긍정적

---

6) 평가 및 보상에 대한 성별 차이와 관련하여 전화로 인터뷰를 한 결과, 중앙의 G·H·J부처와 지방의 J·G·S기관의 7급에서 9급 여성공무원들은 담당업무의 성격구분에 따른 인식(예를 들면, 여성＝지원 또는 민원부서관련 업무라는 등의 인식)으로 인해 보조적이고 주변적인 업무를 맡고 있는 경우가 많아 평가의 가치적(질적) 측면에 있어서 남성들에 비해 상대적으로 불리한 입장에 있으며, 물질적·심리적인 보상은 물론 승진과 같은 제도적 보상에서도 불리하다고 응답하였다.

이라는 것을 알 수 있다.

그리고 응답공무원들의 사회적 배경에 따른 특성별 인식 차이를 살펴보면 다음과 같다. 첫째, 성별에 있어서는 남성 공무원이 여성 공무원보다 응답평균값이 높게 나타났으며, 이러한 차이는 유의수준 $p < 0.05$ 수준에서 통계적으로 유의미하다. 둘째, 소속별로는 지방자치단체 공무원이 중앙기관 공무원보다 높게 나타났으며, 이러한 차이는 유의수준 $p < 0.05$ 수준에서 통계적으로 유의미하다. 셋째, 직급별로는 6급이하 공무원이 5급이상 공무원보다 높게 나타났다. 넷째, 학력별로는 전문대이하의 학력을 소유한 공무원이 대학이상의 학력을 소유한 공무원보다 높게 나타났다. 다섯째, 연령별로는 공무원의 나이가 많을수록 높게 나타났으며, 이러한 차이는 유의수준 $p < 0.05$ 수준에서 통계적으로 유의미하다. 여섯째, 근무기간별로는 근무기간이 긴 공무원일수록 높게 나타났으며, 이러한 차이는 유의수준 $p < 0.05$ 수준에서 통계적으로 유의미하다.

〈표 5-8〉 상사 및 동료신뢰 수준에 대한 인식 차이(개인적 특성별)

변 수		빈 도	평 균	표준편차	t값/F값	유의수준
성 별	남 성	456	3.4394	.6241	3.854	.000
	여 성	184	3.2507	.5331		
소 속	중 앙	289	3.2491	.5833	-5.268	.000
	지 방	351	3.4972	.6004		
직 급	6급이하	540	3.4000	.6110	1.444	.149
	5급이상	100	3.3050	.5678		
학 력	전문대이하	145	3.4517	.5893	1.508	.132
	대학이상	495	3.3657	.6088		
연 령	35세이하	235	3.3468	.5347	8.578	.000
	36-45세	292	3.3343	.6418		
	46세이상	113	3.5962	.6050		
근무기간	10년이하	271	3.3312	.5279	10.227	.000
	11-20년	271	3.3487	.6581		
	21년이상	98	3.6352	.5960		

따라서 4가지 특성(성별·소속별·연령별·근무기간별)에서 통계적으로 유의미한 인식 차이를 보였으며, 이러한 결과는 관련 설문 8문항('상사·동료의 부서이동에 대한 아쉬움', '업무처리시 상사·동료의 전문가적 자세', '상사·동료의 공정한 대우', '상사·동료의 업무능력') 모두에서도 남성이며 지방자치단체에 근무하고 연령이 많으면서 근무기간에 긴 공무원일수록 지식공유 행위에 관한 상사 및 동료신뢰 수준에 대해 더 긍정적으로 인식하는 것으로 나타났다(p. 157의 〈부록 2〉의 표 참조).

이와 같이 4가지 특성에서 통계적으로 유의미한 인식 차이가 나타난 이유는 남성 중심의 조직문화 속에서 동성간의 신뢰도가 이성간보다는 높기 때문일 것으로 생각된다. 또한 지방자치단체 공무원이 중앙기관 공무원보다 상사 및 동료신뢰 수준에 대한 인식이 높게 나타난 이유는 지방자치단체의 경우 중앙기관에 비해 순환보직이 잘 안되어 한 자리에 오래 근무하기 때문에 상대적으로 오랜 기간동안 동일한 상사 및 동료와 근무하여 신뢰감이 보다 높게 나타난 것으로 판단된다.[7] 그리고 연령이 많으면서 근무기간이 길수록 역시 조직에 대한 애착과 적응력이 높기 때문에 조직구성원간 신뢰의 정도가 높게 나타난 것으로 판단된다.

2) 조직신뢰 수준에 대한 인식 차이

〈표 5-9〉에서 보듯이 지식공유 행위에 관한 조직신뢰 수준을 묻는 질문에 대한 공무원들의 응답평균값이 대체로 3.0053에서 3.4226으로 나타나 지식공유 행위에 관한 조직신뢰 수준에 대한 인식이 긍정적이라는 것을 알 수 있다.

그리고 응답공무원들의 사회적 배경에 따른 특성별 인식 차이를 살펴보

---

7) 이러한 해석은 본 설문조사결과와 관련하여 중앙의 G·H·J부처와 지방의 J·G·S기관의 5급에서 9급 공무원들을 포함한 공무원들을 대상으로 전화로 인터뷰를 한 내용을 토대로 작성하였다.

면 다음과 같다. 첫째, 성별에 있어서는 남성 공무원이 여성 공무원보다 응답평균값이 높게 나타났으며, 이러한 차이는 유의수준 $p < 0.05$ 수준에서 통계적으로 유의미하다. 둘째, 소속별로는 지방자치단체 공무원이 중앙기관 공무원보다 높게 나타났다. 셋째, 직급별로는 5급이상 공무원이 6급이하 공무원보다 높게 나타났다. 넷째, 학력별로는 대학이상의 학력을 소유한 공무원이 전문대이하의 학력을 소유한 공무원보다 높게 나타났다. 다섯째, 연령별로는 공무원의 나이가 많을수록 높게 나타났으며, 이러한 차이는 유의수준 $p < 0.05$ 수준에서 통계적으로 유의미하다. 여섯째, 근무기간별로는 근무기간이 긴 공무원일수록 높게 나타났으며, 이러한 차이는 유의수준 $p < 0.05$ 수준에서 통계적으로 유의미하다.

따라서 3가지 특성(성별·연령별·근무기간별)에서 통계적으로 유의미한 인식 차이를 보였으며, 이러한 결과는 관련 설문 4문항('부서의 정책과 실행결과에 대한 믿음', '부서의 조직원에 대한 공정한 대우', '부서의 직원 의견 반영 노력', '부서의 직원들에 대한 정직성') 모두에서도 남성이며 연령이 많으면서 근무기간에 긴 공무원일수록 지식공유 행위에 관한 조직신뢰 수준에 대해 더 긍정적으로 인식하는 것으로 나타났다(p. 157의 〈부록 2〉의 표 참조).

이처럼 3가지 특성에서 통계적으로 유의미한 인식 차이가 나타난 이유는 조직신뢰 역시 남성 중심의 조직문화와 오랜 근무기간에 따른 상대적인 신뢰의 정도 차이 때문인 것으로 판단된다.

<표 5-9> 조직신뢰 수준에 대한 인식 차이(개인적 특성별)

변 수		빈 도	평 균	표준편차	t값/F값	유의수준
성 별	남 성	465	3.2403	.7242	3.624	.000
	여 성	184	3.0109	.7340		
소 속	중 앙	294	3.1310	.6945	-1.414	.158
	지 방	355	3.2120	.7637		
직 급	6급이하	547	3.1622	.7382	-1.047	.295
	5급이상	102	3.2451	.7088		
학 력	전문대이하	144	3.1580	.7536	-.320	.749
	대학이상	505	3.1802	.7287		
연 령	35세이하	238	3.0053	.6764	13.822	.000
	36-45세	298	3.2173	.7311		
	46세이상	113	3.4226	.7757		
근무기간	10년이하	278	3.0315	.6654	11.706	.000
	11-20년	272	3.2371	.7531		
	21년이상	99	3.4091	.7845		

3) 의사소통의 개방성 정도에 대한 인식 차이

<표 5-10>에서 보듯이 지식공유 행위에 관한 의사소통의 개방성 정도를 묻는 질문에 대한 공무원들의 응답평균값이 대체로 3.1742에서 3.4726으로 나타나 지식공유 행위에 관한 의사소통의 개방성 정도에 대한 인식이 긍정적이라는 것을 알 수 있다.

그리고 응답공무원들의 사회적 배경에 따른 특성별 인식 차이를 살펴보면 다음과 같다. 첫째, 성별에 있어서는 남성 공무원이 여성 공무원보다 응답평균값이 높게 나타났다. 둘째, 소속별로는 지방자치단체 공무원이 중앙기관 공무원보다 높게 나타났으며, 이러한 차이는 유의수준 p<0.05 수준에서 통계적으로 유의미하다. 셋째, 직급별로는 5급이상 공무원이 6급이하 공무원보다 높게 나타났다. 넷째, 학력별로는 대학이상의 학력을 소유한 공무원이 전문대이하의 학력을 소유한 공무원보다 높게 나타났다. 다섯

째, 연령별로는 공무원의 나이가 많을수록 높게 나타났으며, 이러한 차이
는 유의수준 p<0.05 수준에서 통계적으로 유의미하다. 여섯째, 근무기간별
로는 근무기간이 긴 공무원일수록 높게 나타났으며, 이러한 차이는 유의수
준 p<0.05 수준에서 통계적으로 유의미하다.

따라서 3가지 특성(소속별·연령별·근무기간별)에서 통계적으로 유의
미한 인식 차이를 보였으며, 이러한 결과는 관련 설문 5문항('업무관련 대
화시 상호간에 충분한 이해를 하고 있음', '어려움을 겪을 때 쉽게 조언을 요
청함', '자신의 중요한 정보까지도 교환함', '정보와 자료의 교환이 자유롭고
의사소통이 원활함', '상향적 의사전달이 가능함') 모두에서도 지방자치단체
에 근무하고 연령이 많으면서 근무기간에 긴 공무원일수록 지식공유 행위
에 관한 의사소통의 개방성 정도에 대해 더 긍정적으로 인식하는 것으로 나
타났다.(p. 157의 〈부록 2〉의 표 참조).

〈표 5-10〉 의사소통의 개방성 정도에 대한 인식 차이(개인적 특성별)

변 수		빈 도	평 균	표준편차	t값/F값	유의수준
성 별	남 성	463	3.2994	.6120	1.938	.053
	여 성	185	3.1989	.5534		
소 속	중 앙	295	3.1742	.6280	-3.797	.000
	지 방	353	3.3513	.5583		
직 급	6급이하	546	3.2568	.5866	-1.372	.171
	5급이상	102	3.3451	.6486		
학 력	전문대이하	145	3.2000	.6028	-1.620	.106
	대학이상	503	3.2911	.5946		
연 령	35세이하	237	3.2152	.5688	8.094	.000
	36-45세	298	3.2383	.6024		
	46세이상	113	3.4726	.6048		
근무기간	10년이하	277	3.2520	.5625	3.338	.036
	11-20년	272	3.2382	.6099		
	21년이상	99	3.4121	.6407		

이와 같이 3가지 특성에서 통계적으로 유의미한 인식 차이가 나타난 이
유는 지방자치단체의 경우 앞서 조직구성원간의 높은 신뢰도에서 살펴본
바와 같이 상대적으로 오랜 기간동안 동일한 조직구성원들과 근무하여 상
호간에 의견 및 정보의 교환이 보다 더 많이 이루어지고 있는 것으로 사
료된다. 그리고 연령이 많으면서 근무기간이 길수록 역시 조직에 대한 신
뢰는 물론이고 조직구성원간 신뢰의 정도가 높기 때문인 것으로 판단된다.

3. 지식공유 행위 실태에 관한 인식 차이 분석

〈표 5-11〉에서 보듯이 지식공유 행위 실태를 묻는 질문과 관련하여 여
성 공무원의 응답평균 2.9746과 5급이상 공무원의 응답평균 2.9950을 제
외한 나머지 모든 문항의 응답평균값이 3.0027에서 3.1532로 나타나 대체
로 지식공유 행위 실태에 대한 인식이 보통수준을 약간 상회하는 수준에
머물러서 그리 긍정적이지 못하다는 것을 알 수 있다.

그리고 응답공무원들의 사회적 배경에 따른 특성별 인식 차이를 살펴보
면 다음과 같다. 남성 공무원이 여성보다 응답평균값이 높고, 지방자치단
체 공무원이 중앙기관보다 높으며, 6급이하 공무원이 5급이상보다 높았고,
전문대이하의 학력을 소유한 공무원이 대학이상보다 높았으며, 나이가 가
장 많고 근무기간이 긴 공무원이 높게 나타났다. 하지만 이러한 차이는 6
가지 특성(성별·소속별·직급별·학력별·연령별·근무기간별) 모두에
서 통계적으로 유의미한 차이는 아니었다.

그러나 이러한 응답결과를 설문문항별로 비교해 보았을 때, 관련 설문
10문항 중 일부 문항들에서는 유의수준 $p < 0.05$ 수준에서 유의미한 인식
차이를 보였는데, 이를 살펴보면 다음과 같다(p. 157의 〈부록 2〉의 표 참
조).[8]

첫째, 성별로는 3개 문항('선진국 정부의 성공/실패 사례를 공유', '업무

수행과정에서 얻은 경험 및 노하우를 공유', '업무에 관한 통찰력과 직관적
인 지식을 공유')에서 남성 공무원이 여성보다 상대적으로 응답평균값이
높게 나타났다. 이는 남성이 대체로 관리자 직급에 많기 때문에 전문적이
며 결정과 관련된 고차원적인 지식을 상대적으로 많이 공유하기 때문인
것으로 판단된다.

둘째, 소속별로는 2개 문항('선진국 정부의 성공/실패 사례를 공유', '교육
훈련을 통해 얻은 전문지식을 공유')에서 중앙기관 공무원이, 3개 문항('보
고서, 품의서, 기안서를 공유', '매뉴얼, 방법론, 업무관련 분석모델을 공유',
'업무수행과정에서 얻은 경험 및 노하우를 공유')에서는 지방자치단체 공무
원이 상대적으로 응답평균값이 높게 나타났다. 이처럼 소속과 관련하여 중앙
기관 공무원과 지방자치단체 공무원의 인식이 각각 높아 차이가 나타난 이유

---

8) 개별 설문항목들에 있어서 지식공유 행위에 대한 공무원 개인별 인식 차이를
   분석한 결과를 요약하면 다음과 같다.

지식공유 행위	인식차이*
'보고서, 품의서, 기안서를 공유'	소속별(지방자치단체 ↑)
'매뉴얼, 방법론, 업무관련 분석모델을 공유'	소속별(지방자치단체 ↑)
'선진국 정부의 성공/실패 사례를 공유'	성별(남성 ↑), 소속별(중앙기관 ↑)
'신문/잡지/TV 등 매스미디어에서 얻은 지식을 공유'	연령별(나이가 가장 많은 공무원 ↑), 근무기간별(근무기간이 길수록 ↑)
'업무수행과정에서 얻은 경험 및 노하우를 공유'	성별(남성 ↑), 소속별(지방자치단체 ↑), 직급별(6급이하 ↑)
'어디에 지식이 있는지, 누가 지식을 소유하고 있는 지에 대한 지식을 공유'	연령별(나이가 가장 적은 공무원 ↑)
'교육훈련을 통해 얻은 전문지식을 공유'	소속별(중앙기관 ↑), 학력별(전문대이하 ↑), 연령별(나이가 가장 많은 공무원 ↑)
'업무에 관한 통찰력과 직관적인 지식을 공유'	성별(남성 ↑)
'부서 전체의 지식 변화에 대한 신속한 인식'	직급별(6급이하 ↑)
'업무상 필요한 자료의 정기적 배포'	학력별(대학이상 ↑)

* ↑는 응답평균값이 상대적으로 높아 긍정적인 인식을 나타내고 있음을 의미함.

는 두 소속기관의 업무차이 때문인 것으로 보인다. 즉 중앙기관은 결정중심의 기획사무가 주를 이루기 때문에 전문적 지식의 공유가, 지방자치단체는 단순 집행중심의 일반사무가 주를 이루기 때문에 업무관련 기본적 지식의 공유가 상대적으로 높게 이루어지는 것으로 판단된다.[9]

셋째, 직급별로는 2개 문항('업무수행과정에서 얻은 경험 및 노하우를 공유', '부서 전체의 지식 변화시 직원들이 이를 빨리 인식함')에서 6급이하 공무원이 상대적으로 응답평균값이 높게 나타났다.

넷째, 학력별로는 1개 문항('교육훈련을 통해 얻은 전문지식을 공유')에서 전문대이하의 학력을 소유한 공무원이, 또 다른 1개 문항('업무상 필요한 자료를 정기적으로 직원들에게 배포')에서는 대학이상의 학력을 소유한 공무원이 상대적으로 응답평균값이 높게 나타났다.

다섯째, 연령별로는 2개 문항('신문/잡지/TV 등 매스미디어에서 얻은 지식을 공유', '교육훈련을 통해 얻은 전문지식을 공유')에서 46세이상의 고연령 공무원이, 1개 문항('어디에 지식이 있는지, 누가 지식을 소유하고 있는 지에 대한 지식을 공유')에서는 35세이하의 젊은 공무원이 상대적으로 응답평균값이 높게 나타났다.

---

9) 이와 같은 판단은 특히 공무원 교육훈련의 효과성과 관련하여 중앙과 지방 공무원을 대상으로 1차 설문조사와 2차 개방형 질문조사를 통해 조사한 연구에서도 실증적으로 규명된 바가 있다(박천오·최호진, 2002: 951-954 참조). 또한 본 설문조사결과와 관련하여 공공부문에 근무하고 있는 공무원들을 대상으로 전화로 인터뷰를 한 내용에서도 지방의 J·G기 관의 5급과 7급 공무원의 경우 '아무래도 교육훈련의 참여기회나 질이 지방이 중앙보다 더 저하되어 새로운 정보나 자료수집의 능력에 있어서 차이가 발생하기 때문에 업무수행에 꼭 필요한 기본적인 지식의 공유 행위는 지방자치단체 공무원이, 전문지식이나 보다 고차원적인 지식의 공유 행위는 중앙기관 공무원이 잘 하고 있는 것 같다'는 응답이 있었다.

〈표 5-11〉 지식공유 행위 실태에 대한 인식 차이(개인적 특성별)

변 수		빈 도	평 균	표준편차	t값/F값	유의수준
성 별	남 성	457	3.0875	.6703	1.934	.054
	여 성	185	2.9746	.6692		
소 속	중 앙	291	3.0533	.6555	-.059	.953
	지 방	351	3.0564	.6852		
직 급	6급이하	542	3.0661	.6701	.972	.331
	5급이상	100	2.9950	.6790		
학 력	전문대이하	143	3.0559	.5364	.023	.982
	대학이상	499	3.0547	.7059		
연 령	35세이하	236	3.0742	.6021	2.185	.113
	36-45세	395	3.0027	.6996		
	46세이상	111	3.1532	.7256		
근무기간	10년이하	275	3.0495	.6410	.788	.455
	11-20년	271	3.0332	.6964		
	21년이상	96	3.1323	.6862		

여섯째, 근무기간별로는 1개 문항('신문/잡지/TV 등 매스미디어에서 얻은 지식을 공유')에서 근무기간이 긴 공무원일수록 상대적으로 응답평균값이 높게 나타났다. 이는 고연령이면서 근무기간이 긴 공무원들은 대부분 젊은 공무원에 비해 자발적인 수단(매체)에 의해 지식을 획득하기가 어렵고, 자신의 위치에 대한 불안감 등이 있으며, 젊은 공무원들에게 뒤지지 않으려는 경향이 있기 때문에 상호간에 지식을 공유하는 정도가 상대적으로 높게 나타난 것으로 판단된다.

이상에서 살펴본 지식공유 행위에 관한 개인적 특성별 인식 차이 내용을 간략하게 표로 정리해 보면 다음과 같다.

〈표 5-12〉 지식공유 행위에 관한 개인별 인식 차이(요약)

	변 수	인식차이*
구조적 요인	1) 최고관리자의 지원	성별(남성 ↑), 소속별(지방자치단체 ↑), 연령별(나이가 많을수록 ↑), 근무기간별(근무기간이 길수록 ↑)
	2) 조직구조	연령별(나이가 가장 많은 공무원 ↑), 근무기간별(근무기간이 가장 긴 공무원 ↑)
	3) 평가 및 보상 수준	성별(남성 ↑), 소속별(중앙기관 ↑), 직급별(6급이하 ↑), 연령별(나이가 가장 많은 공무원 ↑)
관계적 요인	1) 상사 및 동료 신뢰 수준	성별(남성 ↑), 소속별(지방자치단체 ↑), 연령별(나이가 많을수록 ↑), 근무기간별(근무기간이 길수록 ↑)
	2) 조직신뢰 수준	성별(남성 ↑), 연령별(나이가 많을수록 ↑), 근무기간별(근무기간이 길수록 ↑)
	3) 의사소통의 개방성 정도	소속별(지방자치단체 ↑), 연령별(나이가 많을수록 ↑), 근무기간별(근무기간이 길수록 ↑)
지식 공유	지식공유 행위 현황	통계적 의미 없음.

* ↑는 응답평균값이 상대적으로 높아 긍정적인 인식을 나타내고 있음을 의미함.

제3절 지식공유 행위에 관한 기관특성별 인식 차이 분석

　본 연구에서는 지식공유 행위에 관한 기관특성별 인식 차이를 살펴보기 위하여 조사대상 기관들을 크게 두 가지 차원으로 구분하여 살펴보았다. 첫째, 조사대상 기관들을 기관이 지니고 있는 구조적 특성에 따라 유형화하여 중앙기관과 지방자치단체로 나누고, 이를 다시 중앙기관은 부처단위 기관과 청단위 기관으로 구분하였으며 지방자치단체는 다시 광역자치단체와 기초자치단체로 구분하였다.[10] 둘째, 조사대상 기관들을 지식관리시스템의 유형에 따라 KMS 도입·운영기관과 GKMS 도입·운영기관으로 구분하였다.[11]

1. 구조적 요인에 대한 기관특성별 인식 차이 분석

1) 기관유형별 구분에 따른 분석

〈표 5-13〉에서 보듯이 기관유형별 구분에 따라 구조적 요인에 대한 공무원들의 인식 차이를 보면 다음과 같다. 첫째, 최고관리자의 지원에 관한 인식을 묻는 질문에 대한 응답평균값이 대체로 3.1578에서 3.4707로 나타나 지식공유 행위에 관한 최고관리자의 지원에 대한 인식이 모든 기관에서 긍정적이라는 것을 알 수 있다. 그리고 공무원들이 근무하는 기관특성

---

10) 이러한 구분은 먼저 조사대상 기관들을 중앙과 지방의 기관들로 구분한 다음 이를 보다 자 세히 구분하기 위하여 각 기관들 자체의 특성이 상대적으로 독립기관으로서 기획이나 결 정을 위주로 하는 기관(부처단위 기관과 광역자치단체)인지 혹은 직속기관으로서 집행을 위주로 하는 기관인지를 기준(청단위 기관과 기초자치단체)으로 다시 네 개의 집단으로 구 성하였다(오석홍, 2003). 이러한 구분과 관련하여 서진완(2002: 24-25)도 한국의 중앙정부기 관에 대한 정보화수준평가를 실시한 연구에서 기관의 유형구분을 부, 처, 청, 위원회로 구분하여 분석한 바 있다. 한국의 공공부문에서의 기관특성을 기준으로 유형별로 분류하면 다음의 표와 같다.

기관유형	기관명
부처(5)	행정자치부, 정보통신부, 해양수산부, 농림부, 기획예산처
청(3)	국세청, 기상청, 특허청
광역(3)	서울시청, 경기도청, 전남도청
기초(3)	과천시청, 광양시청, 제주시청

11) 한국의 공공부문에서의 지식관리시스템 유형을 기준으로 기관을 분류하면 다음의 표와 같다.

시스템 유형	기관명
KMS 기관(7)	국세청, 기상청, 기획예산처, 농림부, 정보통신부, 특허청, 해양수산부
GKMS 기관(7)	경기도청, 과천시청, 광양시청, 서울시청, 전남도청, 제주시청, 행정자치부

별 인식 차이를 살펴보면 광역자치단체, 부처단위 기관, 기초자치단체, 청단위 기관의 순으로 응답평균값이 높게 나타났으며, 이러한 차이는 유의수준 p<0.05 수준에서 통계적으로 유의미하다. 이러한 결과와 관련하여 보다 구체적으로 그 원인을 추론해 보면 다음과 같다.[12] 즉 최고관리자의 지원 유형에 대한 응답평균값이 높게 나타난 광역자치단체와 부처단위 기관들이 매우 높은 응답평균을 보인 이유는 조사대상 기관들 중 최고관리자의 지원에 대한 인식이 낮게 나타난 기관들보다 상대적으로 최고관리자자가 조직 내 지식공유 행위에 관한 중요성을 강조하고, 각종 매체를 통해 적극적인 관심과 지원을 보내고 있으며, 지식공유의 환경을 조성하는 노력도 잘 수행하고 있는 등 관련 부문에서 대체로 우위를 점하고 있기 때문인 것으로 생각된다.

둘째, 조직구조에 관한 인식에 관한 인식을 묻는 질문에 대한 응답평균값이 대체로 3.0961에서 3.4043으로 나타나 지식공유 행위에 관한 조직구조에 대한 인식이 모든 기관에서 분권적·공식적·통합적이라는 것을 알수 있다. 그리고 공무원들이 근무하는 기관특성별 인식 차이를 살펴보면 청단위 기관, 광역자치단체, 기초자치단체, 부처단위 기관의 순으로 응답평균값이 높게 나타났으며, 이러한 차이는 유의수준 p<0.05 수준에서 통계적으로 유의미하다. 관련 설문문항에 대한 분석을 통해 조사대상기관 중 조직구조에 대한 응답평균값이 높게 나타난 기관들의 이유를 살펴보면, 응답평균값이 낮게 나타난 기관들보다 상대적으로 조직 내 지식공유 행위를 활성화시키기 위해서 조직구조를 참여 및 권한위임의 활성화를 통해 분권화시키고, 지식공유 행위관련 업무에 대한 표준화 및 근거규정의 구비 등을 통해 일정 정도의 공식화시키고 있으며, 공동체 의식의 고취를 통해 통합화시키는 등 모든 부문에서 상대적 우위를 점하고 있기 때문이라는 것을 알 수 있다. 그리고 조직구조에 대한 이러한 기관별 결과 중 분권화

---

12) 기관별 인식 차이결과에 관한 해석은 관련 설문문항들에 대한 분석결과를 통해서 입증되고 있다(p. 175의 〈부록 3〉과 p. 180의 〈부록 4〉의 표 참조).

정도를 묻는 설문문항에서는 대체로 지방자치단체 공무원이 중앙기관보다 인식이 높게 나타난 반면에, 공식화 정도를 묻는 설문문항과 통합화 정도를 묻는 설문문항에서는 대체로 중앙기관의 공무원이 지방자치단체보다 인식이 높게 나타났다. 이는 우선 지방의 경우 지방화 시대를 맞이하여 민선출신의 자치단체장들이 재선을 위해 긍정적이면서 양질의 행정서비스를 산출하기 위하여 중앙에 비하여 보다 적극적으로 의사결정시 직원들에게 참여기회를 보다 많이 보장하거나 권한의 위임을 증대시키는 등의 실질적으로 분권화 노력을 상대적으로 잘 하고 있기 때문인 것으로 판단된다. 그리고 중앙기관의 경우는 지식관리시스템의 도입 및 실시가 지방에 비하여 상대적으로 조기에 이루어져 지식공유 행위와 관련된 근거규정이나 업무의 표준화가 구축되어 있고, 최근의 정부불신 및 국가위기를 극복하기 위한 국가적 차원의 개혁 노력과 지식관리 및 지식공유 행위의 활성화에 대한 대통령의 업무지시를 통한 관심표명에 대한 자극 때문에 중앙기관의 장들이 부처내 조직구성원에 대한 공동체의식 고취를 위해 지방에 비하여 상대적으로 많은 노력을 하고 있기 때문인 것으로 생각된다.

셋째, 평가 및 보상 수준에 관한 인식을 묻는 질문에 대한 응답평균값이 상대적으로 높은 응답평균을 보인 청단위 기관을 제외하고는 대체로 2.8065에서 2.9784로 나타나 지식공유 행위에 관한 평가 및 보상 수준에 대한 인식이 부정적이라는 것을 알 수 있다. 그리고 공무원들이 근무하는 기관특성별 인식 차이를 살펴보면 청단위 기관, 기초자치단체, 부처단위 기관, 광역자치단체의 순으로 응답평균값이 높게 나타났으며, 이러한 차이는 유의수준 $p < 0.05$ 수준에서 통계적으로 유의미하다. 이러한 결과가 나타난 원인을 추론해 보면 다음과 같다. 우선 청단위 기관을 제외하고는 대부분의 기관들이 대체적으로 낮은 응답평균을 보인 이유는 관련 설문문항들에 대한 분석을 통해서도 볼 수 있듯이 조사대상기관 대부분이 적절한 평가 및 보상의 제공 노력과 그 선정기준 및 운영방법 등에 있어서의 공정성 확보 노력이 아직은 부족한 것으로 공무원들이 인식하고 있기 때문이라고 보여진다.

〈표 5-13〉 구조적 요인에 대한 기관별 인식 차이(기관유형별)

요 인	구 분	평 균	표준편차	F값	유의수준
1) 최고관리자의 지원	부 처	3.3620	.7503	5.926	.001
	청	3.1578	.6843		
	광 역	3.4707	.6232		
	기 초	3.3399	.7962		
2) 조직구조	부 처	3.0961	.6691	7.060	.000
	청	3.4043	.5342		
	광 역	3.2795	.6091		
	기 초	3.1517	.6946		
3) 평가 및 보상 수준	부 처	2.9036	.7791	7.212	.000
	청	3.1596	.6291		
	광 역	2.8065	.6951		
	기 초	2.9784	.8233		

그리고 이러한 기관유형별 결과 중 적절한 평가 및 보상의 제공과 그 선정기준 및 운영방법 등에 있어서 중앙기관에 비해 지방자치단체의 경우 응답평균이 대체로 낮아 조직구성원의 지식공유 행위에 대한 평가 및 보상 수준에 많은 차이를 보이고 있는 것으로 나타났다. 이는 중앙기관이 지방자치단체에 비해 지식관리시스템의 도입 및 실시가 먼저 이루어짐에 따라 관련 제도 및 규정들이 보다 체계적으로 구축된 기관들이 많이 있기 때문이며, 지방의 경우 상대적으로 제도적 미비의 문제와 더불어 보상을 위한 예산확보의 어려움과 같은 재정적 문제가 병행되기 때문인 것으로 판단된다.

2) 지식관리시스템 유형별 구분에 따른 분석

〈표 5-14〉에서 보듯이 지식관리시스템 유형별 구분에 따라 구조적 요인에 대한 공무원들의 인식 차이를 보면 다음과 같다. 첫째, 최고관리자의

지원에 관한 인식을 묻는 질문에 대한 응답평균값이 3.2815와 3.4028로 나타나 지식공유 행위에 관한 최고관리자의 지원에 대한 인식이 두 유형의 기관 모두에서 긍정적이라는 것을 알 수 있다. 그리고 KMS를 도입·운영하는 기관보다 GKMS를 도입·운영하는 기관이 응답평균값이 높게 나타났으며, 이러한 차이는 유의수준 $p<0.05$ 수준에서 통계적으로 유의미하다. GKMS를 도입·운영하는 기관의 응답평균값이 높게 나타난 원인을 분석해보면, 상대적으로 최고관리자가 조직 내 지식공유 행위에 관한 중요성을 강조하고, 각종 매체를 통해 적극적인 관심과 지원을 보내고 있으며, 지식공유의 환경을 조성하는 노력도 잘 수행하고 있는 등 모든 부문에서 상대적 우위를 점하고 있기 때문이라는 것을 알 수 있다. 그리고 설문문항 중 특히 최고관리자가 각종 매체를 통한 적극적인 관심과 지원을 보내고 있으며, 지식공유의 환경을 조성하는 노력도 잘 수행하고 있는지를 묻는 문항들에서 통계적으로 유의미한 차이가 나타난 것을 통해서 이들 기관이 행정자치부를 제외하고는 대부분이 도입초기단계에 있는 기관들이기 때문에 지식관리시스템의 정착 및 발전을 위해 홍보 및 기반조성에 보다 많은 노력을 기울이고 있다는 것을 추정 할 수 있다.

둘째, 조직구조에 관한 인식에 관한 인식을 묻는 질문에 대한 응답평균값이 3.2779와 3.2149로 나타나 지식공유 행위에 관한 조직구조에 대한 인식이 모든 기관에서 분권적·공식적·통합적이라는 것을 알 수 있다. 그리고 KMS를 도입·운영하는 기관이 GKMS를 도입·운영하는 기관보다 응답평균값이 높게 나타났으나, 이러한 차이는 통계적으로 유의미한 차이는 아니었다. 그러나 관련 설문문항을 살펴보았을 때 분권화를 묻는 항목은 GKMS기관의 응답평균값이 높은 반면에, 공식화를 묻는 항목은 KMS기관의 응답평균값이 높게 나타나 인식의 차이를 보였다. 이는 상대적으로 KMS기관이 일찍 도입한 기관들로 구성되어 있기 때문에 관련 업무의 표준화와 규정의 구비가 잘 되어 있는 반면에, GKMS기관은 대부분이 지방자치단체들로 구성되어 있다 보니 분권화 정도가 높게 나타난 것으로 판단된다.

셋째, 평가 및 보상 수준에 관한 인식을 묻는 질문에 대한 응답평균값이 KMS기관은 3.0556로 나타나 보통 수준의 인식을 보인 반면에, GKMS기관은 2.8570으로 나타나 지식공유 행위에 관한 평가 및 보상 수준에 대한 인식이 부정적이라는 것을 알 수 있다. 즉 KMS를 도입·운영하는 기관과 GKMS를 도입·운영하는 기관간에 인식의 차이가 있는 것으로 나타났으며, 이러한 차이는 유의수준 p<0.05 수준에서 통계적으로 유의미하다. 이처럼 차이를 보이는 이유는 KMS기관이 적절한 평가 및 보상의 제공 노력과 그 선정기준 및 운영방법 등에 있어서의 공정성 확보 노력이 상대적으로 보다 더 잘 되고 있기 때문이라고 보여진다. 그러나 두 기관 모두 응답평균값이 높지 못하므로 지식공유 행위에 관한 평가 및 보상 수준이 아직은 부족한 것으로 공무원들이 인식하고 있는 것 같다.

〈표 5-14〉 구조적 요인에 대한 기관별 인식 차이(KMS/GKMS)

요 인	구 분	평 균	표준편차	t값	유의수준
1) 최고관리자의 지원 정도	KMS기관	3.2815	.7448	-2.147	.032
	GKMS기관	3.4028	.6787		
2) 조직구조	KMS기관	3.2779	.6254	1.247	.213
	GKMS기관	3.2149	.6385		
3) 평가 및 보상수준	KMS기관	3.0556	.7294	3.396	.001
	GKMS기관	2.8570	.7323		

2. 관계적 요인에 대한 각 기관특성별 인식 차이 분석

1) 기관유형별 구분에 따른 분석

〈표 5-15〉에서 보듯이 기관유형별 구분에 따라 관계적 요인에 대한 공

무원들의 인식 차이를 보면 다음과 같다. 첫째, 상사 및 동료에 대한 신뢰 수준에 관한 인식을 묻는 질문에 대한 응답평균값이 대체로 3.1603에서 3.6261로 나타나 지식공유 행위에 관한 상사 및 동료신뢰 수준에 대한 인식이 모든 기관에서 긍정적이라는 것을 알 수 있다. 그리고 공무원들이 근무하는 기관특성별 인식 차이를 살펴보면 기초자치단체, 광역자치단체, 부처단위 기관, 청단위 기관의 순으로 응답평균값이 높게 나타났으며, 이러한 차이는 유의수준 $p < 0.05$ 수준에서 통계적으로 유의미하다. 이러한 결과가 나타난 원인을 중심으로 보다 구체적으로 논의를 해보면 다음과 같다. 우선 기초자치단체와 광역자치단체들이 매우 높은 응답평균을 보인 이유는 관련 설문문항들에 대한 분석을 통해서도 볼 수 있듯이 조사대상기관 중 이들 기관들이 응답평균값이 낮게 나타난 기관들보다 상대적으로 상호간에 공정한 대우를 하며, 상사 및 동료의 업무능력을 인정하는 등 모든 부문에서 상대적 우위를 점하고 있기 때문이라는 것을 알 수 있다. 그리고 중앙기관에 비해 지방자치단체들의 상사 및 동료 신뢰가 상대적으로 높게 나타난 이유는 지방의 경우 중앙에 비해 순환보직제도의 원활한 활용이 잘 안되어 상대적으로 오랜 기간동안 동일한 상사 및 동료와 근무하기 때문에 신뢰감이 보다 높게 나타난 것으로 판단된다.

둘째, 조직에 대한 신뢰 수준에 관한 인식을 묻는 질문에 대한 응답평균값이 상대적으로 낮은 응답평균을 보인 기초자치단체를 제외하고는 대체로 3.0674에서 3.3274로 나타나 지식공유 행위에 관한 조직신뢰 수준에 대한 인식이 긍정적이라는 것을 알 수 있다. 그리고 공무원들이 근무하는 기관특성별 인식 차이를 살펴보면 광역자치단체, 부처단위 기관, 청단위 기관, 기초자치단체의 순으로 응답평균값이 높게 나타났으며, 이러한 차이는 유의수준 $p < 0.05$ 수준에서 통계적으로 유의미하다. 특히 기초자치단체를 제외한 다른 기관들이 상대적으로 높은 응답평균을 보인 이유는 조사대상기관들 중 이들 기관의 공무원들이 부서의 정책 및 실행결과를 믿고 있으며, 부서가 조직구성원들을 공정하고 정직하게 대우함은 물론 그들의

의견도 잘 반영하고 있다고 믿는 등 모든 부문에서 상대적 우위를 점하고 있기 때문이라는 것을 알 수 있다. 또한 조직신뢰와 관련하여 부처단위의 기관과 광역자치단체가 청 단위의 기관과 기초자치단체에 비해서 상대적으로 응답평균값이 높게 나타났는데, 이는 부처단위의 기관과 광역자치단체가 상대적으로 기획이나 결정업무를 위주로 하는 기관들로서 다른 기관들의 구성원에 비해 소속기관의 권력이나 영향력의 소유 정도가 많다고 인식하여 조직에 대한 자긍심 및 애착이 높기 때문인 것으로 추정된다.[13]

〈표 5-15〉 관계적 요인에 대한 기관별 인식 차이(기관유형별)

요 인	구 분	평 균	표준편차	F값	유의수준
1) 상사 및 동료 신뢰 수준	부 처	3.3303	.6332	14.081	.000
	청	3.1603	.5111		
	광 역	3.4367	.6048		
	기 초	3.6261	.5723		
2) 조직신뢰 수준	부 처	3.1895	.7221	7.591	.000
	청	3.0674	.6600		
	광 역	3.3274	.7073		
	기 초	2.9741	.8218		
3) 의사소통의 개방성 정도	부 처	3.1896	.6759	4.908	.002
	청	3.1574	.5731		
	광 역	3.3590	.5271		
	기 초	3.3351	.6209		

셋째, 의사소통의 개방성 정도에 관한 인식에 관한 인식을 묻는 질문에 대한 응답평균값이 대체로 3.1574에서 3.3590으로 나타나 지식공유 행위에 관한 의사소통의 개방성 정도에 대한 인식이 모든 기관에서 긍정적이라는

---

13) 특히 기획예산처와 특허청의 경우는 지식관리시스템을 상대적으로 일찍 도입·실시하여 나름대로 성공을 거두고 있는 기관의 사례로 평가받고 있기 때문에 조직에 대한 신뢰가 매우 높게 나타난 것으로 판단된다.

것을 알 수 있다. 그리고 공무원들이 근무하는 기관특성별 인식 차이를 살펴보면 광역자치단체, 기초자치단체, 부처단위 기관, 청단위 기관의 순으로 응답평균값이 높게 나타났으며, 이러한 차이는 유의수준 $p < 0.05$ 수준에서 통계적으로 유의미하다. 이러한 결과 중 광역자치단체와 기초자치단체들이 매우 높은 응답평균을 보인 이유는 조사대상기관 중에서 이들 기관들이 응답평균값이 상대적으로 낮게 나타난 중앙기관들보다 조직구성원들간에 충분한 이해를 바탕으로 한 월활한 의사소통을 하고 있기 때문인 것으로 판단된다. 그리고 이와 함께 여러 가지 정보와 자료도 자유롭게 교환하고, 상호간의 고민과 어려움을 나누고 있는 등 모든 부문에서 상대적 우위를 점하고 있기 때문이라는 것을 알 수 있다.

2) 지식관리시스템 유형별 구분에 따른 분석

〈표 5-16〉에서 보듯이 지식관리시스템 도입시기별 구분에 따라 구조적 요인에 대한 공무원들의 인식 차이를 보면 다음과 같다. 첫째, 상사 및 동료신뢰 수준에 관한 인식을 묻는 질문에 대한 응답평균값이 3.2578과 3.4701로 나타나 두 유형의 기관 모두에서 상사 및 동료신뢰 수준에 대한 인식이 긍정적이라는 것을 알 수 있다. 그리고 KMS를 도입·운영하는 기관보다 GKMS를 도입·운영하는 기관이 응답평균값이 높게 나타났으며, 이러한 차이는 유의수준 $p < 0.05$ 수준에서 통계적으로 유의미하다. GKMS를 도입·운영하는 기관의 응답평균값이 높게 나타난 원인을 분석해보면, 상대적으로 상호간에 공정한 대우를 하며, 상사 및 동료의 업무능력을 인정하는 등 모든 부문에서 상대적 우위를 점하고 있기 때문인 것으로 판단된다.

둘째, 조직에 대한 신뢰 수준에 관한 인식을 묻는 질문에 대한 응답평균값이 3.1427과 3.1972로 나타나 두 유형의 기관 모두에서 조직신뢰 수준에 대한 인식이 긍정적이라는 것을 알 수 있다. 그리고 KMS를 도입·

운영하는 기관보다 GKMS를 도입·운영하는 기관이 응답평균값이 높게 나타났으나, 이러한 차이는 통계적으로 유의미한 차이는 아니었다.

셋째, 의사소통의 개방성 정도에 관한 인식에 관한 인식을 묻는 질문에 대한 응답평균값이 3.2198과 3.3052로 나타나 두 유형의 기관 모두에서 의사소통의 개방성 정도에 대한 인식이 긍정적이라는 것을 알 수 있다. 그리고 KMS를 도입·운영하는 기관보다 GKMS를 도입·운영하는 기관이 응답평균값이 높게 나타났으나, 이러한 차이 역시 통계적으로 유의미한 차이는 아니었다.

〈표 5-16〉 관계적 요인에 대한 기관별 인식 차이(KMS/GKMS)

요 인	구 분	평 균	표준편차	t값	유의수준
1) 상사 및 동료 신 뢰 수준	KMS기관	3.2578	.5888	-4.410	.000
	GKMS기관	3.4701	.6015		
2) 조직신뢰수준	KMS기관	3.1427	.6906	-.927	.354
	GKMS기관	3.1972	.7615		
3) 의사소통의 개방성 정도	KMS기관	3.2198	.6074	-1.777	.076
	GKMS기관	3.3052	.5884		

3. 지식공유 행위 실태관련 각 기관특성별 인식 차이 분석

1) 기관유형별 구분에 따른 분석[14]

〈표 5-17〉에서 보듯이 기관유형별 구분에 따라 지식공유 행위 실태에

---

14) 개별 설문항목들에 있어서 지식공유 행위에 대한 기관유형별 인식 차이를 분석한 결과를 요약하면 다음과 같다.

대한 공무원들의 인식 차이를 보면 다음과 같다.

먼저 지식공유 행위 실태에 관한 인식을 묻는 질문에 대한 응답평균값이 상대적으로 낮은 응답평균을 보인 기초자치단체를 제외하고도 대체로 3.0020에서 3.1094로 나타나 지식공유 행위에 관한 인식은 그다지 긍정적이지 못한 것으로 나타났다. 그러므로 현재 한국 공무원들간에 지식공유 행위가 활발하게 이루어지고 있다고 주장하기에는 아직까지는 무리가 따른다고 보는 것이 타당할 것이다.

그리고 기관유형별로 살펴보았을 때 청단위 기관, 광역자치단체, 부처단위 기관, 기초자치단체의 순으로 응답평균값이 높게 나타났다. 하지만 이러한 차이는 통계적으로 유의미한 차이는 아니었다.

그러나 이러한 응답결과를 설문문항별로 비교해 보았을 때, 관련 설문 10문항 중 일부 문항들에서는 유의수준 $p < 0.05$ 수준에서 유의미한 인식 차이를 보였는데, 이를 살펴보면 다음과 같다(p. 175의 〈부록 3〉의 표 참조). 지식공유 행위 실태에 대한 이러한 기관별 결과 중 업무상 꼭 필요한 기본적인 지식에 대한 공유 행위를 묻는 설문문항에서는[15] 대체로 지방자치단체 공무원이 중앙기관보다 인식이 높게 나타난 반면에, 보다 전문적이고 고차원적인 지식에 대한 공유 행위를 묻는 설문문항에서는[16] 대체로 중앙기관의 공무원이 지방자치단체보다 상대적으로 인식이 높게 나타

지식공유 행위	인식차이*
'보고서, 품의서, 기안서를 공유'	광역자치단체와 기초자치단체 ↑
'매뉴얼, 방법론, 업무관련 분석모델을 공유'	광역자치단체와 기초자치단체 ↑
'선진국 정부의 성공/실패 사례를 공유'	부처단위 기관과 청단위 기관 ↑
'업무수행과정에서 얻은 경험 및 노하우를 공유'	광역자치단체와 기초자치단체 ↑
'교육훈련을 통해 얻은 전문지식을 공유'	부처단위 기관과 청단위 기관 ↑

* ↑는 응답평균값이 상대적으로 높아 긍정적인 인식을 나타내고 있음을 의미함.

15) '보고서, 품의서, 기안서의 공유', '매뉴얼, 방법론, 업무관련 분석모델의 공유', '업무수행과정 에서 얻은 경험 및 노하우의 공유'를 묻는 3개 문항을 말함.
16) '선진국 정부의 성공/실패 사례의 공유', '교육훈련을 통해 얻은 전문적 지식의 공유'를 묻는 2개 문항을 말함.

152

났는데, 그 이유는 중앙기관은 상대적으로 결정중심의 기획사무가 주를 이루기 때문에 전문적 지식의 공유가, 지방자치단체는 집행중심의 일반사무가 주를 이루기 때문에 업무관련 기본적 지식의 공유가 상대적으로 높게 이루어지는 것으로 판단된다.

〈표 5-17〉 지식공유 행위 실태관련 기관별 인식 차이(기관유형별)

요 인	구 분	평 균	표준편차	F값	유의수준
1) 지식공유 행위 실태	부 처	3.0020	.6621	1.826	.141
	청	3.1094	.6460		
	광 역	3.1029	.6386		
	기 초	2.9571	.7691		

2) 지식관리시스템 유형별 구분에 따른 분석[17]

〈표 5-18〉에서 보듯이 지식관리시스템 유형별 구분에 따라 지식공유 행위 실태에 대한 공무원들의 인식 차이를 보면 다음과 같다.

먼저 지식공유 행위 실태에 관한 인식을 묻는 질문에 대한 응답평균값이 3.1089와 3.0188로 나타나 지식공유 행위에 관한 인식은 그다지 긍정적이지 못한 것으로 나타났다.

다음으로 KMS를 도입·운영하는 기관이 GKMS를 도입·운영하는 기관보다 응답평균값이 높게 나타났으나, 이러한 차이는 통계적으로 유의

---

17) 개별 설문항목들에 있어서 지식공유 행위에 대한 지식관리시스템 유형별 인식 차이를 분석 한 결과를 요약하면 다음과 같다.

지식공유 행위	인식차이*
'선진국 정부의 성공/실패 사례를 공유'	KMS기관 ↑
'교육훈련을 통해 얻은 전문지식을 공유'	KMS기관 ↑
'업무에 관한 통찰력과 직관적인 지식을 공유'	KMS기관 ↑

* ↑는 응답평균값이 상대적으로 높아 긍정적인 인식을 나타내고 있음을 의미함.

미한 차이는 아니었다.

　그러나 응답결과를 설문문항별로 비교해 보았을 때, 관련 설문문항들 중 특히 보다 전문적이고 고차원적인 지식에 대한 공유 행위를 묻는 설문 문항에서는[18) KMS를 도입·운영하는 기관이 상대적 우위를 점하고 있 는 것으로 나타났으며, 유의수준 p<0.05 수준에서 유의미한 인식 차이를 보였다(p. 180의 〈부록 4〉의 표 참조). 이는 KMS기관이 중앙기관들로 구성되어 있기 때문에 주로 지방기관으로 구성된 GKMS기관 보다 상대 적으로 전문적 지식의 공유가 높게 이루어지는 것으로 판단된다.

〈표 5-18〉 지식공유 행위 실태관련 기관별 인식 차이(KMS/GKMS)

요 인	구 분	평 균	표준편차	t값	유의수준
1) 지식공유 행위 실태	KMS기관	3.1089	.6642	1.671	.095
	GKMS기관	3.0188	.6747		

　이상에서 살펴본 지식공유 행위에 관한 기관특성별 인식 차이 내용을 간략하게 표로 정리해 보면 다음과 같다.

---

18) '선진국 정부의 성공/실패 사례의 공유', '교육훈련을 통해 얻은 전문적 지식 의 공유', '업무 에 관한 통찰력과 직관적인 지식의 공유'를 묻는 3개 문항을 말함.

〈표 5-19〉 지식공유 행위에 관한 기관별 인식 차이(요약)

	변 수	기관특성	인식차이
구조적 요인	1) 최고관리자 의 지원	기관유형별	광역자치단체, 부처단위 기관, 기초자치단체, 청단위 기관의 순으로 응답평균값이 높게 나타남.
		지식관리시스 템 유형별	KMS기관보다 GKMS기관의 응답평균값이 높게 나타남.
	2) 조직구조	기관유형별	청단위 기관, 광역자치단체, 기초자치단체, 부처 단위 기관의 순으로 응답평균값이 높게 나타남.
		지식관리시스 템 유형별	통계적 의미 없음.
	3) 평가 및 보상 수준	기관유형별	청단위 기관, 기초자치단체, 부처단위 기관, 광역 자치단체의 순으로 응답평균값이 높게 나타남(상대 적으로 높은 응답평균을 보인 청단위 기관을 제외 하고는 대체로 응답평균값이 낮아 부정적인 인식을 보이고 있음).
		지식관리시스 템 유형별	KMS기관의 응답평균값은 보통수준인 반면 GKMS기관은 낮게 나타남(그러나 두 기관 모두 응답평균값이 높지 않아 아직까지 대체로 만족스러 운 수준은 아님).
관계적 요인	1) 상사 및 동료신뢰 수준	기관유형별	기초자치단체, 광역자치단체, 부처단위 기관, 청 단위 기관의 순으로 응답평균값이 높게 나타남 (기초 자치단체와 광역자체단체의 응답평균값이 상대적으 로 많이 높음).
		지식관리시스 템 유형별	KMS기관보다 GKMS기관의 응답평균값이 높게 나타남.
	2) 조직신뢰 수준	기관유형별	광역자치단체, 부처단위 기관, 청단위 기관, 기초 자치단체의 순으로 응답평균값이 높게 나타남(상대 적으로 낮은 응답평균을 보인 기초자치단체를 제외 하고는 대체로 응답평균값이 높아 긍정적인 인식을 보이고 있음).
		지식관리시스 템 유형별	통계적 의미 없음.
	3) 의사소통의 개방성 정도	기관유형별	의사소통의 개방성 정도와 관련하여 광역자치 단체, 기초자치단체, 부처단위 기관, 청단위 기관의 순으로 응답평균값이 높게 나타남.
		지식관리 시스템 유형별	통계적 의미 없음.
지식 공유	지식공유 행위 현황	기관유형별	통계적 의미 없음.
		지식관리 시스템 유형별	통계적 의미 없음.

제4절 지식공유 행위관련 영향요인 분석

1. 전체기관을 대상으로 한 회귀분석

다음은 지식공유 행위에 영향을 미치는 요인들을 검증해 보고자 〈표 4-6〉의 요인분석결과를 토대로 회귀분석(regression analysis)을 실시하였다.[19]

〈표 5-20〉의 회귀분석 결과를 보면, 관련 독립변수들을 동시에 투입한 결과 종속변수에 대한 전체 설명력은 33.6%이다. 분산분석표를 보면 F값이 20.720이고 유의확률이 .000($p < 0.01$)이므로 회귀방정식이 통계적 유의성을 가지는 것으로 나타났다.

분석결과를 통해서 볼 수 있듯이 회귀방정식의 회귀계수의 중요도를 나타내는 Beta계수의 부호가 조직신뢰 수준, 평가 및 보상 수준, 그리고 최고관리자의 지원 유형이라는 3개 독립변수에서 양(+)으로 나타남과 동시에 t값의 유의확률도 $p < 0.05$ 수준에 해당되고 있어 통계적 유의성을 나타냈다. 따라서 요인분석을 통해 묶여진 6개 독립변수 중에서 이들 3개 변수(조직신뢰 수준, 평가 및 보상 수준, 그리고 최고관리자의 지원 유형)만

---

19) 회귀분석(regression analysis)은 한 개 또는 그 이상의 독립변수들과 한 개의 종속변수간의 관계를 파악하기 위한 분석기법으로서 가장 대표적인 종속관계(dependence)에 관한 분석이 다. 또한 회귀분석은 가설이나 이론으로 알려진 가설적 함수관계의 타당성(validity)을 검증 하기 위해서도 이용된다(김은정·박양규, 2000: 296-303). 이러한 회귀분석에는 독립변수가 한 개인 경우의 회귀분석을 말하는 단순회귀분석(simple regression analysis)과 독립변수가 두 개 이상인 경우의 회귀분석을 말하는 다중회귀분석(multiple regression analysis)로 나누어지는데, 본 연구는 6개의 독립변수와 종속변수간의 관계를 파악하는 경우에 해당하므로, 다중회귀분석기법을 사용하였다.

이 한국 공무원의 지식공유 행위에 긍정적인 영향력을 미치고 있다고 평가할 수 있다.

또한 응답자 개인특성과 관련된 6개 변수(성별, 소속별, 직급별, 학력별, 연령별, 근무기간별)와 기관(집단)특성과 관련된 2개 변수(기관유형별, 지식관리시스템 유형별)에서는 소속별 변수와 지식관리시스템 유형별 변수만이 t값의 유의확률이 p<0.05 수준에 해당되어 통계적 유의성을 나타냈을 뿐 나머지 변수들은 통계적 유의성을 나타내지 못했다. 따라서 소속별 변수와 지식관리시스템 유형별 변수를 제외한 다른 변수들에서는 공무원의 지식공유 행위와의 직접적인 인과관계를 규명하기가 불가능하다는 것을 알 수 있다.[20]

개별 독립변수들의 상대적 중요도를 비교하기 위하여 각 독립변수의 Beta계수를 비교해 보면, 평가 및 보상 수준에 대한 Beta값이 .273으로 가장 크며, 그 다음이 최고관리자의 지원 유형(.264), 그리고 조직에 대한 신뢰 수준(.161)의 순이다.

---

20) t값의 유의확률이 p<0.05 수준에 해당되어 통계적 유의성을 나타낸 소속별 변수의 경우에 는 Beta값이 .330으로 양의 값을 나타내어 지방자치단체가 공무원의 지식공유 행위와 상대 적으로 정(+)의 영향관계를 가지는 것으로 나타났다. 그리고 지식관리시스템 유형별 변수의 경우에는 Beta값이 -.268로 음의 값을 나타내어 GKMS를 도입·운영하고 있는 기관이 공무원의 지식공유 행위와 상대적으로 부(-)의 영향관계를 가지는 것으로 나타났다.

〈표 5-20〉 지식공유 행위의 영향요인에 대한 회귀분석 결과(종합)

독립변수		비표준화계수 b	표준화계수 Beta값	t	유의확률
상사 및 동료신뢰		-7.21E-02	-.065	-1.334	.183
조직신뢰		.146	.161	3.448	.001
평가 및 보상		.249	.273	6.074	.000
의사소통의 개방성		3.494E-02	.031	.704	.481
최고관리자 지원		.250	.264	5.537	.000
조직구조		1.737E-02	.016	.399	.690
개인별 변수	성 별	-3.88E-02	-.026	-.762	.447
	소 속	.445	.330	2.566	.011
	직 급	-8.13E-02	-.044	-1.216	.224
	학 력	-3.30E-02	-.020	-.592	.554
	연 령	8.346E-03	.009	.168	.867
	근무기간	-7.79E-02	-.082	-1.570	.117
기관별 변수	기관유형	-4.93E-02	-.075	-.951	.342
	지식관리시스템 유형	-.368	-.268	-3.335	.001
상 수		1.240			
R^2		.336			
수정된 R^2		.320			
F값 (유의확률)		20.720**			

**$p < 0.01$

이러한 조사결과를 통해 볼 때, 한국 공무원의 지식공유 행위에 관한 구조적 영향요인들 중에서는 최고관리자의 지원 유형과 평가 및 보상 수준이, 그리고 관계적 요인들 중에서는 조직에 대한 신뢰 수준이 지식공유 행위에 정(+)의 영향을 미치는 것으로 나타났다.

분석결과를 요인별로 나누어 살펴보면 다음과 같다. 첫째, 평가 및 보상 수준이 한국 공무원의 지식공유 행위에 가장 많은 영향을 미치는 것으로 나타났다. 이러한 결과는 평가 및 보상 수준이 높을수록 지식공유 행위가 긍정적인 정(+)의 영향을 받는다고 주장한 많은 선행연구들과 동일한 결과를 도출하고 있음을 알 수 있다.21) 이는 우리 나라 공공부문이 최근의 국가전 체의 경제사정 위축 등으로 인해 부처예산의 감축이나 긴축을 추진하고 있기 때문에 지식공유 행위에 대한 평가를 통해 금전적 보상을 적극적으로 추진하지 못하고 있으며, 지식관리시스템이라는 제도가 전부처에 본격적으로 시행된 지 불과 2-3년 정도밖에 되지 않았기 때문에 이러한 시스템의 일환으로 이루어지는 지식공유 행위에 대한 적절한 평가 및 내재적 보상기준이 마련되어 있지 못하기 때문인 것으로 추정된다. 따라서 향후 한국 공무원의 지식공유 행위를 보다 더 향상시켜 나가기 위해서는 지식공유 행위에 대한 적절한 평가가 이루어져야 할 필요가 있으며, 이러한 평가를 통한 금전적 인센티브의 제공이나 인사상의 우대와 같은 내재적 보상이 활발하게 추진 되어야 할 것이다.22)

---

21) 평가 및 보상 수준 관련 선행연구로는 Davenport et al.(1998), Huber(1991), McDermott & O'Dell(2001), O'Dell & Grayson(1998), Ruggles(1998), Wiig(2000), 강명희 · 권용선(2001), 강황선(2002), 김구(2003a), 김상수 · 김 용우(2000), 김성훈(2000), 박문수(2002), 박문수 · 문 형구(2001), 박태호 (2002), 박태호 · 정동섭(2002), 박희서 · 임병춘(2001), 오을임 · 김구 (2003), 이순철(1999), 장영철(2001), 정윤수(2001), 추 헌(1994), 한동효 (2003), 한세억(2001) 등의 연구가 있다(앞의 제3장 2절 선행연구 검토 참조).
22) 중앙의 H · G · J 부처에 근무하는 5급과 7급 공무원들 및 지방의 S · J 기관 의 7급에서 9급 공무원들과의 면담결과, 한국 공공부문에서 지식공유를 포함 한 지식관리 행위와 관련하여 평가 및 보상지침을 마련하여 적용하고 있는 기 관은 아직까지는 그렇게 많지 않은 실정이었다. 그리고 현재 평가 및 보상을 실시하고 있는 기관들에 있어서도 보상의 유형으로는 지식마일리지 부여, 상 품권 및 현금 제공 등의 제한된 몇 가지 방식들에 머무르고 있으며, 그 수준 또한 소수 1-2개 기관을 제외하고는 공무원들이 만족할만한 수준은 아닌 것 으로 조사되었다. 또한 평가와 관련하여서도 평가심사자의 선정, 평가방법, 평 가기준 등에 있어서의 공정성 등에 대한 인지도나 신뢰도가 그리 높지 않은 것으로 조사되었다. 따라서 향 후 지식공유 행위를 활성화시키기 위한 전략적 관리방안으로는 보상과 관련하여서는 유형 의 다양화 및 수준의 현실화가, 그 리고 평가와 관련하여서는 평가방법의 객관성과 공정성 확보 및 홍보 노력이 절실히 요구된다.

둘째, 최고관리자의 지원 유형이 한국 공무원의 지식공유 행위에 두 번째로 많은 영향을 미치는 것으로 나타났다. 이러한 결과는 최고관리자의 지원 유형이 적극적일수록 지식공유 행위가 긍정적인 영향을 받을 것이라고 주장한 많은 선행연구들과 동일한 결과를 도출하고 있음을 알 수 있다.23) 따라서 이는 향후 한국 공무원의 지식공유 행위를 보다 더 향상시켜 나가기 위해서는 이 부분에 대한 보다 전폭적인 관심과 지원이 필요하다는 것을 알 수 있게 한다.

셋째, 조직에 대한 신뢰 수준이 한국 공무원의 지식공유 행위에 세 번째로 많은 영향을 미치는 것으로 나타났다. 이러한 결과는 조직에 대한 신뢰 수준이 높을수록 지식공유 행위가 긍정적인 영향을 받을 것이라고 주장한 선행연구들과 동일한 결과를 도출하고 있음을 알 수 있다.24) 이를 통해 조직구성원들이 조직 내에서 전반적으로 업무평가 및 보상 등이 업무실적이나 성과에 따라 객관적이고 공정하게 이루어지고 자신들의 의견이 조직정책이나 조직운영에 반영된다고 느낄수록 타부서와 지식을 보다 더 잘 공유하려 한다는 사실을 알 수 있다. 그리고 향후 한국 공무원의 지식공유 행위를 보다 더 향상시켜 나가기 위해서 조직에 대한 신뢰를 증대시키기 위한 부분에 대해서도 보다 많은 관심과 다각적인 지원 노력을

---

23) 최고관리자의 지원 및 리더십 관련 선행연구로는 Beckman(1997), Chakra-varthy et al.(1999), Davenport et al.(1998), O'Dell & Grayson(1998), Ruggles(1998), 강황선(2002), 김구(2003a), 김상수·김용우(2000), 김성훈 (2000), 박문수(2002), 박문수·문형구(2001), 박재린·박재헌(2000), 박태호 (2002), 박태호·정동섭(2002), 사재명(2002), 오을임·김구 (2003), 이순철 (1999), 장영철(2001), 정윤수(2001), 한동효(2003), 한세억(2001) 등의 연구가 있다(앞의 제3장 2절 선행연구 검토 참조).

24) 조직신뢰 관련 선행연구로는 Butler(1999), Chakravarthy et al.(1999), Davenport(1998), Kramer(1999), Leana & Van Buren Ⅲ(1999), Nahapiet & Ghoshal(1998), Nelson & Cooprider(1996), Tsai & Ghoshal(1998), Wathne et al.(1996), 강여진·박천오(2004), 권석균(1996), 박문수(2002), 박문수·문형구(2001), 박태호(2002), 박태호·정동섭(2002) 등의 연구가 있다(앞의 제3장 2절 선행연구 검토 참조).

기울여야 한다는 시사점을 도출할 수 있다.

이 밖에 조직구조, 상사 및 동료에 대한 신뢰 수준, 그리고 의사소통의 개방성 정도는 한국 공무원의 지식공유 행위에 유의미한 영향을 미치지 못하고 있는 것으로 나타났다. 이러한 결과는 조직구조의 분권화와 통합화 및 일정 수준의 공식화 정도가 지식공유 행위의 중요한 영향요인임을 주장한 선행연구들, 상사 및 동료에 대한 신뢰 수준이 지식공유의 중요한 영향요인임을 주장한 선행연구들, 그리고 조직구성원 상하간 또는 동료간에 의사소통의 개방성이 높을수록 지식공유 행위가 긍정적인 영향을 받는다고 주장한 선행연구들이 한국 공공부문에 있어서는 규명되지 못하는 결과를 도출하고 있음을 알 수 있다. 이는 우리 나라 공공부문이 최근의 잇단 개혁들로 인해 조금씩 변화하고 있기는 하지만 아직까지는 기존의 수직적·집권적·경직적 구조에서 많이 벗어나 있지 못하고 있는 원인과 조직간 조직내부 구성원간의 경쟁의식 재고를 통한 생산성 향상을 도모하려는 최근의 개혁풍조로 인한 개인중심의 조직문화가 어느 정도 생성되고 있는 원인 때문인 것으로 추정된다.

이상의 결과를 통해 한국 공무원의 지식공유 행위는 최고관리자의 지원 유형과 평가 및 보상 수준과 같은 구조적 요인들에 의해 보다 많은 긍정적인 영향을 받는다는 것을 알 수 있다.[25] 따라서 향후 한국 공무원의 지식공유 행위를 보다 더 향상시켜 나가기 위해서는 관계적 요인보다는 구조적인 요인의 강화에 보다 많은 노력을 기울여야 할 것이다. 또한 단지 다른 독립변수들에 비하여 상대적인 중요도가 낮을 뿐이지만, 관계적 요인 중 조직에 대한 신뢰 수준도 긍정적인 영향요인임이 규명되었기 때문에, 부수적으로 관계적 요인도 보완적 수단으로서 점진적으로 개선해 나가야

---

25) 이는 최근에 지방(광주광역시청) 공무원만들을 표본으로 조사하여 구조적 요인들에 비해 관계적 요인들이 상대적으로 높은 정(+)의 영향관계를 갖는다고 주장한 오을임·김구 (2003)의 연구결과와 중앙 및 지방 공무원을 동시에 표본으로 조사한 본 연구결과가 상이 한 결과를 도출하고 있음을 보여주고 있다.

할 것으로 보인다.

그리고 이 외에도 보조적 수단으로서의 개선방안으로는 향후 공공부문의 조직구조를 보다 더 분권적이고 유연성 있는 구조로 개선해 나가는 노력이 필요할 것이며, 지나친 경쟁의식 제고를 통한 서구국가 중심의 개인주의 문화의 무분별한 수용을 지양하고 필요한 분야에 있어서는 우리 고유의 협동심과 단결력을 강조하는 집단주의 문화를 유지해 나가는 노력이 필요할 것이다.

2. 중앙기관 대 지방자치단체별 구분에 따른 회귀분석[26]

1) 중앙기관

〈표 5-21〉에서 보듯이 8개 중앙기관의 회귀분석 결과를 보면, 6개의 독립변수를 동시에 투입한 결과 종속변수에 대한 전체 설명력은 41.0%이다. 분산분석표를 보면 F값이 17.217이고 유의확률이 .000(p<0.01)이므로 회귀방정식이 통계적 유의성을 가지는 것으로 나타났다.

먼저 회귀방정식의 회귀계수의 중요도를 나타내는 Beta계수의 부호가 평가 및 보상 수준과 최고관리자의 지원 유형이라는 2개 독립변수에서 양(+)으로 나타남과 동시에 t값의 유의확률도 p<0.05 수준에 해당되고 있어 통계적 유의성을 나타냈다. 따라서 요인분석을 통해 묶여진 6개 독립변수 중에서 평가 및 보상 수준과 최고관리자의 지원 유형만이 중앙부처의 경우에 있어서 공무원의 지식공유 행위에 긍정적인 정(+)의 영향력을 미치고 있다고 평가할 수 있다.

---

26) 위의 〈표 5-20〉에서 보는 바와 같이, 응답자 개인특성과 관련된 6개 변수 중 소속별 변수 가 유의확률이 p<0.05 수준에 해당되어 통계적 유의성을 보였기 때문에 이를 다시 별도로 회귀분석을 실시해 보았다.

또한 응답자 개인특성과 관련된 5개 변수(성별, 직급별, 학력별, 연령별, 근무기간별)에서는 모두 t값의 유의확률이 $p < 0.05$ 수준에 해당되지 않아 통계적 유의성을 나타내지 못했다. 따라서 응답자 개인특성과 관련된 변수들에서는 공무원의 지식공유 행위와의 직접적인 인과관계를 규명하기가 불가능하다는 것을 알 수 있다.

〈표 5-21〉 지식공유 행위의 영향요인에 대한 회귀분석 결과(중앙기관)

독립변수		비표준화계수 b	표준화계수 Beta값	t	유의확률
상사 및 동료신뢰		-.154	-.137	-1.869	.063
조직신뢰		8.430E-02	.089	1.244	.214
평가 및 보상		.393	.427	7.361	.000
의사소통의 개방성		.124	.119	1.816	.070
최고관리자 지원		.167	.185	2.755	.006
조직구조		9.390E-02	.090	1.533	.126
개인별변수	성 별	3.381E-03	.002	.044	.965
	직 급	6.750E-02	.044	.876	.382
	학 력	-.128	-.081	-1.635	.103
	연 령	-2.17E-02	-.024	-.341	.733
	근무기간	-2.33E-03	-.002	-.035	.972
상 수		.944			
R^2		.410			
수정된 R^2		.386			
F값 (유의확률)		17.217**			

**$p < 0.01$

다음으로 개별 독립변수들의 상대적 중요도를 비교하기 위하여 각 독립변수의 Beta계수를 비교해 보면, 평가 및 보상 수준에 대한 Beta값이 .427로 가장 크며, 그 다음이 최고관리자의 지원 유형(.185)의 순이다. 반면 나머지 독립변수들에 대한 Beta값은 통계적으로 유의미한 값이 나오지 않았다.

따라서 분석결과 중앙부처 공무원의 지식공유 행위는 평가 및 보상 수준과 최고관리자의 지원 유형과 같은 구조적 요인이 긍정적인 정(+)의 영향을 미치는 것으로 나타난 반면, 조직구조 요인과 관계적 요인들은 영향을 미치지 않는 것으로 나타났다.

2) 지방자치단체

〈표 5-22〉에서 보듯이 6개 지방자치단체의 회귀분석 결과를 보면, 6개의 독립변수를 동시에 투입한 결과 종속변수에 대한 전체 설명력은 32.1%이다. 분산분석표를 보면 F값이 14.317이고 유의확률이 .000(p<0.01)이므로 회귀방정식이 통계적 유의성을 가지는 것으로 나타났다.

먼저 회귀방정식의 회귀계수의 중요도를 나타내는 Beta계수의 부호가 조직신뢰 수준과 최고관리자의 지원 유형이라는 2개 독립변수에서 양(+)으로 나타남과 동시에 t값의 유의확률도 p<0.05 수준에 해당되고 있어 통계적 유의성을 나타냈다. 따라서 요인분석을 통해 묶여진 6개 독립변수 중에서 조직신뢰 수준과 최고관리자의 지원 유형만이 지방자치단체의 경우에 있어서 공무원의 지식공유 행위에 긍정적인 정(+)의 영향력을 미치고 있다고 평가할 수 있다.

또한 응답자 개인특성과 관련된 5개 변수(성별, 직급별, 학력별, 연령별, 근무기간별)에서는 직급별 변수만이 t값의 유의확률이 p<0.05 수준에 해당되어 통계적 유의성을 나타냈을 뿐 나머지 변수들은 통계적 유의성을 나타내지 못했다. 따라서 직급별 변수를 제외한 다른 변수들에서는 공무원의 지식공유 행위와의 직접적인 인과관계를 규명하기가 불가능하다는 것을 알 수 있다.[27]

---

27) t값의 유의확률이 p<0.05 수준에 해당되어 통계적 유의성을 나타낸 직급별 변수의 경우에 는 Beta값이 -.130으로 음의 값을 나타내었다. 따라서 지방자치

다음으로 개별 독립변수들의 상대적 중요도를 비교하기 위하여 각 독립
변수의 Beta계수를 비교해 보면, 최고관리자의 지원 유형에 대한 Beta값
이 .396으로 가장 크며, 그 다음이 조직신뢰 수준(.221)의 순이다. 반면
나머지 독립변수들에 대한 Beta값은 통계적으로 유의미한 값이 나오지 않
았다.

〈표 5-22〉 지식공유 행위의 영향요인에 대한 회귀분석 결과(지방자치단체)

독립변수		비표준화계수 b	표준화계수 Beta값	t	유의확률
상사 및 동료신뢰		-3.4E-02	-.029	-.461	.645
조직신뢰		.196	.221	3.699	.000
평가 및 보상		6.601E-02	.072	1.107	.269
의사소통의 개방성		2.843E-02	.023	.410	.682
최고관리자 지원		.393	.396	6.047	.000
조직구조		-2.9E-02	-.028	-.485	.628
개인별변수	성 별	-2.13E-02	-.015	-.308	.759
	직 급	-.315	-.130	-2.626	.009
	학 력	3.358E-02	.020	.427	.669
	연 령	-4.87E-02	-.049	-.639	.523
	근무기간	-.106	-.112	-1.476	.141
상 수		1.156			
R^2		.321			
수정된 R^2		.299			
F값 (유의확률)		14.317**			

**$p < 0.01$

따라서 분석결과 지방자치단체 공무원의 지식공유 행위는 구조적 요인
으로는 최고관리자의 지원 유형이, 그리고 관계적 요인으로는 조직신뢰 수

단체에 근무하는 공무원의 경우에 있어서는 6급이하 공무원에 비해서 5급이
상 공무원이 지식공유 행위와 상대적으로 부(-)의 영향관계를 가지는 것으
로 나타났다.

준이 긍정적인 정(+)의 영향을 미치는 것으로 나타났다. 그러나 Beta값을 비교해 볼 때 최고관리자의 지원 유형이라는 구조적 요인이 조직신뢰 수준이라는 관계적 요인보다 상대적으로 크게 영향을 미치는 것으로 나타났다.

3. 지식관리시스템 유형별 구분에 따른 회귀분석[28]

1) KMS 도입·운영기관

〈표 5-23〉에서 보듯이 KMS를 도입·운영하고 있는 7개 기관을 대상으로 회귀분석을 실시한 결과를 보면, 6개의 독립변수를 동시에 투입한 결과 종속변수에 대한 전체 설명력은 40.7%이다. 분산분석표를 보면 F값이 14.987이고 유의확률이 .000(p<0.01)이므로 회귀방정식이 통계적 유의성을 가지는 것으로 나타났다.

먼저 회귀방정식의 회귀계수의 중요도를 나타내는 Beta계수의 부호가 평가 및 보상 수준과 최고관리자의 지원 유형이라는 2개 독립변수에서 양(+)으로 나타남과 동시에 t값의 유의확률도 p<0.05 수준에 해당되고 있어 통계적 유의성을 나타냈다. 따라서 요인분석을 통해 묶여진 6개 독립변수 중에서 평가 및 보상 수준과 최고관리자의 지원 유형만이 KMS를 도입·운영하고 있는 기관의 경우에 있어서 공무원의 지식공유 행위에 긍정적인 정(+)의 영향력을 미치고 있다고 평가할 수 있다.

또한 응답자 개인특성과 관련된 5개 변수(성별, 직급별, 학력별, 연령별, 근무기간별)에서는 모두 t값의 유의확률이 p<0.05 수준에 해당되지 않아

---

28) 위의 〈표 5-20〉에서 보는 바와 같이, 기관(집단)특성과 관련된 2개 변수 중 지식관리시스템 유형별 변수가 유의확률이 p<0.05 수준에 해당되어 통계적 유의성을 보였기 때문에 이를 다시 별도로 회귀분석을 실시해 보았다.

통계적 유의성을 나타내지 못했다. 따라서 응답자 개인특성과 관련된 변수들에서는 공무원의 지식공유 행위와의 직접적인 인과관계를 규명하기가 불가능하다는 것을 알 수 있다.[29]

다음으로 개별 독립변수들의 상대적 중요도를 비교하기 위하여 각 독립변수의 Beta계수를 비교해 보면, 평가 및 보상 수준에 대한 Beta값이 .421로 가장 크며, 그 다음이 최고관리자의 지원 유형(.190)의 순이다. 반면 나머지 독립변수들에 대한 Beta값은 통계적으로 유의미한 값이 나오지 않았다.

〈표 5-23〉 지식공유 행위의 영향요인에 대한 회귀분석 결과(KMS기관)

독립변수		비표준화계수 b	표준화계수 Beta값	t	유의확률
상사 및 동료신뢰		-.160	-.141	-1.781	.076
조직신뢰		.114	.118	1.548	.123
평가 및 보상		.389	.421	6.733	.000
의사소통의 개방성		9.530E-02	.087	1.197	.232
최고관리자 지원		.170	.190	2.624	.009
조직구조		.103	.097	1.548	.123
개인별변수	성 별	1.475E-03	.001	.018	.986
	직 급	5.957E-02	.038	.698	.486
	학 력	-.113	-.072	-1.356	.176
	연 령	1.561E-02	.017	.227	.820
	근무기간	-1.26E-02	-.012	-.172	.864
상 수		.936			
R^2		.407			
수정된 R^2		.380			
F값 (유의확률)		14.987**			

**$p<0.01$

29) KMS를 도입·운영하고 있는 7개 기관의 경우 모두 중앙기관으로 구성되어 있기 때문에, 응답자 개인특성별 변수에서 소속별 변수는 제외하였다.

따라서 분석결과 지식관리시스템으로 KMS를 도입·운영하고 있는 기관의 지식공유 행위는 평가 및 보상 수준과 최고관리자의 지원 유형과 같은 구조적 요인이 긍정적인 정(+)의 영향을 미치는 것으로 나타난 반면, 조직구조 요인과 관계적 요인들은 영향을 미치지 않는 것으로 나타났다.

2) GKMS 도입·운영기관

〈표 5-24〉에서 보듯이 GKMS를 도입·운영하고 있는 7개 기관을 대상으로 회귀분석을 실시한 결과를 보면, 6개의 독립변수를 동시에 투입한 결과 종속변수에 대한 전체 설명력은 33.0%이다. 분산분석표를 보면 F값이 14.998이고 유의확률이 .000(p<0.01)이므로 회귀방정식이 통계적 유의성을 가지는 것으로 나타났다.

먼저 회귀방정식의 회귀계수의 중요도를 나타내는 Beta계수의 부호가 조직신뢰 수준, 평가 및 보상 수준, 그리고 최고관리자의 지원 유형이라는 3개 독립변수에서 양(+)으로 나타남과 동시에 t값의 유의확률도 p<0.05 수준에 해당되고 있어 통계적 유의성을 나타냈다. 따라서 요인분석을 통해 묶여진 6개 독립변수 중에서 조직신뢰 수준, 평가 및 보상 수준, 그리고 최고관리자의 지원 유형만이 GKMS를 도입·운영하고 있는 기관의 경우에 있어서 공무원의 지식공유 행위에 긍정적인 정(+)의 영향력을 미치고 있다고 평가할 수 있다.

〈표 5-24〉 지식공유 행위의 영향요인에 대한 회귀분석 결과(GKMS기관)

독립변수		비표준화계수 b	표준화계수 Beta값	t	유의확률
상사 및 동료신뢰		-4.13E-02	-.037	-.609	.543
조직신뢰		.177	.201	3.531	.000
평가 및 보상		.109	.118	1.992	.047
의사소통의 개방성		2.293E-02	.020	.365	.716
최고관리자 지원		.363	.367	5.966	.000
조직구조		-3.89E-02	-.037	-.685	.494
개인별변수	성 별	-4.35E-02	-.030	-.662	.508
	소 속	.297	.124	2.647	.008
	직 급	-.206	-.094	-2.002	.046
	학 력	1.629E-02	.010	.220	.826
	연 령	-5.33E-02	-.054	-.757	.450
	근무기간	-8.60E-02	-.092	-1.291	.198
상 수		.977			
R^2		.330			
수정된 R^2		.308			
F값 (유의확률)		14.998**			

**$p < 0.01$

또한 응답자 개인특성과 관련된 6개 변수(성별, 소속별, 직급별, 학력별, 연령별, 근무기간별)에서는 소속별 변수와 직급별 변수만이 t값의 유의확률이 $p < 0.05$ 수준에 해당되어 통계적 유의성을 나타냈을 뿐 나머지 변수들은 통계적 유의성을 나타내지 못했다. 따라서 소속별 변수와 직급별 변수를 제외한 다른 변수들에서는 공무원의 지식공유 행위와의 직접적인 인과관계를 규명하기가 불가능하다는 것을 알 수 있다.[30]

---

30) t값의 유의확률이 $p < 0.05$ 수준에 해당되어 통계적 유의성을 나타낸 소속별 변수의 경우에 는 Beta값이 .124로 양의 값을 나타내어 지방자치단체가 공무원의 지식공유 행위와 상대 적으로 정(+)의 영향관계를 가지는 것으로 나타났다. 그리고 직급별 변수의 경우에는 Beta 값이 -.094로 음의 값을 나타내었다. 따라서 GKMS를 도입·운영하고 있는 기관에 근무하는 공무원의 경우에

다음으로 개별 독립변수들의 상대적 중요도를 비교하기 위하여 각 독립
변수의 Beta계수를 비교해 보면, 최고관리자의 지원 유형에 대한 Beta값
이 .380으로 가장 크며, 그 다음이 조직신뢰 수준(.196)의 순이다. 반면
나머지 독립변수들에 대한 Beta값은 통계적으로 유의미한 값이 나오지 않
았다.

따라서 분석결과 지식관리시스템으로 GKMS를 도입·운영하고 있는 기
관의 지식공유 행위는 구조적 요인으로는 최고관리자의 지원 유형과 평가 및
보상 수준이, 그리고 관계적 요인들 중에서는 조직에 대한 신뢰 수준이 긍정
적인 정(+)의 영향을 미치는 것으로 나타났다.

이상에서 살펴본 지식공유 행위에 관한 영향요인을 분석한 내용을 간략
하게 표로 정리해 보면 다음과 같다.

〈표 5-25〉 지식공유 행위에 관한 영향요인 분석(요약)

분석대상		영향요인
종 합		평가 및 보상 수준, 최고관리자의 지원, 조직신뢰 수준
소 속	중앙기관	평가 및 보상 수준, 최고관리자의 지원
	지방자치단체	최고관리자의 지원, 조직신뢰 수준
지식관리시스템 유형	KMS기관	평가 및 보상 수준, 최고관리자의 지원
	GKMS기관	평가 및 보상 수준, 최고관리자의 지원, 조직신뢰 수준

있어서는 6급이하 공무원에 비해서 5급이상 공무원이 지식공유 행위와 상대
적으로 부(-)의 영향관계를 가지는 것으로 나타났다.

제6장 결 론:
연구결과의 요약 및 함의

최근 정보화 사회의 도래와 함께 급격하게 진행되고 있는 새로운 패러 다임은 지식기반사회 또는 지식사회라고 정의할 수 있으며, 일반적으로 이러한 새로운 패러다임의 등장은 공공부문을 포함한 모든 부문들을 변화지 향적으로 행동하도록 유도하고 있다. 또한 이러한 지식중심의 패러다임은 모든 부문들이 핵심지식을 바탕으로 발빠르게 무장하여 경쟁력을 갖추어 야만 변화하는 환경에서 살아남을 수 있는 시대를 전개시키고 있으며, 이러한 환경변화에 대한 대응전략 중의 하나로서 지식관리 또는 지식행정이 대두되고 있다.

최근 한국 공공부문 역시 이처럼 급격하게 변화하는 환경에 능동적·적 극적으로 대처하여 정부조직의 생산성과 경쟁력을 제고시키기 위한 방안 의 하나로서 현재 지식을 효율적으로 관리하고 지식을 기반으로 한 행정 을 구현하기 위한 지식관리시스템(KMS)을 도입·운영하고 있다.

이러한 지식관리는 개인이 가지고 있는 지식을 체계화하여 구성원 상호 간에 공유하고, 이를 활용함으로써 업무의 질을 향상시키고 이를 통해 새 로운 지식이 계속적으로 창출될 수 있도록 하는 조직의 관리 전략이다.

본 연구는 이러한 지식관리시스템의 성공적 운영을 위해 조직구성원간 의 지식공유 행위에 연구의 초점을 맞추어 실제 지식관리시스템을 사용하 고 있는 공공기관의 구성원들, 즉 공무원들을 대상으로 인식조사를 실시하 여 지식공유 행위 실태와 그 영향요인을 중심으로 실증적인 분석을 시도 하였다.

1. 연구결과의 요약

첫째, 공무원집단의 인식실태 분석결과와 관련하여 먼저 지식공유 행위의 구조적 영향요인 중 최고관리자의 지원에 대한 공무원들의 인식은 상대적으로 높게 나타났을 뿐만 아니라 구조적 요인 중 가장 높았으며, 조직구조에 대한 공무원들의 인식 또한 상대적으로 긍정적인 수준으로 나타나 조직구조가 분권적·공식적·통합적이라는 것을 알 수 있었다. 한편 평가 및 보상 수준에 대한 공무원들의 인식은 상대적으로 낮게 나타났을 뿐만 아니라 구조적 요인을 포함한 전체 하위 요인 중 가장 낮았다. 다음으로 지식공유 행위의 관계적 영향요인 중 상사 및 동료신뢰 수준에 대한 공무원들의 인식은 상대적으로 높게 나타났을 뿐만 아니라 관계적 요인 중 가장 높았다. 조직신뢰 수준에 대한 공무원들의 인식은 비록 관계적 요인 중에서는 상대적으로 가장 낮은 응답평균값을 나타내었지만 긍정적인 응답을 보였고, 의사소통의 개방성 정도에 대한 공무원들의 인식 역시 상대적으로 긍정적인 수준으로 나타났다. 마지막으로 지식공유 행위 실태에 대한 공무원들의 인식은 보통수준을 약간 상회하는 정도로 나타났으며, 현행 한국 공무원간의 지식공유 행위 중 업무처리를 위해서 반드시 필요하다고 여겨지는 기본적이며 필수적인 성격의 지식에 대해서는 공유 행위가 상대적으로 긍정적인 수준에서 이루어지고 있는 것으로 나타났다. 그러나 업무처리를 위한 기본적인 내용이상의 지식, 즉 전문적 수준이나 내용을 포함하는 지식에 대해서는 아직까지 공유 행위가 상대적으로 잘 이루어지지 않고 있는 것으로 나타났다.

둘째, 공무원 개인별 인식 차이 분석결과와 관련하여 먼저 지식공유 행위의 구조적 영향요인 중 최고관리자의 지원과 관련하여 성별로는 남성 공무원이, 소속별로는 지방자치단체 공무원이, 연령별로는 공무원의 나이가 많을수록, 근무기간별로는 근무기간이 긴 공무원일수록 인식이 높게 나타났다. 조직구조와 관련하여 연령별로는 나이가 가장 많은 공무원, 근무기간별로는 근무기간이 가장 긴 공무원의 인식이 높게 나타났다. 평가 및 보상 수준과 관련하여 성별로는 남성 공무원이, 소속별로는 중앙기관 공무원, 직급별로는 6급이하 공무원이, 연령별로는 나이가 가장 많은 공무원의 인식이 높게 나타났다. 다음으로 지식공유 행위의 관계적 영향요인 중 상사 및 동료신뢰 수준과 관련하여 성별로는 남성 공무원이, 소속별로는 지방자치단체 공무원이, 연령별로는 공무원의 나이가 많을수록, 근무기간별로는 근무기간이 긴 공무원일수록 인식이 높게 나타났다. 조직신뢰 수준과 관련하여 성별로는 남성 공무원이, 연령별로는 공무원의 나이가 많을수록, 근무기간별로는 근무기간이 긴 공무원일수록 인식이 높게 나타났다. 의사소통의 개방성 정도와 관련하여 소속별로는 지방자치단체 공무원이, 연령별로는 공무원의 나이가 많을수록, 근무기간별로는 근무기간이 긴 공무원일수록 인식이 높게 나타났다. 마지막으로 지식공유 행위 실태와 관련하여서는 성별·소속별·직급별·학력별·연령별·근무기간별 모두에서 통계적으로 유의미한 차이는 나타나지 않았다. 그러나 응답결과를 설문문항별로 비교해 보았을 경우 일부 문항들에서는 유의수준 $p < 0.05$ 수준에서 유의미한 인식 차이를 보였다. 즉 성별로는 3개 문항에서 남성 공무원이 여성보다 인식이 높게 나타났고, 소속별로는 각각 2개와 3개 문항에서 중앙기관 공무원과 지방자치단체 공무원의 인식이 높아 차이가 나타났으며, 직급별로는 2개 문항에서 6급이하 공무원이 5급이상보다 높았고, 학력별로는 각각 1개 문항씩에서 전문대이하의 학력을 소유한 공무원과 대학이상의 학력을 소유한 공무원의 인식이 높아 차이가 나타났으며, 연령별과 직급별로는 각각 2개와 1개 문항에서 나이가 가장 많고 근무기간이 긴 공무원의 인식이 높게 나타났다.

셋째, 기관유형별 인식 차이 분석결과와 관련하여 먼저 지식공유 행위의 구조적 요인 중 최고관리자의 지원과 관련하여 광역자치단체, 부처단위 기관, 기초자치단체, 청단위 기관의 순으로 응답평균값이 높게 나타났다. 조직구조와 관련하여 청단위 기관, 광역자치단체, 기초자치단체, 부처단위

기관의 순으로 응답평균값이 높게 나타나 분권적 · 공식적 · 통합적이라는
것을 알 수 있었다. 평가 및 보상 수준과 관련하여 상대적으로 높은 응답
평균을 보인 청단위 기관을 제외하고는 대체로 응답평균값이 낮아 부정적
인 인식을 보이고 있음을 알 수 있었으며, 청단위 기관, 기초자치단체, 부
처단위 기관, 광역자치단체의 순으로 응답평균값이 높게 나타났다. 다음으
로 지식공유 행위의 관계적 요인 중 상사 및 동료신뢰 수준과 관련하여
기초자치단체, 광역자치단체, 부처단위 기관, 청단위 기관의 순으로 응답평
균값이 높게 나타났다. 조직신뢰 수준과 관련하여 상대적으로 낮은 응답평
균을 보인 기초자치단체를 제외하고는 대체로 응답평균값이 높아 긍정적
인 인식을 보이고 있음을 알 수 있었으며, 광역자치단체, 부처단위 기관,
청단위 기관, 기초자치단체의 순으로 응답평균값이 높게 나타났다. 의사소
통의 개방성 정도와 관련하여 광역자치단체, 기초자치단체, 부처단위 기관,
청단위 기관의 순으로 응답평균값이 높게 나타났다. 마지막으로 지식공유
행위 실태와 관련하여 대체로 응답평균값이 그리 높은 편이 못되어 지식
공유 행위에 관한 인식은 그다지 긍정적이지 못한 것으로 나타났다. 그리
고 통계적으로 유의미한 차이는 아니었지만, 기관유형별로 보았을 때 청단
위 기관, 광역자치단체, 부처단위 기관, 기초자치단체의 순으로 응답평균값
이 높게 나타났다.

　넷째, 지식관리시스템의 유형별 인식 차이 분석결과와 관련하여 먼저
지식공유 행위의 구조적 요인 중 최고관리자의 지원과 관련하여 KMS를
도입 · 운영하는 기관보다 GKMS를 도입 · 운영하는 기관이 응답평균값이
높게 나타났다. 조직구조와 관련하여 통계적으로 유의미한 차이는 아니었
지만 KMS를 도입 · 운영하는 기관이 GKMS를 도입 · 운영하는 기관보다
응답평균값이 높게 나타났다. 평가 및 보상 수준과 관련하여 KMS를 도
입 · 운영하는 기관이 GKMS를 도입 · 운영하는 기관보다 응답평균값이
높게 나타났지만, 두 기관 모두 응답평균값이 높지 못하므로 지식공유 행
위에 관한 평가 및 보상 수준이 아직은 부족한 것으로 공무원들이 인식하

고 있는 것으로 나타났다. 다음으로 지식공유 행위의 관계적 요인 중 상사 및 동료에 대한 신뢰 수준과 관련하여 KMS를 도입·운영하는 기관보다 GKMS를 도입·운영하는 기관이 응답평균값이 높게 나타났다. 조직신뢰 수준 및 의사소통의 개방성 정도와 관련하여 통계적으로 유의미한 차이는 아니었지만 KMS를 도입·운영하는 기관보다 GKMS를 도입·운영하는 기관이 응답평균값이 높게 나타났다. 마지막으로 지식공유 행위 실태와 관련하여 대체로 응답평균값이 그리 높은 편이 못되어 지식공유 행위에 관한 인식은 그다지 긍정적이지 못한 것으로 나타났다. 그리고 통계적으로 유의미한 차이는 아니었지만, KMS를 도입·운영하는 기관이 GKMS를 도입·운영하는 기관보다 응답평균값이 높게 나타났다.

다섯째, 전체 조사기관을 대상으로 실시한 회귀분석 분석결과에서 조직신뢰 수준, 평가 및 보상 수준, 그리고 최고관리자의 지원 유형이라는 3개 변수들이 한국 공무원의 지식공유 행위에 긍정적인 정(+)의 영향을 미치고 있는 것으로 나타났다. 그리고 이들 3개 변수들은 평가 및 보상 수준, 최고관리자의 지원 유형, 조직신뢰 수준 순으로 한국 공무원의 지식공유 행위에 대해 많은 영향을 미치는 것으로 나타났다. 그러나 조직구조, 상사 및 동료에 대한 신뢰 수준, 그리고 의사소통의 개방성 정도는 한국 공무원의 지식공유 행위에 유의미한 영향을 미치지 못하고 있는 것으로 나타났다.

여섯째, 중앙기관과 지방자치단체로 대상을 구분하여 실시한 회귀분석 분석결과에서 중앙기관의 경우에는 평가 및 보상 수준과 최고관리자의 지원 유형이라는 2개 독립변수가, 지방자치단체의 경우에는 최고관리자의 지원 유형과 조직신뢰 수준이라는 2개 독립변수가 지식공유 행위에 긍정적인 정(+)의 영향을 미치고 있는 것으로 나타났다.

일곱째, 지식관리시스템 유형별로 대상을 구분하여 실시한 회귀분석 분석결과에서 KMS를 지식관리시스템으로 도입·운영하고 있는 기관의 경우에는 평가 및 보상 수준과 최고관리자의 지원 유형이라는 2개 독립변수가, GKMS를 지식관리시스템으로 도입·운영하고 있는 기관의 경우에는 평가 및 보상 수준, 최고관리자의 지원 유형, 조직신뢰 수준이라는 3개 독립변수가 지식공유 행위에 긍정적인 정(+)의 영향을 미치고 있는 것으로 나타났다.

2. 연구결과의 함의

조사결과 본 연구에서는 다음과 같은 현실적 함의를 얻을 수 있었다. 먼저 지식공유 행위에 관한 이론적 부분들을 실제 공공부문에 종사하고 있는 공무원들의 인식을 중심으로 경험적 조사를 통해 검증함으로써 향후 이 분야의 이론들이 일반적 설명력을 갖도록 하는 데에 다소나마 기여하였다는 점이다.

이와 관련하여 보다 구체적으로 설명하면 첫째, 본 연구의 결과를 통해 선행연구에서 관련분야의 학자들이 주장한 지식공유 행위의 영향요인들 중 한국 공무원의 지식공유 행위는 전체 조사기관을 대상으로 실시한 회귀분석 분석결과에서 평가 및 보상 수준, 최고관리자의 지원 유형, 조직신뢰 수준이라는 3개 변수들의 수준이 높으면 높을수록 보다 더 긍정적인 정(+)의 영향을 받는다는 것을 실증적으로 규명하였다. 따라서 이들 3개 요인이 지식공유 행위의 중요한 영향요인임을 주장한 선행연구의 결과가 한국 공공부문을 대상으로 한 조사연구에서도 동일한 결과를 도출하고 있다는 것을 밝혀내었다.

둘째, 본 연구의 결과를 통해 선행연구에서 관련분야의 학자들이 주장한 지식공유 행위의 영향요인들 중 한국 공무원의 지식공유 행위는 조직구조, 상사 및 동료에 대한 신뢰 수준, 의사소통의 개방성 정도와는 긍정적인 정(+)의 영향관계를 발견하기 어렵다는 점을 실증적으로 규명하였다. 따라서 이들 나머지 3개 요인이 지식공유 행위의 중요한 영향요인임을 주장한 선행연구의 결과가 한국 공공부문을 대상으로 조사연구에서는 동일한 결과를 도출하지 못하고 있다는 것을 밝혀내었다.

셋째, 분석대상을 중앙기관(부처 단위와 청 단위)과 지방자치단체(광역과 기초)로, 지식관리시스템의 유형별(KMS와 GKMS)로 구분하여 살펴본 결과 중앙기관 및 KMS 도입·운영기관의 경우에는 평가 및 보상 수준과 최고관리자의 지원 유형이, 지방자치단체의 경우에는 최고관리자의 지원유형과 조직신뢰 수준이, 그리고 GKMS 도입·운영기관의 경우에는 평가 및 보상 수준, 최고관리자의 지원유형, 조직신뢰 수준이 공무원의 지식공유 행위에 정(+)의 영향을 미치는 요인이라는 것을 밝혀내었다. 즉 이들 기관들에 있어서 최고관리자의 지원유형이라는 요인은 공통 요인으로 영향을 미치고 있으나, 평가 및 보상 수준과 조직신뢰 수준이라는 2개 요인에서는 차이가 나타나고 있다는 것을 밝혀내었다.

다음으로 본 연구는 경험적 분석결과를 토대로 향후 한국 공무원의 지식공유 행위를 활성화시키기 위한 전략적 관리방안을 제시함으로써 향후 관계기관이 많은 예산과 인력을 투입하여 이 분야의 정책을 추진함에 있어서 낭비와 시행착오를 줄이고 보다 합리적인 차원에서 정책방안과 운영 및 개선방안을 수립하는데 있어 일정한 도움을 제공할 수 있는 하나의 유의미한 참고자료를 제공하였다.

보다 구체적으로 지식공유 행위를 활성화시키기 위한 전략적 관리방안을 설명하면 다음과 같다. 첫째, 향후 한국 공무원의 지식공유 행위를 보다 더 향상시켜 나가기 위해서는 대체로 관계적 요인보다는 최고관리자의 부서 내 지식공유 행위에 대한 관심과 지원의 확대·강화와 평가 및 보상의 다양화·현실화 등을 중심으로 한 구조적인 요인의 강화에 보다 많은 노력을 기울여야 할 필요가 있다. 또한 관계적 요인 중 조직에 대한 신뢰도 긍정적인 영향요인임이 규명되었기 때문에, 부수적으로 관계적 요인도 보완적 수단으로서 점진적으로 개선해 나가야 할 필요가 있다.

둘째, 최고관리자의 지원과 관련하여서는 현재 지식공유 행위 자체에 대한 관심 표명의 수준은 높은 편이지만, 공무원들이 지식공유를 열심히 할 수 있도록 유도하는 적극적이고 다양한 지원 및 환경조성 노력은 그리 높은 수준을 나타내지 못하고 있으므로 앞으로는 각종 보상제도의 추진이나 공유문화의 형성 등과 같은 제반 지원노력을 기울여야 할 것으로 보인다.

셋째, 평가 및 보상 수준과 관련하여서 현재 이 부분에 대한 공무원들의 인식이 아직까지는 대체로 부정적인 것으로 나타났기 때문에, 우선 지식공유 행위에 대한 평가의 신뢰성과 타당성을 확보하기 위해서 역량 있는 전문가들로 이루어진 평가위원회의 구성과 평가기준 및 평가방법의 개발에 보다 많은 노력을 기울여야 할 것으로 판단된다. 다음으로 공무원들의 적극적인 참여를 유도하기 위해서 앞으로는 공무원들이 현실적으로 만족할만한 높은 수준의 금전적 보상체계의 구축이나 인사고과에의 적극적인 반영 등과 같은 내재적 보상체계의 구축에도 힘을 쏟아야 할 것으로 보인다.

넷째, 조직신뢰와 관련하여서도 공무원들의 조직자체에 대한 신뢰수준이 그리 높지 않은 것으로 나타났으므로, 지식공유의 활성화를 위해서 앞으로는 조직이 구성원인 공무원들을 보다 공정하게 대우하고 이들의 의견을 잘 반영해주는 노력을 기울여서 공무원들이 자신의 조직에 대한 신뢰를 제고시킬 수 있도록 해주어야 할 것이다.

다섯째, 현행 지식공유 행위 실태에 있어서 지식자체의 중요성이나 희소성이 높은 경우에는 공유 행위를 적극적으로 하기가 망설여지는 것으로 나타나고 있기 때문에, 이를 극복하기 위해서 지식공유 행위에 대한 부정적인 인식을 제거하기 위한 홍보활동 등의 노력을 기울여야 할 필요가 있는 것으로 판단된다. 또한 지식공유를 위한 시스템의 구축 수준에 대한 불만족으로 인해 현재 공무원들의 시스템 이용빈도가 떨어지거나 시스템 사용법의 미숙지로 인해 사용빈도가 저하되는 문제를 해결하기 위한 시스템의 체계적 관리노력과 교육강화 등의 노력이 병행되어야 할 것으로 보인다. 그리고 특히 관리자 직급에 있는 공무원들이 비관리자 직급의 공무원들과 구분하여 차별적으로 공유할 필요가 있다고 요구하는 지식의 경우 이러한 요구를 조직차원에서 긍정적으로 고려하여 별도로 관리해주는 조직의 노력 또한 고위직 공무원들의 지식공유 행위를 활성화시키는데 도움을 줄 수 있을 것으로 생각된다.

마지막으로 본 연구는 경험적 분석을 함에 있어 기존의 여러 선행연구들에서 아직까지 적절하게 취급되지 않은 한국 공무원의 사회적 배경에 따른 특성별 인식 차이와 기관별 인식차이 분석을 실시하여 새로운 사실을 규명하였다. 보다 구체적으로 선행연구들에서 주장한 결과를 재검증하는 것은 물론 더 나아가 공무원들의 사회적 배경을 여섯 가지(성별·소속별·직급별·학력별·연령별·근무기간별)로, 그리고 기관별 특성을 두 가지(기관유형별·지식관리시스템 유형별)로 구분하여 이들 특성이 지식공유 행위에 관한 인식차이에 어떠한 영향을 미치고 있는지, 그리고 어느 계층 및 기관에 보다 긍정적 또는 부정적으로 영향을 미치고 있는지 등을 진단하여 이를 통해 향후 지식공유 행위를 촉진하기 위한 방안을 보다 미시적인 수준에서 파악할 수 있도록 하였다.[1] 즉 새로운 분석결과를 도출하여 이 분야의 연구에 있어서 연구의 폭을 한 단계 확장시킴으로써 향후 관계기관이 보다 다양한 고려사항들을 반영하여 발전적이고 건설적인 정책을 추진할 수 있도록 일정한 도움을 제공하였다.

3. 연구의 한계

본 연구는 다음과 같은 한계점을 지닌다. 첫째, 선행연구들에서 나타난 문제인, 표본의 제약으로 인한 연구결과에 있어서의 일반화 추론상의 어려

---

1) 응답자의 개인적 특성(성별·소속별·직급별·학력별·연령별·근무기간별)과 관련한 공무원의 인식차이는 앞의 p.99와 p.102의 표를 참조할 것. 또한 기관별 특성과 관련한 공무원의 인식차이는 앞의 p.111과 p.113, 그리고 p.114의 표를 참조할 것.

움을 극복하기 위해 조사대상을 14개 기관(중앙기관 8개, 지방자치단체 6개)으로 확대 실시하는 노력을 하였다. 그러나 본 연구의 조사대상이 일부 지역(서울, 경기, 전남 등)에 편중되었으며, 기관의 수에 있어서도 현재 지식관리시스템을 도입·실시하고 있는 59개 기관 모두를 포함시키지 못했다는 한계가 있다.

둘째, 조직구성원의 지식공유 행위에 영향을 미치는 변수(독립변수)로서 다양한 요인이 고려될 수 있으나, 본 연구에서 한국 공무원의 지식공유 행위에 영향을 미치는 변수를 구조적 요인과 관계적 요인으로 구분한 후 각각 세 가지씩의 요인만을 활용하였다. 따라서 기타 요인과 각 요인별 하위요인을 보다 다양하게 분석하지 못한 한계를 갖고 있다.

셋째, 본 연구가 설문조사를 통해 지식공유 행위의 결과만을 측정하였기 때문에 조직구성원의 공유과정을 통한 보다 동태적인 연구, 즉 과정적 접근을 하지 못하였다는 한계가 있다.

넷째, 본 연구의 조사내용 중 현재 지식관리시스템을 실시하고 있는 중앙과 지방의 기관들간 지식공유 행위 실태를 파악함에 있어 상대적으로 현재 우수한 수준에서 지식공유가 이루어지고 있는 기관과 그렇지 못한 기관들을 구분함에 있어서 기관들 내에서 지식공유 행위에 관련하여 이루어지고 있는 세부적이면서 구체적인 내용들을 연구자의 조사능력의 한계상 반영시키지 못하고 설문조사에 응한 공무원들의 인식을 중심으로 실행함으로써 보다 객관적인 자료의 제시가 미흡하였다는 한계를 갖고 있다.

향후 후속 연구에서는 이러한 한계점을 감안하여 보다 광범위한 조사대상을 선정하여 데이터를 수집해야 할 것으로 보이며, 지식공유 행위의 영향변수로 보다 다양한 요인들을 설정하여 과정적 접근방식을 적용한 연구나 종단적 연구(시계열 연구 등)를 통한 지식공유 행위 수준의 변화에 따른 변화추이도 함께 측정되어야 할 필요가 있다고 본다.

참고문헌

1. 國內 文獻

강근복 외.(1999). 「지식정보사회의 전자정부」, 서울: 나남출판.

강명희·권용선.(2001). 지식공유 과정과 이에 영향을 미치는 요인. 「기업교육연구」 3(1): 5-25.

강여진·최호진.(2003). 지방자치단체 공무원 교육훈련 전이에 영향을 미치는 요인에 관한 실증적 조사. 「(서울대)행정논총」 41(2): 85-116.

강여진·박천오.(2004). 공공기관 조직구성원간의 신뢰와 지식공유. 「한국행정 연구」 12(4): 91-122.

강황선.(2002). 「서울시 지식관리 활성화 방안」. 시정연 2002-R-29, 서울: 서울시정개발연구원.

_____.(2003). 내부정보공유의 개선: 정부조직의 지식관리를 위한 제언. 「지방행정」. 52(596): 37-45.

구교봉.(2000). 지식관리시스템의 성공요인에 관한 연구. 「추계학술대회 발표논문집」, 한국정보시스템학회.

권석균.(1996). 조직학습과 학습장애요인에 관한 탐색적 연구.「인사관리연구」 20(1): 3-24.

_____.(2000). 지식경영의 조직·인사관리 이슈에 관한 소고. 「경제논총」 18:505-525.

권석균·이을터.(1999). 대인간 신뢰와 공유학습. 「인사관리연구」 23(2): 43-64.

권인석.(1993). 직무불만에 대한 행태적 반응의 예측과 관리전략. 「한국행정학보」 27(4): 1227-1246.

권태형 외.(1999). 국내 지식경영 프로젝트 동향 및 장애요인에 관한 연구. 「제3회 지식경영 학술심포지엄 논문집」, pp: 445-462.

김 구.(2003a). 지방공무원들의 지식공유 의도에 관한 영향요인 연구. 「한국지방자치학회보」 15(3): 1-23.

_____.(2003b). 지식정부 구축을 위한 지식행정의 개념적 틀과 경험적 조사의 틀. 「한국정책과학학회보」 7(3): 29-56.

_____.(2004). 공무원들의 성공적 지식이전의 영향요인에 관한 실증적 분석. 「한국행정학보」 38(1): 45-68.

김상묵・강제상・박희봉.(2000). 정부조직의 지적 자본 측정에 관한 연구: 경기도청 사례를 중심으로. 「2000년도 기획세미나 발표논문집: 지식정부구현을 위한 전략과 과제」, 한국행정학회.

김상수・김용우.(2000). 지식경영의 성공요인에 관한 실증적 연구. 「경영학연구」 29(4).

김성훈.(1998). 「공공기관 지식관리의 전략과 성공요인에 관한 연구」, 한국전산원.

김영걸.(1998). 「분산된 파워의 전사적 통합 방법론 제안」, DBMS.

김은정・박양규.(2000). 「윈도우용 SPSS 통계분석」, 서울: 21세기사.

김학민.(1998). 「지식경영 구축방법론 및 구축사례연구」, 서울: 삼성경제연구소.

김호정.(1999). 신뢰와 조직몰입. 「한국행정학보」 33(2): 19-35.

김효근・권희영.(1999). 조직의 지식경영 준비도 측정도구 개발에 관한 연구.「제2회 지식경영 학술심포지엄 논문집」, pp: 207-236.

김효근・김민선.(2003). 대학병원 의사들의 지식공유 경험과정에 관한 질적 연구: 근거이론 접근법을 중심으로. 「203년도 한국경영정보학회 추계학술대회 발표논문집: 유비쿼터스 컴퓨팅시대의 정보화」, pp:

428-435.

나태준.(2002). 「서울시의 조직신뢰 향상방안」. 시정연 2002-R-27. 서울: 서울
    시정개발연구원.

나태준 · 최순영.(2003). 공공조직구성원의 조직신뢰 향상방안에 관한 연구:
    서울시 사례를 중심으로. 「한국행정학보」 37(1): 1-17.

남궁근.(2001). 「행정조사방법론」, 서울: 법문사.

노명화.(2002). 「집단간 지식이전의 영향요인에 관한 연구: 관료집단을
    중심으로」. 고려대학교 박사학위논문.

매일경제신문. 〔지식경영으로 승부한다〕, 1998년 9월 16일자.

명승환.(2001). 지방정부 정책결정과정 합리화를 위한 지식기반행정 모형.
    「2001년도 한국행정학회 하계학술대회 발표논문집」.

박광국 · 도운섭 · 박선희.(1999). 조직신뢰도 결정요인에 관한 연구. 「한국
    정책학회보」 8(3): 121-144.

박기동 · 우성진.(1999). 지식경영의 핵심성공요인에 관한 이론적 연구. 「
    산업경제연구」 12(4).

박기우.(2001). 「조직 내 개인의 지식공유행위에 관한 결정요인 연구: 합
    리적행위이론 관점」. 한국과학기술원 박사학위논문.

박문수.(2002). 「집단간 지식공유의 영향요인에 관한 연구: 관계적, 구조
    적 요인이 공유의도와 행위에 미치는 영향을 중심으로」. 고려대학
    교 박사학위논문.

박문수 · 문형구.(2001). 지식공유의 영향요인: 연구동향과 과제. 「제6회 한
    국지식경영학회 학술심포지엄 논문집」, pp: 291-323.

박병식.(2002). 행정지식관리시스템의 성과지표 개발. 「하계학술대회 발표
    논문집」, 한국정책분석평가학회.

박우순.(1999). 한국의 행정문화와 지식정부의 가능성. 「한국외국어대학교
    사회과학논집」 17(1): 77-108.

박재린·박재헌.(2000). 조직구성원의 지식공유와 경쟁우위와의 관계성에 관한연구. 「인적자원관리연구」 창간호: 127-147.

박종석.(2001). 「조직구성원간 지식공유에 영향을 미치는 요인에 관한 연구」. 한국외국어대학교 석사학위논문.

박천오·최호진.(2002). 한국 공무원 교육훈련의 효과성에 관한 실증 조사. 「한국행정논집」 14(4): 939-959.

박태호.(2002). 「지식공유의 선행요인과 지식공유가 혁신행동에 미치는 영향」. 경성대학교 박사학위논문.

박태호·정동섭.(2002a). 지식공유가 직무만족에 미치는 영향. 「인적자원관리연구」 4: 109-132.

_____.(2002b). 지식공유의 영향요인과 지식공유가 조직몰입에 미치는 영향. 「정보화정책」 9(4): 49-67.

박희서·임병춘.(2001). 지방공무원들의 효율적인 지식관리를 위한 인과모형. 「한국정책학회보」 10(2): 111-133.

박희서·김구.(2002). 행정기관에 있어서 지식관리의 활용성 제고요인에 관한탐색적 연구. 「한국행정학보」 36(2): 41-61.

배일섭·정영숙.(1998). 「통계분석기법」. 경산: 대구대학교 출판부.

사득환.(2000). 21C 신지식사회를 위한 평창군의 대응전략. 「강원행정학회 동계학술대회 발표논문집」.

사득환·김장기.(2002). 지식정부의 구현에 있어서 장애요인 탐색: 강원도를 중심으로. 「한국 사회와 행정 연구」 12(4): 167-182.

사재명.(2002). 「지방자치단체에 있어서 지식관리 이론과 도입에 관한 연구: 장애요인을 중심으로」. 강원대학교 박사학위논문.

삼성경제연구소.(1999). 지식경영과 한국의 미래. 「지식경영 심포지엄 발표집」. 서울: 삼성경제연구소.

서순복.(2000). 지식정보사회와 전자행정에 관한 연구. 「사회과학연구」,

광주대 인문사회과학연구소.

서원석·김광주.(1992).「공무원의 의식과 행태에 관한 연구」. KIPA 연구보고 92-13-2.

서이종.(1998).「지식정보사회학」, 서울: 서울대학교 출판부.

서진완.(1997).「행정정보의 공동활용제도에 관한 연구」. KIPA 연구보고 97-10.

_____.(1998a).「정보기술을 활용한 행정업무과정의 혁신지침」. KIPA 연구보고 98-07.

_____.(1998b). 공공부문에서의 정보기술의 활용과 과정중심적 접근.「행정과정책」 4(1): 67-88.

_____.(2002). 정부기관 정보화수준평가의 발전적 방안모색.「정보화정책」 9(3): 18-37.

신원무.(1998).「지식경영: 경영혁신에 있어 효과적인 지식전파의 조건에 관한연구」. 연세대학교 박사학위논문.

안병영.(1994). 현대행정조직의 탈관료제화에 관한 연구.「(연세대)사회과학논집」 25: 1-42.

_____.(1999). 세계화와 국가역할의 변화: 지난 10년과 앞으로의 10년.「계간사상」 11(3): 88-117.

_____.(2000). 21세기 국가역할의 변화와 국정관리.「계간 사상」 12(1): 7-32.

안병영·임혁백.(2000).「세계화와 신자유주의」, 서울: 나남출판.

안중호.(1999). 지식지배사회의 빛과 그늘: 기업조직과 지식-지식경영.「10주년기념심포지움 자료집」, 철학사상연구소.

오석홍.(2003).「한국의 행정」, 서울: 법문사.

오을임·김구.(2003). 지방공무원들에게 있어서 지식공유 행태의 영향요인에 관한 탐색적 연구.「한국정책과학학회보」 7(1): 203-232.

우성진.(1999). 「지식경영의 핵심요인이 경영성과에 미치는 영향에 관한 연구」. 창원대학교 박사학위논문.

원숙연.(2001). 신뢰의 개념적·경험적 다차원성: 신뢰연구에 갖는 함의. 「한국정책학회보」10(3): 63-85.

원숙연·박통희.(2000). 정부조직내에서 상관에 대한 부하의 신뢰: 상관의 개인적 특성과 관계적 특성을 중심으로. 「한국행정연구」9(4): 137-163.

유홍림·이병기.(2004). 정부조직의 지식관리 활용에 미치는 영향요인에 관한실증적 연구. 「한국행정학보」38(1): 23-44.

이 근.(2000). 지식기반 경제와 지식경영. 「공공부문을 위한 지식행정시스템구축 관련 특별세미나 논문집」, 서울: 한국능률협회 종합연구소.

이순철.(1999). 「지식경영의 이해」, 서울: 삼성경제연구소.

이시원.(2000). 지방행정공무원의 조직신뢰감에 관한 연구. 「정책분석평가학회보」 9(2): 1-19.

이장환·김영걸.(1999). 조직의 지식경영관리 체계 및 단계모델에 대한 탐색적 연구. 「제2회 지식경영 학술심포지엄 논문집」, pp: 192-206.

_____.(2000). 지식경영의 관리적 요소와 조직분위기 성숙이 지식경영 성과에 미치는 영향에 관한 연구: 지식품질 및 공유관점. 「제5회 한국지식경영학회 학술심포지엄 논문집」, pp: 235-257.

이종수·윤영진 외.(2002). 「새행정학」, 서울: 대영문화사.

이주희.(2001). 「디지털시대의 지식행정전략」, 서울: 한국자치개발연구원.

임승빈.(1995a). 기초자치단체장의 기능과 역할. 「지방행정정보」 48: 10-16.

_____.(1995b). 민선단체장, 무엇에 주력했나. 「지방자치」 87: 30-35.

정부전산정보관리소. http://www.gcc.go.kr

정성휘·김효근.(2000). 구성주의 관점에서 본 기업 내 지식전이 성공에 관한연구.「한국지식경영학회 제5회 학술심포지엄 자료집」.

정순자.(2001). 공공기관의 지식관리 필요성과 효율적 실천방안.「인적자원관리연구」 3: 213-230.

정윤수.(2001). 공공부문 지식관리의 효율적 추진을 위한 정책과제.「정보화정책」 8(4): 33-54.

정윤수·김건위.(2001). 정보공동활용 활성화 방안에 관한 연구.「정부행정」 3:17-36.

정윤수·백용기.(2001). 공공부문에의 지식관리 도입과 정책과제.「(명지대) 사회과학논총」 17: 61-78.

주재현.(1999). 정보화시대의 환경관리.「연세사회과학연구」 5: 21-39.

_____.(2002). 내용분석 방법의 수행절차 및 적용 연구사례 분석.「정부행정」 3: 29-55.

채서일.(1999).「사회과학 조사방법론」, 서울: 학현사.

천대윤.(2001). 효과적 조직학습을 위한 지식관리시스템 구축전략: 정부부문을 중심으로.「2001년도 한국정책학회 동계학술대회 발표논문집」, pp. 427-457.

_____.(2002). 정부지식관리시스템의 발전방향.「2002년도 한국경영정보학회춘계학술대회 발표논문집: 국가/산업정보화」, pp. 696-705.

총무처 직무분석기획단.(1997).「신정부혁신론: OECD국가를 중심으로」, 서울: 동명사.

최남희.(1999). 도시행정 분야에서의 지식행정화 방향과 체계.「1999년도 하계학술대회 발표논문집: 정부정책 및 정부개혁의 평가」, 한국행정학회.

최돈민.(2002). 인적자원개발정책의 국제비교 분석.「비교교육연구」 12(2): 65-92, 한국비교교육학회.

최수미.(2001). 「지식자산의 공시제도와 기업의 공시사례」, LG경제연구원.

최창현.(1994). 조직구조와 혁신의 관계에 대한 연구: 선형구조관계(LISREL) 모형의 적용. 「한국행정학보」 28(2): 469-480.

추 헌.(1994). 「조직행동론」, 서울: 형설출판사.

포스코 경영연구소.(1998). 「한국경제를 위한 제안: 지식경영」, 서울: 더난출판사.

한동효.(2002). 지방정부에 있어서 지식관리시스템의 성과평가에 관한 연구. 「지방정부연구」 6(4): 163-185.

_____.(2003). 지방자치단체 공무원들의 지식관리 활용에 따른 평가와 활성화방안. 「하계학술대회 발표논문집」. 서울행정학회.

한세억.(1998). 지식정보사회의 행정조직 지향과 가능성: 연성화. 「동계학술발표대회 논문집」. 한국행정학회.

_____.(1999a). 지식사회의 조직모형 탐색과 실천가능성. 「한국행정연구」 8(3).

_____.(1999b). 지식행정에 대한 탐색적 연구. 「한국행정학보」 33(3).

_____.(2000). 지식사회의 행정조직관리 패러다임: 지식관리의 이해와 실천. 「한국행정연구」 9(3).

_____.(2001). 행정지식관리시스템의 이해와 접근: 행정정보시스템의 진화가능성 모색. 「한국행정연구」 10(2).

_____.(2003). 지식관리시스템의 구축과 효율적 운영방안. 「정보화정책 세미나 발표논문집」. 서울행정학회.

행정자치부.(2002). 「지식관리시스템 운영지침」.

_____.(2003). 「정부지식관리 활성화 지침」.

황운순.(2000). 「지식경영 핵심요인과 조직유효성의 관계」. 대구대학교 박사학위논문.

2. 國外 文獻

Allee, V.(1997). *The Knowledge Evolution: Expanding Organizational Intelligence*, Boston: Butterworth-Heinemann.

Alter, S.(1992). *Information System: A Management Perspective*, Addison-Wesley.

Andrews, K. M. & B. l. Delahaye.(2000). Influences On Knowledge Process in Organization Learing: The Psychosocial Filter, *Journal of Management Studies.* 37(6): 797-810.

Barber, B.(1983). *The Logic and Limits of Trust.* NJ: Rutgers University Press.

Beckman, T.(1997). A Methodology for Knowledge Management, *International Association of Science and Technology for Development (IASTED) AI and Soft Computing Conference*, Canada: Banff.

Bell, D.(1976). *The Coming of Post-Industrial Society: A Venture in Social Forecasting*, New York: Basic Books.

Bhatt, G.(2001). Knowledge Management on Organizational Examining the Interaction between Technologies, and People, *Journal of Knowledge Management*, 5: 76-85.

Bock, G. & Y. G. Kim.(2002). Breaking the Myths of Rewards: An Exploratory Study of Attitude about Knowledge Sharing, *Information Resource Management Journal*, 15(2): 14-21.

Bukowitz, W.(1998). At the Core of a Knowledge Base, *Journal of Knowledge Management*, 3: 215-224.

Butler, J. K.(1999). Trust Expectations, Information Sharing, Climate of Trust, and Negotiation Effectiveness and Efficiency, *Group*

& *Organizational Management*, 24(2): 217-238.

Chakravarthy, B., A. Zaheer & S. Zaheer.(1999). *Knowledge Sharing in Organizations: A Field Study*, Organization Science Research Workshop on Management.

Cook, J. & T. Wall.(1980). New Work Attitude Measure of Trust, Organizational Commitment and Personal Non-Fulfillment, *Journal of Occupational Psychology*, 53: 39-52.

Costigan, R. D., S. S. Ilter, & J. J. Berman.(1998). A Multi-Dimensional Study of Trust in Organizations, *Journal of Managerial Issues*, 10(3): 303-317.

Currall, S. C. & T. A. Judge.(1995). Measuring Trust between Organizational Boundary Role Persons, *Organizational Behavior and Human Decision Processes*, 64(2): 151-170.

Davenport, T. H. & L. Prusak.(1997). *Information Ecology: Mastering The Information and Knowledge Environment*, New York Oxford University Press.

_____.(1998). *Working Knowledge: How Organizations Manage What They Know*, Boston: Harvard Business School Press.

Davenport, T. H., D. Long, D. Wo & M. Beers.(1998). Successful Knowledge Management Projects, *Sloan Management Review*, 39(2): 43-57.

Davenport, T. H. & P. Klahr.(1998). Managing Customer Support Knowledge, *California Management Review*, 40(3): 195-208.

DeCotiis, T. A. & T. P. Summers.(1987). A Path Analysis of a Model of the Antecedents and Consequences of Organizational Commitment, *Human Relations*, 40(7): 445-470.

Drucker, P.(1993). *Post-Capitalist Society*, New York: HarperCollins.

Fahey, L. & L. Prusak.(1998). The Eleven Deadliest Sins of Knowledge

Management, *California Management Review*, 40(3): 265-276.

Fiol, C. M.(1991). Managing Culture as a Competitive Resource: An Identity Based View of Sustainable Competitive Advantage, *Journal of Management*, 17: 191-192.

Fisher, R. J., E. Maltz & B. J. Jaworski.(1997). Enhancing Communication Between Marketing and Engineering: The Moderating Role of Relative Functional Identification, *Journal of Marketing*, 61: 54-70.

Fox, A.(1974). *Beyond Contract: Work, Power, and Trust Relations*, London: Faber and Faber.

Gabarro, J. & J. Athos.(1976). *Interpersonal Relations and Communication*, Englewood Cliffs, NJ: Prentice-Hall.

Grant, R. M.(1991). The Resource-based Theory of Competitive Advantage: Implication for Strategy Formulation, *California Management Review*, Spring, pp. 114-135.

_____.(1996). Toward a Knowledge-based Theory of the Firm, *Strategic Management Jouranal*, 17: 109-122.

Gupta, A. K. & V. Govindarajan.(1991). Knowledge Flows and the Structure of Control within Multinational Corporations, *Academy of Management Review*, 16(4): 768-792.

_____.(2000a). Knowledge Flows within Multinational Corporations, *Strategic Management Journal*, 21: 473-496.

_____.(2000b). Knowledge Management's Social Dimension: Lessons from Nucor Steel, *Sloan Management Review*, 71-80.

Hansen, M. T.(1999). The Search-Transfer Problem: The Role of

Weak Ties in Sharing Knowledge across Organization Subunits, *Administrative Science Quarterly*, 44: 82-111.

Hargadon, A. B.(1998). Firms as Knowledge Brokers: Lessons in Pursuing Continuous Innovation, *California Management Review*, 40(3): 209-227.

Henderson, R. & K. Clark.(1990). Architecture Innovation: The Recognition of Existing Product Technologies and the Failure of Established Firms, *Administrative Science Quarterly*, 36: 9-30.

Huber, G.(1991). Organization Learning: the Contributing Processes and the Literatures, *Organization Science*, 2(1): 88-115.

Inkpen, A. C. & A. Dinur.(1998). Knowledge Management Processes and International Joint Ventures, *Organization Science*, 9: 454-468.

Jelinek, M.(1997). Technology Organizations and Contingency, *Academy of Management Review*, 2: 17.

Kaplan, R. & David Norton.(1996). *The Balanced Scorecard*, Havard Business School Press.

Katz, R. & T. J. Allen.(1982). Investingating the Not Invented Here(NIH) Syndrome: A Look at the Performance, Tenure, and Communication Pattern of 50 R&D Project Groups, *R&D Management*, 12(1): 7-19.

Kogut, B. & Zander, V.(1992). Knowledge of the Firm, Combinative Capabilities and the Replication of Technology. *Organization Science*. 3(3): 383-397

_____.(1993). Knowledge of the Firm and the Evolutionary Theory of the Multinational Corporation, *Journal of International Business Studies*, 24: 625-645.

Kostova, T.(1999). Transnational Transfer of Strategic: Organizational Practices: A Contextual Perspective, *Academy of Management Review*, 24(2): 308-324.

Kramer, R. M.(1999). Social Uncertainty and Collective Paranoia in Knowledge Communities: Thinking and Acting in the Shadow of Doubt, in L. L. Thompson, J. M. Levine and D. M. Messick(eds.), Shared Cognition in Organizations, *The Management of Knowledge*: 163-191, London: LEA, Inc.

Leana, C. R. & H. J. Van Buren III.(1999). Organizational Social Capital and Employment Practices, *Academy of Management Review*, 24(3): 538-555.

Leonard-Barton, D.(1995). *Wellsprings of Knowledge: Building and Sustaining the Sources of Innovation*, Boston, Massachusetts: Harvard Business School Press.

Lesser, E. & L. Prusak.(1999). Communication of Practice, Social Capital and Organizational Knowledge, *Information Systems Review*(White Paper).

Lewis, J. D. & A. Weigert.(1985). Trust as a Social Reality, *Social Forces*, 63: 967-985.

Luhmann, N.(1979). *Trust and Power*. Chester: Wiley.

Mahoney, E.(1989). American Empire and Global Communication, in Ian Angus and Sut Jhally(eds.). *Cultural Politics in Contemporary America*, N.Y.: Routledge.

Marshall, C., L. Prusak, and D. Shpilberg.(1996). Financial Risk and the Need for Superior Knowledge Management, *California Management Review*. 38: 77-101.

McAllister, D. J.(1995). Affect- and Cognition-based Trust as

Foundations for Interpersonal Cooperation in Organizations, *Academy of Management Journal,* 38(1): 24-59.

McDermott, R. & C. O'Dell.(2001). Overcoming Cultural Barriers to Sharing Knowledge, *Journal of Knowledge Management,* 5: 76-85.

McDermott, R.(1999). Why Information Technology Inspired but Cannot Deliver Knowledge Management. *California Management Review.* 41(4): 103-117.

Mishra, A. K.(1996). Organizational Responses to Crisis: The Centrality of Trust, in R. M. Kramer & T. R. Tyler(eds.) *Trust in Organizations: Frontiers of Theory and Research,* CA: Sage, pp. 261-287.

Mobley, W. H.(1982). *Employee Turnover: Causes, Consequences, and Control,* Reading, M.A: Addison-Wesley.

Moon, H. K. & M. S. Park.(2000a). Effective Reward Systems for Knowledge Sharing, *Knowledge Management Review,* 4(6): 22-25.

_____.(2000b). Success Factors of Knowledge Sharing within Organizations: A Review, *Journal of Knowledge Management,* 6(5).

Moreland, R. L.(1999). Transactive Memory: Learning Who Knows What is Work Groups and Organizations, in L. L. Thompson, J. M. Levine and D. M. Messick(eds.), Shared Cognition in Organizations, *The Management of Knowledge:* 3-31. London: LEA, Inc.

Nahapiet, J. & S. Ghoshal.(1998). Social Capital, Intellectual Capital, and the Organizational Advantage, *Academy of Management Review,* 23(2): 242-266.

Nelson, K. M. & J. G. Cooprider.(1996). The Contribution of Shared Knowledge to IS Group Performance, *MIS Quarterly*, December pp. 409-432.

Nonaka, I.(1994). A Dynamic Theory of Organizational Knowledge Creation. *Organization Science*. 5(1): 14-37.

_____.(1997). Develop Knowledge Activists, *European Management Journal*. 15(5).

Nonaka, I. & H. Takeuchi.(1995). *The Knowledge Creating Company: How Japanese Companies create the Dynamics of Innovation*. New York: Oxford University Press.

Nonaka, I. & N. Konno.(1998). The Concept of Ba: Building a Foundation for Knowledge Creation, *California Management Review*. 40(3): 40-54.

North, D. C.(1990). *Institutions, Institutional Change, and Economic Performance*. New York: Cambridge University Press.

O'Dell, C. and J, Grayson.(1998), If Only We Knew What We Know: Identification and Transfer of Internal Best Practices, *California Manag ement Review*, 40(3): 154-174.

_____.(1999), Knowledge Transfer Discover Your Value Proposition, *Strategy & Leadership*, May/Apr. 27(2): 101-3.

O'Leary, D.(1998). Knowledge Management System: Converting and Connecting, *IEEE Intelligent Systems*, May/June.

Oliver, F. & L. Argote.(1999). Organizational Learning and New Product Development: Core Process, In L. L. Thonpson, J. M. Levine & D. M. Messick(eds.). *Shared Cognition in Organization, The Management of Knowledge*, London: LEA, Inc. pp. 297-325.

Osborne, D. & T. Gaebler.(1992). *Reinventing Government: How the Entrepreneurial Spirit is Transforming the Public Sector,* Reading, Mass: Addison-Wesley.

Pan, S. L. & H. Scarbrough.(1998). A Sociotechnical View of Knowledge Sharing at Buckman Laboratories, *Journal of Knowledge Management,* 2: 55-66.

Prusak, L.(1997). Introduction to Knowledge in Organizations, in L. Prusak(ed.), *Knowledge in Organizations,* Butterworth- Heine-mann.

Quinn, J. B., P. Anderson, and S. Finkeltein.(1996). Managing Professional Intellect: Making the Most of the Best, *Harvard Business Review.*

Roberts, K. H. & C. A. O'Reilly.(1974). Fsilures in Upward Communication in Organizations: Three Possible Culprits, *Academy of Management Journal,* 17(2): 205-215.

Ross, W. H. & C. Wieland.(1996). Effects of Interpersonal Trust and Time Pressure on Managerial Mediation Strategy in a Simulated Organizational Dispute, *Journal of Applied Psychology,* 81(3): 228-248.

Rousseau, D. M., S. B. Sitkin, R. S. Burt & C. Camerer.(1998). Introduction to Special Topic Forum, Not So Different after All: A Cross-Discipline View of Trust. *Academy of Management Review,* 23(3):393-404.

Ruggles, R.(1998). The State of the Notion: Knowledge Management in Practice, *California Management Review,* 33: 89-113.

Schein, E. H.(1985). *Organizational Culture and Leadership*(2nd ed.), San Francisco: Jossey-Bass.

Simonin, B. L.(1999). Ambiguity and the Process of Knowledge Transfer in Strategic Alliances, *Strategic Management Journal*, 20: 595-623.

Stasser, G.(1999). The Uncertain Role of Unshared Information in Collective Choice, In L. L. Thonpson, J. M. Levine & D. M. Messick(eds.). *Shared Cognition in Organization: The Management of Knowledge*, London: LEA. Inc. pp. 49-69.

Szulanski, G.(1996). Exploring Internal Stickiness: Impediments to the Transfer of Best Practice within the Firm. *Strategic Management Journal*. 17 (Winter Special Issue): 27-44.

Sveiby, K. E.(1999). The New Organizational Wealth: Managing and Measuring Knowledge-based Assets, Berrett-Koehler. 정선종·김용구(역). 「지식경영 성공을 위한 지식자산의 측정과 관리」. 서울: 미래경영개발연구원.

Tasi, W. & S. Ghoshal.(1998). Social Capital and Value Creation: The Role of Intrafirm Networks, *Academy of Management Journal*, 41: 464-476.

Teece, D.(1977). Technoloy Transfer by Multinatianal Corporations: The Resource Cost of Transfering Technoloy Know-how, *Econmic Journal*, June, 242-261.

Toffler, A.(1981). *The Third Wave*, Toronto: Bantam. 유재천 역. 「제3의 물결」, 서울: 학원사.

Toffler, A. & Heidi.(1993). War and Anti-war, London: Warner Books.

Wathne, K. & G. V. Krogh.(1996). Toward a Theory of Knowledge Transfer in a Cooperative Context, in G. Von Krogh and Roos(eds.), Managing Knowledge, London: Sage.

Wathne, K. & J. Roos & G. Krogh.(1996). Toward a Theory of

Knowledge Transfer in a Cooperative Context, In G. Von Krogh & J. Roos(eds.), *Managing Knowledge*, London: Sage. 55-81.

Wegner, D. M.(1987). Transactive Memory: A Contemporary Analysis of the Group Mind, in Millen, G., & G. Geothals (eds.), Theory of Group Behavior, New York: Spring Verlang. pp. 185-208.

Wiig, K. M.(1997). Knowledge Management: Where Did it Come From and Where Will It Go?. *Expert Systems with Applications*. 13(1): 1-14.

_____.(2000), Application of Knowledge Management in Public Administration, *Paper Prepared for Public Administrators of the City of Taipei*. May(http://www.krii.com).

Williamson, O. E.(1993). Calculativeness, Trust and Economic Organization, *Journal of Law and Economics*, 30(2): 131-145.

Zand, D. E.(1972). Trust and Managerial Problem Solving, *Administrative Science Quarterly*, 7(2): 229-239.

Zander, D. & B. Kogut.(1995). Knowledge and the Speed of the Transfer and Imitation of Organization Capabilities: An Empirical Test, Organization Science, 69(1): 76-92.

<부록 1> 설문지

공공부문의 지식공유에 관한 설문지

선생님 안녕하십니까? 본 설문조사는 선생님께서 근무하시는 조직의 지식공유와 관련된 실태를 파악하기 위한 것입니다.

선생님께서도 아시다시피 오늘날의 사회는 지식중심의 사회라고 이야기되고 있으며, 이러한 사회에서는 조직이 가지고 있는 지식을 전략적으로 관리하여 개인은 물론 조직의 생산성과 경쟁력을 향상시키는 것을 중요한 목표로 삼고 있는 특징이 있습니다.

최근에 정부부문에서는 조직의 생산성과 경쟁력을 제고라는 목표를 달성하기 위한 중요한 수단으로서 '지식의 생성·공유·축적·활용 등의 과정을 통해 지식을 전략적으로 관리하는 제도(지식관리시스템: KMS)'를 추진·시행하고 있으며, 이 제도의 구성내용 중 조직구성원간 지식의 공유활동을 강조하고 있습니다.

여기서 지식의 공유란 개인간이나 조직간에 상호작용을 통해 지식을 교환하는 일체의 활동을 의미합니다.

본 설문조사의 결과는 현행 정부부문의 지식공유에 관한 제반 관련사항을 실증적으로 분석·점검하고, 이를 토대로 행정환경의 변화에 부응하는 한국 정부조직의 발전방향과 개혁방안을 제시하려는 연구에 소중하게 사용될 기초자료가 될 것입니다.

공무로 바쁘시겠지만 한국 공공부문의 지식관리와 관련된 제도와 운영의 개선에 직접 참여하신다는 생각으로 잠시 조사에 응해 주시기를 부탁드립니다.

마지막으로 선생님의 응답은 반드시 학술적 통계자료로만 활용할 것을 약속해드립니다. 선생님의 협조에 감사 드립니다. 더운 날씨에 건강에 유의하시기 바랍니다.

2003년 8월

조 사 자: 명지대학교 대학원 행정학과

박사과정 최 호 진 올림

(☎ 016-599-3288 / E-Mail: hojin3288@korea.com)

지도교수: 주 재 현 교수

1. 다음 진술은 선생님께서 근무하시는 부서의 신뢰수준과 관련된 질문입니다. 각 진술의 해당 번호 하나에 O표하여 주십시오.

측 정 문 항	전혀 그렇지 않다 ←——→			전적으로 그렇다
1) 나는 우리 부서의 상사들 중 누군가 다른 부서로 떠난다면상당한 아쉬움과 상실감을 느낄 것이다	(1)	(2)	(3)	(4)	(5)
2) 우리 부서의 상사들은 전문가적 자세를 가지고 업무를 처리하기 때문에 믿음이 간다	(1)	(2)	(3)	(4)	(5)
3) 우리 부서의 상사들은 나를 항상 공정하게 대우해주기 때문에 나는 그들을 믿고 존경한다	(1)	(2)	(3)	(4)	(5)
4) 우리 부서의 상사들이 내리는 결정이나 그들의 업무능력에대해 전혀 의심치 않는다	(1)	(2)	(3)	(4)	(5)
5) 나는 우리 부서의 동료들 중 누군가 다른 부서로 떠난다면 상당한 아쉬움과 상실감을 느낄 것이다	(1)	(2)	(3)	(4)	(5)
6) 우리 부서의 동료들은 전문가적 자세를 가지고 업무를 처리하기 때문에 믿음이 간다	(1)	(2)	(3)	(4)	(5)
7) 우리 부서의 동료들은 나를 항상 공정하게 대우해주기 때문에 나는 그들을 믿고 존경한다	(1)	(2)	(3)	(4)	(5)
8) 우리 부서의 동료들의 업무능력에 대해 전혀 의심치 않는다	(1)	(2)	(3)	(4)	(5)
9) 우리 부서가 시행하는 정책과 그 실행결과가 믿을만하다고 생각한다	(1)	(2)	(3)	(4)	(5)
10) 우리 부서는 조직원들을 공정하게 대우한다고 생각한다	(1)	(2)	(3)	(4)	(5)
11) 우리 조직은 직원들의 의견을 잘 반영하기 위해서 많은 노력을 한다고 생각한다	(1)	(2)	(3)	(4)	(5)
12) 우리 조직은 직원들에게 정직하며 믿음을 준다고 생각한다	(1)	(2)	(3)	(4)	(5)

2. 다음 진술은 선생님께서 근무하시는 부서의 지식공유활동 현황과 관련된 질문입니다. 각 진술의 해당 번호 하나에 O표하여 주십시오.

측 정 문 항	전혀 그렇지 않다 ◄————► 전적으로 그렇다				
1) 다른 부서와 보고서, 품의서, 기안서를 공유한다	(1)	(2)	(3)	(4)	(5)
2) 다른 부서와 매뉴얼, 방법론, 업무관련 분석모델를 공유 한다	(1)	(2)	(3)	(4)	(5)
3) 다른 부서와 선진국 정부의 성공/실패 사례를 공유한다	(1)	(2)	(3)	(4)	(5)
4) 다른 부서와 신문/잡지/TV 등 매스미디어에서 얻은 지식을 공유한다	(1)	(2)	(3)	(4)	(5)
5) 다른 부서와 업무 수행과정에서 얻은 내 경험이나 노하우를 공유한다	(1)	(2)	(3)	(4)	(5)
6) 다른 부서와 어디에 지식이 있는지, 누가 지식을 소유하고 있는지에 대한 지식을 공유한다	(1)	(2)	(3)	(4)	(5)
7) 다른 부서와 교육훈련을 통해 얻은 전문 지식을 공유한다	(1)	(2)	(3)	(4)	(5)
8) 다른 부서와 업무에 관한 통찰력과 직관적인 지식을 공유 한다	(1)	(2)	(3)	(4)	(5)
9) 우리 부서 전체에 중요한 지식이 바뀌면 이를 필요로 하는 관련 부서 사람들은 이러한 사실을 빨리 알아차린다	(1)	(2)	(3)	(4)	(5)
10) 우리 부서는 업무상 필요한 자료 등을 정기적으로 관련된 직원 전원에게 배포한다	(1)	(2)	(3)	(4)	(5)

3. 다음 진술은 선생님께서 근무하시는 부서의 지식공유활동에 대한 최고관리자의 지원실태와 관련된 질문입니다. 각 진술의 해당 번호 하나에 O표하여 주십시오.

측 정 문 항	전혀 그렇지 않다 ◄─────►			전적으로 그렇다
1) 우리 부서의 최고관리자는 조직 내 지식공유가 중요하다고 강조하고 있다	(1)	(2)	(3)	(4)	(5)
2) 우리 부서의 최고관리자는 자신의 지식 또는 정보를 공유 하려는 사람들을 적극적으로 지원해주고 있다	(1)	(2)	(3)	(4)	(5)
3) 우리 부서는 각종 매체(지식관리시스템, 그룹회의, 대면 접촉)를 통한 지식공유에 대해서 최고관리자의 관심과 지원이 높은 편이다	(1)	(2)	(3)	(4)	(5)
4) 우리 부서의 최고관리자는 지식공유를 위한 환경(각종 보상제도 추진, 공유문화 강조)을 조성하는 데 많은 노력 을 하고 있다	(1)	(2)	(3)	(4)	(5)

4. 다음 진술은 선생님께서 근무하시는 부서의 지식공유활동에 대한 평가 및 보상수준과 관련된 질문입니다. 각 진술의 해당 번호 하나에 O표하여 주십시오.

측 정 문 항	전혀 그렇지 않다 ◄─────►			전적으로 그렇다
1) 우리 부서는 업무지식과 노하우 등을 공유할 경우에 충분한 인정과 칭찬 등 내재적 보상을 하고 있다	(1)	(2)	(3)	(4)	(5)
2) 우리 부서는 업무지식과 노하우 등을 공유하는 것을 평가 및 보상에 반영하고 있다	(1)	(2)	(3)	(4)	(5)
3) 우리 부서는 각종 방법을 통해서 지식을 공유할 경우에 대한 평가 및 보상이 적절한 편이다	(1)	(2)	(3)	(4)	(5)
4) 우리 부서는 각종 방법을 통해서 지식을 공유할 경우에 대한 평가기준 및 선정방법이 공정한 편이다	(1)	(2)	(3)	(4)	(5)

5. 다음 진술은 선생님께서 근무하시는 부서의 조직구조와 관련된 질문입니다. 각 진술의 해당 번호 하나에 O표하여 주십시오.

측 정 문 항	전혀 그렇지 않다 ←→			전적으로 그렇다	
1) 우리 부서의 직원들은 부서의 의사결정에 대해 참여할 수 있는 기회가 잘 보장되어 있다	(1)	(2)	(3)	(4)	(5)
2) 우리 부서는 상하 계층간에 직무와 관련하여 권한의 위임이 잘 되어 있다	(1)	(2)	(3)	(4)	(5)
3) 우리 부서는 직원들의 업무에 대해 규칙·절차·지시 등을 통해 표준화 또는 구체화 시켜 놓고 있다	(1)	(2)	(3)	(4)	(5)
4) 우리 부서는 업무처리의 방법과 절차를 규율하는 규정이 많은 편이다	(1)	(2)	(3)	(4)	(5)
5) 최고관리자는 조직구성원들에게 공동체 의식을 불어넣고 있다	(1)	(2)	(3)	(4)	(5)

6. 다음 진술은 선생님께서 근무하시는 부서의 의사소통 정도와 관련된 질문입니다. 각 진술의 해당 번호 하나에 O표하여 주십시오.

측 정 문 항	전혀 그렇지 않다 ←→			전적으로 그렇다	
1) 우리 부서의 직원들은 업무와 관련된 대화를 할 때에 상호간에 충분한 이해를 하고 있다고 생각한다	(1)	(2)	(3)	(4)	(5)
2) 우리 부서의 직원들은 자신이 어려움을 겪을 때 부서내부의 누구에게도 쉽게 조언을 요청할 수 있다고 생각한다	(1)	(2)	(3)	(4)	(5)
3) 우리 부서의 직원들은 자신이 생각하는 중요한 정보라도 다른 직원들과 서로 교환한다	(1)	(2)	(3)	(4)	(5)
4) 우리 부서는 직원들간에 정보와 자료의 교환이 자유롭고 의사소통이 원활하다	(1)	(2)	(3)	(4)	(5)
5) 우리 부서는 상향적 의사전달이 가능하다	(1)	(2)	(3)	(4)	(5)

7. 다음은 선생님의 개인적 신상에 관한 질문입니다. 해당번호 하나에 0표하여 주십시오.

(1) 선생님의 성별은?
    ① 남성   ② 여성

(2) 선생님의 학력은?
    ① 고졸이하   ② 전문대 졸업
    ③ 대학교 졸업   ④ 대학원이상 졸업

(3) 선생님의 연세는?
    ① 30세 이하   ② 31-35세
    ③ 36-40세   ④ 41-45세
    ⑤ 46-50세   ⑥ 51-55세
    ⑦ 56세 이상

(4) 선생님의 현재 직급은?
    ① 9급   ② 8급
    ③ 7급   ④ 6급
    ⑤ 5급   ⑥ 4급

(5) 선생님이 현재까지 공무원으로서 근무한 총 기간은?
    ① 5년 이하   ② 6-10년
    ③ 11-15년   ④ 16-20년
    ⑤ 21년 이상

(6) 선생님은 어디에 소속되어 있습니까?
    ① 중앙부처(국가)공무원   ② 광역자치단체 공무원
    ③ 기초자치단체 공무원

협조해 주셔서 대단히 감사합니다.

<부록 2> 응답자특성별 인식 차이 분석 관련 표정리(설문문항별)

1. 구조적 요인에 대한 인식 차이 분석

1) 최고관리자의 지원 유형

〈표 1〉 성별에 따른 인식 차이(설문문항별)

측정문항	구 분	평 균	표준편차	t 값	유의수준
1) 최고관리자의 조직내 지식 공유에 관한 중요성 강조	남 자	3.3952	.9101	1.328	.185
	여 자	3.2919	.8541		
2) 최고관리자의 지식공유에 관한지원	남 자	3.3935	.8395	3.687	.000
	여 자	3.1351	.7927		
3) 각종 매체를 통한 지식공유 에 관한 최고관리자의 관심 과 지원	남 자	3.3806	.8925	2.363	.018
	여 자	3.2000	.8457		
4) 최고관리자의 지식공유 환 경조성 노력	남 자	3.4452	.8696	2.278	.023
	여 자	3.2865	.7725		

〈표 2〉 소속에 따른 인식 차이(설문문항별)

측정문항	구 분	평 균	표준편차	t 값	유의수준
1) 최고관리자의 조직내 지식공 유에 관한 중요성 강조	중 앙	3.2746	.9235	-2.379	.018
	지 방	3.4419	.8645		
2) 최고관리자의 지식공유에 관 한 지원	중 앙	3.2407	.8570	-2.217	.027
	지 방	3.3859	.8098		
3) 각종 매체를 통한 지식공유 에관한 최고관리자의 관심과 지원	중 앙	3.2305	.8889	-2.611	.009
	지 방	3.4113	.8700		
4) 최고관리자의 지식공유 환 경조성노력	중 앙	3.3119	.8754	-2.432	.015
	지 방	3.4732	.8139		

<표 3> 직급에 따른 인식 차이(설문문항별)

측정문항	구 분	평 균	표준편차	t 값	유의수준
1) 최고관리자의 조직내 지식공유에 관한 중요성 강조	6급이하	3.3260	.8923	-2.626	.009
	5급이상	3.5784	.8837		
2) 최고관리자의 지식공유에 관한지원	6급이하	3.3120	.8396	-.563	.573
	5급이상	3.3627	.8058		
3) 각종 매체를 통한 지식공유에 관한 최고관리자의 관심과 지원	6급이하	3.3485	.8850	1.294	.196
	5급이상	3.2255	.8664		
4) 최고관리자의 지식공유 환경조성 노력	6급이하	3.3796	.8346	-1.430	.153
	5급이상	3.5098	.8982		

<표 4> 학력에 따른 인식 차이(설문문항별)

측정문항	구 분	평 균	표준편차	t 값	유의수준
1) 최고관리자의 조직내 지식공유에 관한 중요성 강조	전문대이하	3.3172	.9257	-.740	.459
	대학이상	3.3797	.8865		
2) 최고관리자의 지식공유에 관한 지원	전문대이하	3.3931	.8604	1.198	.231
	대학이상	3.2990	.8260		
3) 각종 매체를 통한 지식공유에 관한 최고관리자의 관심과 지원	전문대이하	3.3379	.8516	.135	.893
	대학이상	3.3267	.8921		
4) 최고관리자의 지식공유 환경조성 노력	전문대이하	3.3517	.7776	-.780	.436
	대학이상	3.4139	.8643		

〈표 5〉 연령에 따른 인식 차이(설문문항별)

측정문항	구 분	평 균	표준편차	F값	유의수준
1) 최고관리자의 조직내 지식 공유에 관한 중요성 강조	35세이하	3.3096	.8675	5.980	.003
	36-45세	3.3108	.8971		
	46세이상	3.6283	.9082		
2) 최고관리자의 지식공유에 관한지원	35세이하	3.2134	.7942	12.400	.000
	36-45세	3.2752	.8236		
	46세이상	3.6637	.8620		
3) 각종 매체를 통한 지식공 유에 관한 최고관리자의 관심과 지원	35세이하	3.2092	.8877	9.860	.000
	36-45세	3.3054	.8785		
	46세이상	3.6460	.8120		
4) 최고관리자의 지식공유 환경조성노력	35세이하	3.2803	.8153	9.327	.000
	36-45세	3.3859	.8300		
	46세이상	3.6903	.8872		

〈표 6〉 근무기간에 따른 인식 차이(설문문항별)

측정문항	구 분	평 균	표준편차	F값	유의수준
1) 최고관리자의 조직내 지식 공유에 관한 중요성 강조	10년이하	3.2888	.8616	4.658	.010
	11-20년	3.3566	.9059		
	21년이상	3.6061	.9238		
2) 최고관리자의 지식공유에 관한지원	10년이하	3.1756	.8144	12.820	.000
	11-20년	3.3456	.8002		
	21년이상	3.6566	.8825		
3) 각종 매체를 통한 지식공 유에 관한 최고관리자의 관심과 지원	10년이하	3.1470	.8712	13.114	.000
	11-20년	3.4081	.8411		
	21년이상	3.6263	.9212		
4) 최고관리자의 지식공유 환경조성노력	10년이하	3.2437	.8123	10.200	.000
	11-20년	3.4706	.8368		
	21년이상	3.6465	.8843		

2) 조직구조

<표 7> 성별에 따른 인식 차이(설문문항별)

측정문항	구 분	평 균	표준편차	t값	유의수준
1) 직원들의 의사결정 참여기회 보장	남 자	3.1355	.9918	-.249	.803
	여 자	3.1568	.9568		
2) 상하 계층간 권한의 위임여부	남 자	3.3032	.9873	1.947	.052
	여 자	3.1514	.8590		
3) 업무에 대한 표준화·구체화	남 자	3.2968	.9343	.519	.604
	여 자	3.2541	.9754		
4) 업무처리를 규율하는 규정이 많음	남 자	3.2860	.9749	2.192	.029
	여 자	3.1027	.9297		
5) 최고관리자가 공동체의식을 불어넣음	남 자	3.2989	.9278	.769	.442
	여 자	3.2378	.8770		

<표 8> 소속에 따른 인식 차이(설문문항별)

측정문항	구 분	평 균	표준편차	t값	유의수준
1) 직원들의 의사결정 참여기회 보장	중 앙	3.0373	.8779	-2.520	.012
	지 방	3.2282	1.0530		
2) 상하 계층간 권한의 위임여부	중 앙	3.1288	.9093	-3.239	.001
	지 방	3.3690	.9781		
3) 업무에 대한 표준화·구체화	중 앙	3.3695	.8859	2.113	.035
	지 방	3.2141	.9882		
4) 업무처리를 규율하는 규정이 많음	중 앙	3.3966	.9976	3.933	.000
	지 방	3.0986	.9168		
5) 최고관리자가 공동체 의식을 불어넣음	중 앙	3.2847	.8332	.083	.934
	지 방	3.2789	.9763		

<표 9> 직급에 따른 인식 차이(설문문항별)

측정문항	구 분	평 균	표준편차	t 값	유의수준
1) 직원들의 의사결정 참여 기회 보장	6급이하	3.1095	.9857	-1.934	.054
	5급이상	3.3137	.9438		
2) 상하 계층간 권한의 위임 여부	6급이하	3.2792	.9253	1.059	.292
	5급이상	3.1569	1.0968		
3) 업무에 대한 표준화·구체화	6급이하	3.3084	.9434	1.487	.137
	5급이상	3.1569	.9518		
4) 업무처리를 규율하는 규정이 많음	6급이하	3.2427	.9869	.542	.588
	5급이상	3.1863	.8411		
5) 최고관리자가 공동체의식을 불어넣음	6급이하	3.2774	.9149	-.269	.788
	5급이상	3.3039	.9097		

<표 10> 학력에 따른 인식 차이(설문문항별)

측정문항	구 분	평 균	표준편차	t 값	유의수준
1) 직원들의 의사결정 참여기회 보장	전문대이하	3.1448	.9717	.046	.964
	대학이상	3.1406	.9850		
2) 상하 계층간 권한의 위임여부	전문대이하	3.2069	.8967	-.794	.428
	대학이상	3.2752	.9705		
3) 업무에 대한 표준화·구체화	전문대이하	3.3034	.9670	.272	.786
	대학이상	3.2792	.9403		
4) 업무처리를 규율하는 규정이 많음	전문대이하	3.2414	.9666	.107	.915
	대학이상	3.2317	.9656		
5) 최고관리자가 공동체의식을 불어넣음	전문대이하	3.4552	.7904	2.609	.009
	대학이상	3.2317	.9406		

<표 11> 연령에 따른 인식 차이(설문문항별)

측정문항	구 분	평 균	표준편차	F값	유의수준
1) 직원들의 의사결정 참여 기회 보장	35세이하	3.1925	.9055	4.002	.019
	36-45세	3.0336	1.0471		
	46세이상	3.3186	.9284		
2) 상하 계층간 권한의 위임 여부	35세이하	3.2929	.8923	1.898	.151
	36-45세	3.1879	1.0108		
	46세이상	3.3805	.9192		
3) 업무에 대한 표준화·구체화	35세이하	3.3222	.9079	2.120	.121
	36-45세	3.2081	.9519		
	46세이상	3.4071	.9968		
4) 업무처리를 규율하는 규정이 많음	35세이하	3.3473	.8844	6.183	.002
	36-45세	3.0906	1.0160		
	46세이상	3.3717	.9467		
5) 최고관리자가 공동체 의식을 불어넣음	35세이하	3.2259	.8296	9.675	.000
	36-45세	3.1980	.9558		
	46세이상	3.6195	.8996		

<표 12> 근무기간에 따른 인식 차이(설문문항별)

측정문항	구 분	평 균	표준편차	F값	유의수준
1) 직원들의 의사결정 참여 기회 보장	10년이하	3.1254	.9226	1.428	.241
	11-20년	3.1029	1.0257		
	21년이상	3.2929	1.0127		
2) 상하 계층간 권한의 위임여부	10년이하	3.2760	.9516	1.879	.154
	11-20년	3.1912	.9490		
	21년이상	3.4040	.9681		
3) 업무에 대한 표준화·구체화	10년이하	3.2796	.9060	.433	.648
	11-20년	3.2610	.9575		
	21년이상	3.3636	1.0247		
4) 업무처리를 규율하는 규정이 많음	10년이하	3.2724	.9545	1.241	.290
	11-20년	3.1654	.9596		
	21년이상	3.3131	1.0066		
5) 최고관리자가 공동체 의식을 불어넣음	10년이하	3.2007	.8992	5.323	.005
	11-20년	3.2684	.9080		
	21년이상	3.5455	.9288		

3) 평가 및 보상 수준

〈표 13〉 성별에 따른 인식 차이(설문문항별)

측정문항	구 분	평 균	표준편차	t 값	유의수준
1) 지식공유 행위시 내재적 제공	남 자	3.1161	.8902	2.801	.005
	여 자	2.9027	.8414		
2) 지식공유 행위에 대한 평가 및 보상 반영 유무	남 자	2.9073	.9445	2.124	.034
	여 자	2.7297	.9682		
3) 지식공유 행위에 대한 평가 및 보상의 적절성	남 자	2.9484	.8417	2.501	.013
	여 자	2.7568	.8970		
4) 지식공유 행위에 대한 평가기준 및 선정방법의 공정성	남 자	2.9763	.9431	1.369	.171
	여 자	2.8649	.9197		

〈표 14〉 소속에 따른 인식 차이(설문문항별)

측정문항	구 분	평 균	표준편차	t 값	유의수준
1) 지식공유 행위시 내재적 보상 제공	중 앙	3.1458	.8743	2.392	.017
	지 방	2.9803	.8812		
2) 지식공유 행위에 대한 평가 및 보상 반영 유무	중 앙	2.9558	.9391	2.417	.016
	지 방	2.7746	.9596		
3) 지식공유 행위에 대한 평가 및 보상의 적절성	중 앙	2.9763	.8784	2.230	.026
	지 방	2.8254	.8423		
4) 지식공유 행위에 대한 평가기준 및 선정방법의 공정성	중 앙	3.0339	.9029	2.233	.026
	지 방	2.8704	.9597		

〈표 15〉 직급에 따른 인식 차이(설문문항별)

측정문항	구 분	평 균	표준편차	t 값	유의수준
1) 지식공유 행위시 내재적 보상제공	6급이하	3.0693	.8777	.936	.350
	5급이상	2.9804	.9008		
2) 지식공유 행위에 대한 평가 및 보상 반영 유무	6급이하	2.8869	.9435	1.809	.073
	5급이상	2.6931	.9974		
3) 지식공유 행위에 대한 평가 및 보상의 적절성	6급이하	2.9088	.8459	.951	.343
	5급이상	2.8137	.9411		
4) 지식공유 행위에 대한 평가기준 및 선정방법의 공정성	6급이하	2.9854	.9405	2.583	.010
	5급이상	2.7255	.8917		

〈표 16〉 학력에 따른 인식 차이(설문문항별)

측정문항	구 분	평 균	표준편차	t 값	유의수준
1) 지식공유 행위시 내재적 보상제공	전문대이하	3.0414	.9195	-.217	.828
	대학이상	3.0594	.8708		
2) 지식공유 행위에 대한 평가 및 보상 반영 유무	전문대이하	2.7379	.9356	-1.704	.089
	대학이상	2.8909	.9573		
3) 지식공유 행위에 대한 평가 및 보상의 적절성	전문대이하	2.8828	.8123	-.176	.861
	대학이상	2.8970	.8759		
4) 지식공유 행위에 대한 평가기준 및 선정방법의 공정성	전문대이하	2.9034	.8766	-.600	.549
	대학이상	2.9564	.9544		

〈표 17〉 연령에 따른 인식 차이(설문문항별)

측정문항	구 분	평 균	표준편차	F값	유의수준
1) 지식공유 행위시 내재적 보상제공	35세이하	3.1130	.8695	2.971	.052
	36-45세	2.9664	.8600		
	46세이상	3.1681	.9440		
2) 지식공유 행위에 대한 평가 및 보상 반영 유무	35세이하	2.9958	.9416	9.277	.000
	36-45세	2.6835	.8972		
	46세이상	3.0177	1.0521		
3) 지식공유 행위에 대한 평가 및 보상의 적절성	35세이하	2.9707	.8321	3.929	.020
	36-45세	2.7919	.8351		
	46세이상	3.0000	.9636		
4) 지식공유 행위에 대한 평가기준 및 선정방법의 공정성	35세이하	3.0377	.9228	2.944	.053
	36-45세	2.8490	.9288		
	46세이상	3.0000	.9728		

〈표 18〉 근무기간에 따른 인식 차이(설문문항별)

측정문항	구 분	평 균	표준편차	F값	유의수준
1) 지식공유 행위시 내재적 보상제공	10년이하	3.0143	.8690	1.326	.266
	11-20년	3.0515	.8618		
	21년이상	3.1818	.9622		
2) 지식공유 행위에 대한 평가 및 보상 반영 유무	10년이하	2.8351	.9261	1.141	.320
	11-20년	2.8303	.9273		
	21년이상	2.9899	1.0926		
3) 지식공유 행위에 대한 평가 및 보상의 적절성	10년이하	2.8781	.8647	1.074	.342
	11-20년	2.8676	.7995		
	21년이상	3.0101	1.0050		
4) 지식공유 행위에 대한 평가기준 및 선정방법의 공정성	10년이하	2.9677	.8788	.555	.574
	11-20년	2.9007	.9801		
	21년이상	3.0000	.9794		

2. 관계적 요인에 대한 인식 차이 분석

1) 상사 및 동료신뢰 수준

〈표 19〉 성별에 따른 인식 차이(설문문항별)

측정문항	구 분	평 균	표준편차	t값	유의수준
1) 상사의 부서이동에 대한 아쉬움	남 자	3.2069	.8495	1.466	.143
	여 자	3.0973	.8854		
2) 업무처리시 상사의 전문가적 자세	남 자	3.4935	.9332	3.920	.000
	여 자	3.1784	.9002		
3) 상사의 공정한 대우	남 자	3.3095	.8622	3.011	.003
	여 자	3.0978	.7832		
4) 상사의 업무능력	남 자	3.4043	.9026	.901	.368
	여 자	3.3351	.8315		
5) 동료의 부서이동에 대한 아쉬움	남 자	3.5486	.8434	4.009	.000
	여 자	3.2595	.7924		
6) 업무처리시 동료의 전문가적 자세	남 자	3.5613	.8154	2.688	.007
	여 자	3.3946	.6684		
7) 동료의 공정한 대우	남 자	3.4903	.7881	2.646	.008
	여 자	3.3243	.6937		
8) 동료의 업무능력	남 자	3.4860	.8123	2.501	.013
	여 자	3.3135	.7439		

〈표 20〉 소속에 따른 인식 차이(설문문항별)

측정문항	구 분	평 균	표준편차	t 값	유의수준
1) 상사의 부서이동에 대한 아쉬움	중 앙	2.9388	.8362	-6.586	.000
	지 방	3.3718	.8318		
2) 업무처리시 상사의 전문가적 자세	중 앙	3.2534	.9402	-3.741	.000
	지 방	3.5268	.9121		
3) 상사의 공정한 대우	중 앙	3.1126	.8506	-3.780	.000
	지 방	3.3626	.8250		
4) 상사의 업무능력	중 앙	3.2169	.8692	-4.478	.000
	지 방	3.5239	.8710		
5) 동료의 부서이동에 대한 아쉬움	중 앙	3.3593	.8490	-2.979	.003
	지 방	3.5552	.8208		
6) 업무처리시 동료의 전문가적 자세	중 앙	3.4203	.8286	-2.769	.006
	지 방	3.5915	.7283		
7) 동료의 공정한 대우	중 앙	3.3763	.7851	-2.033	.042
	지 방	3.4986	.7455		
8) 동료의 업무능력	중 앙	3.3322	.8481	-3.037	.002
	지 방	3.5239	.7413		

〈표 21〉 직급에 따른 인식 차이(설문문항별)

측정문항	구 분	평 균	표준편차	t 값	유의수준
1) 상사의 부서이동에 대한 아쉬움	6급이하	3.1901	.8454	.992	.322
	5급이상	3.0980	.9388		
2) 업무처리시 상사의 전문가적 자세	6급이하	3.4260	.9413	1.438	.151
	5급이상	3.2800	.8885		
3) 상사의 공정한 대우	6급이하	3.2610	.8485	.819	.413
	5급이상	3.1863	.8293		
4) 상사의 업무능력	6급이하	3.4051	.8867	1.373	.170
	5급이상	3.2745	.8578		
5) 동료의 부서이동에 대한 아쉬움	6급이하	3.4689	.8437	.198	.843
	5급이상	3.4510	.8160		
6) 업무처리시 동료의 전문가적 자세	6급이하	3.5255	.7868	.887	.375
	5급이상	3.4510	.7396		
7) 동료의 공정한 대우	6급이하	3.4562	.7696	1.013	.311
	5급이상	3.3725	.7436		
8) 동료의 업무능력	6급이하	3.4580	.7861	1.567	.118
	5급이상	3.3235	.8462		

〈표 22〉 학력에 따른 인식 차이(설문문항별)

측정문항	구 분	평 균	표준편차	t값	유의수준
1) 상사의 부서이동에 대한 아쉬움	전문대이하	3.2483	.8210	1.153	.249
	대학이상	3.1548	.8714		
2) 업무처리시 상사의 전문 가적 자세	전문대이하	3.4414	.9781	.555	.579
	대학이상	3.3924	.9218		
3) 상사의 공정한 대우	전문대이하	3.4069	.9090	2.422	.016
	대학이상	3.2036	.8213		
4) 상사의 업무능력	전문대이하	3.4966	.8985	1.735	.083
	대학이상	3.3525	.8766		
5) 동료의 부서이동에 대한 아쉬움	전문대이하	3.5310	.7911	1.059	.290
	대학이상	3.4473	.8519		
6) 업무처리시 동료의 전문 가적 자세	전문대이하	3.4621	.7640	-.907	.365
	대학이상	3.5287	.7841		
7) 동료의 공정한 대우	전문대이하	3.5103	.7464	1.201	.230
	대학이상	3.4238	.7706		
8) 동료의 업무능력	전문대이하	3.5172	.8669	1.378	.169
	대학이상	3.4139	.7747		

〈표 23〉 연령에 따른 인식 차이(설문문항별)

측정문항	구 분	평 균	표준편차	F값	유의수준
1) 상사의 부서이동에 대한 아쉬움	35세이하	3.0795	.8780	6.391	.002
	36-45세	3.1582	.8293		
	46세이상	3.4248	.8640		
2) 업무처리시 상사의 전문가적 자세	35세이하	3.3529	.9102	5.394	.005
	36-45세	3.3446	.9367		
	46세이상	3.6637	.9412		
3) 상사의 공정한 대우	35세이하	3.1975	.7678	5.905	.003
	36-45세	3.1966	.8662		
	46세이상	3.4956	.9075		
4) 상사의 업무능력	35세이하	3.3264	.7847	4.920	.008
	36-45세	3.3423	.9084		
	46세이상	3.6195	.9758		
5) 동료의 부서이동에 대한 아쉬움	35세이하	3.3924	.7549	7.233	.001
	36-45세	3.4228	.8582		
	46세이상	3.7345	.9065		
6) 업무처리시 동료의 전문가적 자세	35세이하	3.4603	.7652	3.628	.027
	36-45세	3.4899	.7620		
	46세이상	3.6903	.8354		
7) 동료의 공정한 대우	35세이하	3.4728	.7206	4.884	.008
	36-45세	3.3557	.7877		
	46세이상	3.6106	.7727		
8) 동료의 업무능력	35세이하	3.4393	.7639	1.121	.327
	36-45세	3.3993	.8318		
	46세이상	3.5310	.7685		

〈표 24〉 근무기간에 따른 인식 차이(설문문항별)

측정문항	구 분	평 균	표준편차	F값	유의수준
1) 상사의 부서이동에 대한 아쉬움	10년이하	3.0935	.8488	4.216	.015
	11-20년	3.1838	.8303		
	21년이상	3.3838	.9444		
2) 업무처리시 상사의 전문가적 자세	10년이하	3.3525	.8819	8.420	.000
	11-20년	3.3284	.9463		
	21년이상	3.7551	.9745		
3) 상사의 공정한 대우	10년이하	3.2000	.7545	10.829	.000
	11-20년	3.1691	.8974		
	21년이상	3.6061	.8550		
4) 상사의 업무능력	10년이하	3.3082	.7762	5.165	.006
	11-20년	3.3713	.9361		
	21년이상	3.6364	.9737		
5) 동료의 부서이동에 대한 아쉬움	10년이하	3.3755	.7778	7.349	.001
	11-20년	3.4559	.8536		
	21년이상	3.7475	.9074		
6) 업무처리시 동료의 전문가적 자세	10년이하	3.4659	.7667	4.071	.018
	11-20년	3.4890	.7538		
	21년이상	3.7172	.8576		
7) 동료의 공정한 대우	10년이하	3.4194	.7095	3.030	.049
	11-20년	3.4044	.8048		
	21년이상	3.6162	.7916		
8) 동료의 업무능력	10년이하	3.4194	.7489	2.391	.092
	11-20년	3.3971	.8442		
	21년이상	3.5960	.7814		

2) 조직신뢰 수준

〈표 25〉 성별에 따른 인식 차이(설문문항별)

측정문항	구 분	평 균	표준편차	t 값	유의수준
1) 부서의 정책과 실행결과에 대한믿음	남 자	3.4043	.8304	.742	.458
	여 자	3.3514	.7946		
2) 부서의 조직원에 대한 공정한 대우	남 자	3.2194	.8877	4.558	.000
	여 자	2.8270	1.0280		
3) 부서의 직원의견 반영 노력	남 자	3.1312	.8648	2.620	.009
	여 자	2.9297	.9328		
4) 부서의 직원들에 대한 정직성	남 자	3.2065	.8908	3.416	.001
	여 자	2.9348	.9673		

〈표 26〉 소속에 따른 인식 차이(설문문항별)

측정문항	구 분	평 균	표준편차	t 값	유의수준
1) 부서의 정책과 실행결과에 대한믿음	중 앙	3.3254	.8139	-1.811	.071
	지 방	3.4423	.8226		
2) 부서의 조직원에 대한 공정한 대우	중 앙	3.0305	.8782	-1.923	.055
	지 방	3.1718	.9951		
3) 부서의 직원의견 반영 노력	중 앙	3.0644	.8487	-.247	.805
	지 방	3.0817	.9215		
4) 부서의 직원들에 대한 정직성	중 앙	3.1020	.8684	-.696	.487
	지 방	3.1521	.8623		

〈표 27〉 직급에 따른 인식 차이(설문문항별)

측정문항	구 분	평 균	표준편차	t 값	유의수준
1) 부서의 정책과 실행결과에 대한믿음	6급이하	3.3723	.8203	-1.223	.222
	5급이상	3.4804	.8173		
2) 부서의 조직원에 대한 공정한 대우	6급이하	3.0876	.9578	-1.257	.209
	5급이상	3.2157	.8746		
3) 부서의 직원의견 반영 노력	6급이하	3.0693	.8983	-.299	.765
	5급이상	3.0980	.8385		
4) 부서의 직원들에 대한 정직성	6급이하	3.1188	.9291	-.679	.497
	5급이상	3.1863	.8758		

〈표 28〉 학력에 따른 인식 차이(설문문항별)

측정문항	구 분	평 균	표준편차	t 값	유의수준
1) 부서의 정책과 실행결과에 대한 믿음	전문대이하	3.3586	.7516	-.542	.589
	대학이상	3.3980	.8393		
2) 부서의 조직원에 대한 공정한 대우	전문대이하	3.1034	.8797	-.064	.949
	대학이상	3.1089	.9647		
3) 부서의 직원의견 반영 노력	전문대이하	3.1103	.9437	.561	.575
	대학이상	3.0634	.8728		
4) 부서의 직원들에 대한 정직성	전문대이하	3.0556	1.0089	-1.092	.275
	대학이상	3.1505	.8937		

〈표 29〉 연령에 따른 인식 차이(설문문항별)

측정문항	구 분	평 균	표준편차	F값	유의수준
1) 부서의 정책과 실행결과에 대한믿음	35세이하	3.2008	.7948	11.154	.000
	36-45세	3.4664	.8492		
	46세이상	3.5841	.7162		
2) 부서의 조직원에 대한 공정한 대우	35세이하	2.8828	.8810	13.401	.000
	36-45세	3.1779	.9130		
	46세이상	3.3982	1.0568		
3) 부서의 직원의견 반영 노력	35세이하	2.9540	.8852	6.574	.001
	36-45세	3.0772	.8785		
	46세이상	3.3186	.8790		
4) 부서의 직원들에 대한 정직성	35세이하	2.9832	.9322	7.724	.000
	36-45세	3.1477	.8518		
	46세이상	3.3894	1.0127		

〈표 30〉 근무기간에 따른 인식 차이(설문문항별)

측정문항	구 분	평 균	표준편차	F값	유의수준
1) 부서의 정책과 실행결과에 대한믿음	10년이하	3.2115	.8014	11.981	.000
	11-20년	3.5110	.8460		
	21년이상	3.5556	.7031		
2) 부서의 조직원에 대한 공정한 대우	10년이하	2.9462	.8819	8.691	.000
	11-20년	3.1801	.9136		
	21년이상	3.3636	1.1199		
3) 부서의 직원의견 반영 노력	10년이하	2.9677	.8829	5.743	.003
	11-20년	3.0956	.8751		
	21년이상	3.3131	.8995		
4) 부서의 직원들에 대한 정직성	10년이하	3.0000	.8993	7.467	.001
	11-20년	3.1618	.9028		
	21년이상	3.4040	.9681		

3) 의사소통의 개방성 정도

〈표 31〉 성별에 따른 인식 차이(설문문항별)

측정문항	구 분	평 균	표준편차	t 값	유의수준
1) 업무관련 대화시 상호간에 충분한이해를 하고 있음	남 자	3.4323	.8384	.882	.378
	여 자	3.3676	.8566		
2) 어려움을 겪을 때 쉽게 조언을요청함	남 자	3.1641	.8547	-1.105	.270
	여 자	3.2432	.7374		
3) 자신의 중요한 정보까지도 교환함	남 자	3.2710	.8952	3.723	.000
	여 자	2.9784	.9624		
4) 정보와 자료의 교환이 자유롭고의사소통이 원활함	남 자	3.3892	.8102	.685	.494
	여 자	3.3459	.6910		
5) 상향적 의사전달이 가능함	남 자	3.2301	.8540	2.303	.022
	여 자	3.0595	.8481		

〈표 32〉 소속에 따른 인식 차이(설문문항별)

측정문항	구 분	평 균	표준편차	t 값	유의수준
1) 업무관련 대화시 상호간에 충분한 이해를 하고 있음	중 앙	3.2881	.9082	-3.442	.001
	지 방	3.5183	.7714		
2) 어려움을 겪을 때 쉽게 조언을 요청함	중 앙	3.0678	.8137	-3.389	.001
	지 방	3.2861	.8190		
3) 자신의 중요한 정보까지도 교환함	중 앙	3.1085	.8700	-2.036	.042
	지 방	3.2535	.9436		
4) 정보와 자료의 교환이 자유롭고 의사소통이 원활함	중 앙	3.3051	.8050	-2.152	.032
	지 방	3.4366	.7504		
5) 상향적 의사전달이 가능함	중 앙	3.1017	.8226	-2.189	.029
	지 방	3.2479	.8769		

〈표 33〉 직급에 따른 인식 차이(설문문항별)

측정문항	구 분	평 균	표준편차	t값	유의수준
1) 업무관련 대화시 상호간에 충분한 이해를 하고 있음	6급이하	3.4124	.8344	-.101	.920
	5급이상	3.4216	.8948		
2) 어려움을 겪을 때 쉽게 조언을 요청함	6급이하	3.1740	.8289	-.911	.363
	5급이상	3.2549	.7921		
3) 자신의 중요한 정보까지도 교환함	6급이하	3.1734	.8995	-.872	.385
	5급이상	3.2647	.9843		
4) 정보와 자료의 교환이 자유롭고 의사소통이 원활함	6급이하	3.3741	.7771	-.215	.830
	5급이상	3.3922	.7855		
5) 상향적 의사전달이 가능함	6급이하	3.1423	.8667	-2.722	.007
	5급이상	3.3922	.7598		

〈표 34〉 학력에 따른 인식 차이(설문문항별)

측정문항	구 분	평 균	표준편차	t값	유의수준
1) 업무관련 대화시 상호간에 충분한 이해를 하고 있음	전문대이하	3.2552	.7974	-2.677	.008
	대학이상	3.4594	.8515		
2) 어려움을 겪을 때 쉽게 조언을 요청함	전문대이하	3.1586	.8714	-.466	.641
	대학이상	3.1948	.8094		
3) 자신의 중요한 정보까지도 교환함	전문대이하	3.1448	.9427	-.641	.522
	대학이상	3.2000	.9050		
4) 정보와 자료의 교환이 자유롭고 의사소통이 원활함	전문대이하	3.2966	.8509	-1.413	.158
	대학이상	3.4000	.7549		
5) 상향적 의사전달이 가능함	전문대이하	3.1448	.9051	-.586	.558
	대학이상	3.1921	.8409		

〈표 35〉 연령에 따른 인식 차이(설문문항별)

측정문항	구 분	평 균	표준편차	F값	유의수준
1) 업무관련 대화시 상호간에 충분한 이해를 하고 있음	35세이하	3.3766	.8795	4.489	.012
	36-45세	3.3624	.8100		
	46세이상	3.6283	.8259		
2) 어려움을 겪을 때 쉽게 조언을 요청함	35세이하	3.1139	.7589	3.558	.029
	36-45세	3.1779	.8715		
	46세이상	3.3628	.8025		
3) 자신의 중요한 정보까지도 교환함	35세이하	3.1130	.9074	3.635	.027
	36-45세	3.1711	.8919		
	46세이상	3.3894	.9584		
4) 정보와 자료의 교환이 자유롭고 의사소통이 원활함	35세이하	3.3724	.7882	7.010	.001
	36-45세	3.2919	.7689		
	46세이상	3.6106	.7372		
5) 상향적 의사전달이 가능함	35세이하	3.0837	.8259	4.413	.012
	36-45세	3.1879	.8866		
	46세이상	3.3717	.8039		

〈표 36〉 근무기간에 따른 인식 차이(설문문항별)

측정문항	구 분	평 균	표준편차	F값	유의수준
1) 업무관련 대화시 상호간에 충분한 이해를 하고 있음	10년이하	3.4014	.8876	1.986	.138
	11-20년	3.3713	.7909		
	21년이상	3.5657	.8471		
2) 어려움을 겪을 때 쉽게 조언을 요청함	10년이하	3.1480	.7346	1.131	.323
	11-20년	3.1875	.8999		
	21년이상	3.2929	.8361		
3) 자신의 중요한 정보까지도 교환함	10년이하	3.1505	.9010	1.175	.309
	11-20년	3.1801	.8931		
	21년이상	3.3131	.9964		
4) 정보와 자료의 교환이 자유롭고 의사소통이 원활함	10년이하	3.3943	.8105	3.834	.022
	11-20년	3.2978	.7210		
	21년이상	3.5455	.8116		
5) 상향적 의사전달이 가능함	10년이하	3.1505	.8216	2.102	.123
	11-20년	3.1544	.8751		
	21년이상	3.3434	.8825		

3. 지식공유 행위 실태에 관한 인식 분석

〈표 37〉 성별에 따른 인식 차이(설문문항별)

측정문항	구 분	평 균	표준편차	t값	유의수준
1) 보고서, 품의서, 기안서를 공유	남 자	3.1140	1.0328	-.725	.469
	여 자	3.1784	.9921		
2) 매뉴얼, 방법론, 업무관련 분석 모델을 공유	남 자	3.1011	.9076	.046	.963
	여 자	3.0973	1.0168		
3) 선진국 정부의 성공/실패 사례를 공유	남 자	3.0430	.8847	2.431	.015
	여 자	2.8541	.9180		
4) 신문/잡지/TV 등 매스미디어에서 얻은 지식을 공유	남 자	3.1991	.9654	1.733	.084
	여 자	3.0541	.9540		
5) 업무수행과정에서 얻은 경험 및 노하우를 공유	남 자	3.1957	.9252	2.441	.015
	여 자	2.9946	1.0027		
6) 어디에 지식이 있는지, 누가 지식을 소유하고 있는 지에 대한 지식을 공유	남 자	3.1140	.9457	.657	.512
	여 자	3.0595	.9790		
7) 교육훈련을 통해 얻은 전문지식을 공유	남 자	3.0022	.9243	1.778	.076
	여 자	2.8541	.9698		
8) 업무에 관한 통찰력과 직관적인지식을 공유	남 자	2.9246	.9111	2.068	.039
	여 자	2.7622	.8832		
9) 부서 전체의 지식 변화시직원들이 이를 빨리 인식함	남 자	2.9569	.8783	1.384	.167
	여 자	2.8486	.9082		
10) 업무상 필요한 자료를 정기적으로 직원들에게 배포	남 자	3.2047	.9632	1.872	.062
	여 자	3.0432	1.0623		

〈표 38〉 소속에 따른 인식 차이(설문문항별)

측정문항	구 분	평 균	표준편차	t값	유의수준
1) 보고서, 품의서, 기안서를 공유	중 앙	3.0373	.9804	-2.169	.030
	지 방	3.2113	1.0485		
2) 매뉴얼, 방법론, 업무관련 분석 모델을 공유	중 앙	3.0169	.9127	-2.060	.040
	지 방	3.1690	.9565		
3) 선진국 정부의 성공/실패 사례 를 공유	중 앙	3.0983	.8455	2.865	.004
	지 방	2.8986	.9303		
4) 신문/잡지/TV 등 매스미디어 에서 얻은 지식을 공유	중 앙	3.0850	.9179	-1.765	.078
	지 방	3.2181	.9974		
5) 업무수행과정에서 얻은 경험 및 노하우를 공유	중 앙	3.0475	.9246	-2.239	.025
	지 방	3.2141	.9680		
6) 어디에 지식이 있는지, 누가지 식을 소유하고 있는 지에 대 한지식을 공유	중 앙	3.0814	.9148	-.416	.677
	지 방	3.1127	.9879		
7) 교육훈련을 통해 얻은 전문지 식을 공유	중 앙	3.0512	.9146	2.262	.024
	지 방	2.8839	.9538		
8) 업무에 관한 통찰력과 직관적 인 지식을 공유	중 앙	2.9422	.8975	1.638	.102
	지 방	2.8254	.9100		
9) 부서 전체의 지식 변화시직원 들이 이를 빨리 인식함	중 앙	2.9660	.8499	1.051	.294
	지 방	2.8930	.9174		
10) 업무상 필요한 자료를 정기적 으로 직원들에게 배포	중 앙	3.1837	.9090	.590	.555
	지 방	3.1380	1.0606		

〈표 39〉 직급에 따른 인식 차이(설문문항별)

측정문항	구 분	평 균	표준편차	t값	유의수준
1) 보고서, 품의서, 기안서를 공유	6급이하	3.1350	1.0315	.158	.875
	5급이상	3.1176	.9677		
2) 매뉴얼, 방법론, 업무관련 분석 모델을 공유	6급이하	3.0876	.9463	-.781	.435
	5급이상	3.1667	.9020		
3) 선진국 정부의 성공/실패 사례를 공유	6급이하	2.9617	.8950	-1.817	.070
	5급이상	3.1373	.9015		
4) 신문/잡지/TV 등 매스미디어에서 얻은 지식을 공유	6급이하	3.1505	.9565	-.439	.661
	5급이상	3.1961	1.0053		
5) 업무수행과정에서 얻은 경험 및 노하우를 공유	6급이하	3.1752	.9379	2.288	.022
	5급이상	2.9412	1.0032		
6) 어디에 지식이 있는지, 누가지식을 소유하고 있는 지에 대한지식을 공유	6급이하	3.1204	.9675	1.454	.148
	5급이상	2.9804	.8786		
7) 교육훈련을 통해 얻은 전문지식을 공유	6급이하	2.9908	.9225	1.836	.069
	5급이상	2.7921	1.0131		
8) 업무에 관한 통찰력과 직관적 인지식을 공유	6급이하	2.9069	.8910	1.774	.078
	5급이상	2.7228	.9708		
9) 부서 전체의 지식 변화시 직원들이 이를 빨리 인식함	6급이하	2.9580	.8875	2.127	.034
	5급이상	2.7549	.8724		
10) 업무상 필요한 자료를 정기적으로 직원들에게 배포	6급이하	3.1718	.9870	.779	.436
	5급이상	3.0882	1.0351		

〈표 40〉 학력에 따른 인식 차이(설문문항별)

측정문항	구 분	평 균	표준편차	t값	유의수준
1) 보고서, 품의서, 기안서를 공유	전문대이하	2.9931	1.0308	-1.866	.062
	대학이상	3.1723	1.0158		
2) 매뉴얼, 방법론, 업무관련 분석 모델을 공유	전문대이하	3.0897	.8733	-.150	.881
	대학이상	3.1030	.9581		
3) 선진국 정부의 성공/실패 사례를 공유	전문대이하	2.9862	.8579	-.046	.963
	대학이상	2.9901	.9096		
4) 신문/잡지/TV 등 매스미디어 에서 얻은 지식을 공유	전문대이하	3.1958	.8497	.585	.559
	대학이상	3.1468	.9942		
5) 업무수행과정에서 얻은 경 험 및 노하우를 공유	전문대이하	3.1586	.9255	.289	.772
	대학이상	3.1327	.9596		
6) 어디에 지식이 있는지, 누가 지식을 소유하고 있는 지에 대한 지식을 공유	전문대이하	3.1172	.8292	.296	.768
	대학이상	3.0931	.9887		
7) 교육훈련을 통해 얻은 전문 지식을 공유	전문대이하	3.1172	.8292	2.500	.013
	대학이상	2.9142	.9647		
8) 업무에 관한 통찰력과 직관 적인 지식을 공유	전문대이하	2.9931	.7861	1.909	.057
	대학이상	2.8452	.9352		
9) 부서 전체의 지식 변화시 직원 들이 이를 빨리 인식함	전문대이하	2.9241	.8000	-.031	.975
	대학이상	2.9266	.9119		
10) 업무상 필요한 자료를 정기 적으로 직원들에게 배포	전문대이하	2.9793	.8618	-2.722	.007
	대학이상	3.2103	1.0243		

〈표 41〉 연령에 따른 인식 차이(설문문항별)

측정문항	구 분	평 균	표준편차	F값	유의수준
1) 보고서, 품의서, 기안서를 공유	35세이하	3.1506	.8995	.289	.749
	36-45세	3.1007	1.1116		
	46세이상	3.1770	1.0197		
2) 매뉴얼, 방법론, 업무관련 분모델을 공유	35세이하	3.1297	.8426	.833	.435
	36-45세	3.0503	.9644		
	46세이상	3.1681	1.0598		
3) 선진국 정부의 성공/실패 사례를공유	35세이하	2.9289	.8346	1.818	.163
	36-45세	2.9866	.9319		
	46세이상	3.1239	.9271		
4) 신문/잡지/TV 등 매스미디어에서얻은 지식을 공유	35세이하	3.0335	.9161	3.300	.037
	36-45세	3.2155	.9625		
	46세이상	3.2703	1.0440		
5) 업무수행과정에서 얻은 경험 및 노하우를 공유	35세이하	3.1381	.8945	2.801	.061
	36-45세	3.0705	.9561		
	46세이상	3.3186	1.0374		
6) 어디에 지식이 있는지, 누가 지식을 소유하고 있는 지에 대한 지식을 공유	35세이하	3.2176	.9137	3.739	.024
	36-45세	2.9933	.9813		
	46세이상	3.1239	.9462		
7) 교육훈련을 통해 얻은 전문 지식을 공유	35세이하	3.0551	.8998	4.396	.013
	36-45세	2.8418	.9578		
	46세이상	3.0708	.9422		
8) 업무에 관한 통찰력과 직관적인 지식을 공유	35세이하	2.9498	.9821	1.493	.225
	36-45세	2.8148	.8982		
	46세이상	2.8938	.9483		
9) 부서 전체의 지식 변화시 직원들이 이를 빨리 인식함	35세이하	2.9791	.8862	2.894	.056
	36-45세	2.8384	.8743		
	46세이상	3.0442	.9102		
10) 업무상 필요한 자료를 정기적으로 직원들에게 배포	35세이하	3.1632	1.0013	2.094	.124
	36-45세	3.0943	1.0057		
	46세이상	3.3186	.9379		

〈표 42〉 근무기간에 따른 인식 차이(설문문항별)

측정문항	구 분	평 균	표준편차	F값	유의수준
1) 보고서, 품의서, 기안서를 공유	10년이하	3.1935	.9436	1.156	.316
	11-20년	3.0625	1.0797		
	21년이상	3.1515	1.0630		
2) 매뉴얼, 방법론, 업무관련 분석 모델을 공유	10년이하	3.1039	.9135	1.625	.198
	11-20년	3.0441	.9081		
	21년이상	3.2424	1.0794		
3) 선진국 정부의 성공/실패 사례를 공유	10년이하	2.9749	.8953	.917	.400
	11-20년	2.9632	.8837		
	21년이상	3.1010	.9422		
4) 신문/잡지/TV 등 매스미디어에서 얻은 지식을 공유	10년이하	3.0360	.9379	5.395	.005
	11-20년	3.1985	.9552		
	21년이상	3.3918	1.0161		
5) 업무수행과정에서 얻은 경험 및 노하우를 공유	10년이하	3.0789	.8861	2.225	.109
	11-20년	3.1360	.9719		
	21년이상	3.3131	1.0560		
6) 어디에 지식이 있는지, 누가 지식을 소유하고 있는 지에 대한 지식을 공유	10년이하	3.0968	.9299	.001	.999
	11-20년	3.0993	.9987		
	21년이상	3.1010	.9091		
7) 교육훈련을 통해 얻은 전문 지식을 공유	10년이하	2.9746	.9241	1.021	.361
	11-20년	2.9077	.9826		
	21년이상	3.0606	.8550		
8) 업무에 관한 통찰력과 직관적인 지식을 공유	10년이하	2.8530	.9233	.596	.551
	11-20년	2.9228	.9200		
	21년이상	2.8265	.8126		
9) 부서 전체의 지식 변화시 직원들이 이를 빨리 인식함	10년이하	2.9712	.8577	.748	.474
	11-20년	2.8787	.9071		
	21년이상	2.9293	.9175		
10) 업무상 필요한 자료를 정기적으로 직원들에게 배포	10년이하	3.2122	.9660	1.181	.308
	11-20년	3.0882	1.0484		
	21년이상	3.2020	.9145		

<부록 3> 기관유형별 인식 차이 분석 관련 표정리(설문문항별)

1. 구조적 요인에 대한 인식 차이 분석

〈표 43〉 최고관리자의 지원 유형에 대한 인식 차이(설문문항별)

요 인	구 분	평 균	표준편차	F값	유의수준
1) 최고관리자의 조직내 지식 공유에 관한 중요성 강조	부 처	3.4026	.9112	4.987	.002
	청	3.1348	.9198		
	광 역	3.4937	.8037		
	기 초	3.3333	.9746		
2) 최고관리자의 지식공유에 관한 지원	부 처	3.3247	.8623	3.766	.011
	청	3.1489	.8446		
	광 역	3.4393	.7962		
	기 초	3.2759	.8297		
3) 각종 매체를 통한 지식공 유에 관한 최고관리자의 관심과 지원	부 처	3.2727	.8728	2.767	.041
	청	3.1844	.9071		
	광 역	3.4393	.8669		
	기 초	3.3534	.8773		
4) 최고관리자의 지식공유 환 경 조성 노력	부 처	3.4481	.8559	5.319	.001
	청	3.1631	.8752		
	광 역	3.5105	.7771		
	기 초	3.3966	.8835		

〈표 44〉 조직구조에 대한 인식 차이(설문문항별)

요 인	구 분	평 균	표준편차	F값	유의수준
1) 직원들의 의사결정 참여 기회 보장	부 처	3.0195	.8891	10.096	.000
	청	3.0567	.8683		
	광 역	3.4017	1.0758		
	기 초	2.8707	.9092		
2) 상하 계층간 권한의 위임 여부	부 처	3.0065	.9253	5.434	.001
	청	3.2624	.8754		
	광 역	3.3933	1.0229		
	기 초	3.3190	.8807		
3) 업무에 대한 표준화·구체화	부 처	3.2143	.8705	8.409	.000
	청	3.5390	.8744		
	광 역	3.0962	.9805		
	기 초	3.4569	.9636		
4) 업무처리를 규율 하는 규정이 많음	부 처	3.0974	.8913	16.848	.000
	청	3.7234	1.0079		
	광 역	3.1297	.9460		
	기 초	3.0345	.8540		
5) 최고관리자가 공동체 의식을 불어넣음	부 처	3.1429	.8199	5.495	.001
	청	3.4397	.8226		
	광 역	3.3766	.9440		
	기 초	3.0776	1.0143		

〈표 45〉 평가 및 보상 수준에 대한 인식 차이(설문문항별)

요 인	구 분	평 균	표준편차	F값	유의수준
1) 지식공유 행위시 내재적 보 상제공	부 처	3.1169	.9494	2.610	.051
	청	3.1773	.7863		
	광 역	2.9372	.8601		
	기 초	3.0690	.9205		
2) 지식공유 행위에 대한 평가 및 보상 반영 유무	부 처	2.8301	.9719	4.801	.003
	청	3.0922	.8856		
	광 역	2.7155	.9497		
	기 초	2.8966	.9725		
3) 지식공유 행위에 대한 평가 및 보상의 적절성	부 처	2.8117	.9130	6.922	.000
	청	3.1560	.8043		
	광 역	2.7657	.8119		
	기 초	2.9483	.8929		
4) 지식공유 행위에 대한 평가기 준 및 선정방법의 공정성	부 처	2.8701	.9125	6.155	.000
	청	3.2128	.8603		
	광 역	2.8075	.9419		
	기 초	3.0000	.9869		

2. 관계적 요인에 대한 인식 차이 분석

〈표 46〉 상사 및 동료신뢰 수준에 대한 인식 차이(설문문항별)

요 인	구 분	평 균	표준편차	F값	유의수준
1) 상사의 부서이동에 대한 아쉬움	부 처	3.0065	.9068	15.219	.000
	청	2.8652	.7485		
	광 역	3.3598	.7967		
	기 초	3.3966	.9029		
2) 업무처리시 상사의 전문 가적 자세	부 처	3.3026	.9353	7.203	.000
	청	3.2000	.9460		
	광 역	3.4393	.9187		
	기 초	3.7069	.8749		
3) 상사의 공정한 대우	부 처	3.1753	.8792	5.651	.001
	청	3.0432	.8153		
	광 역	3.3347	.8432		
	기 초	3.4211	.7859		
4) 상사의 업무능력	부 처	3.3247	.8773	8.676	.000
	청	3.0993	.8477		
	광 역	3.4937	.9022		
	기 초	3.5862	.8029		
5) 동료의 부서이동에 대한 아쉬움	부 처	3.4351	.8473	7.780	.000
	청	3.2766	.8461		
	광 역	3.4519	.8281		
	기 초	3.7719	.7647		
6) 업무처리시 동료의 전문 가적 자세	부 처	3.5130	.7774	6.931	.000
	청	3.3191	.8728		
	광 역	3.5105	.6913		
	기 초	3.7586	.7760		
7) 동료의 공정한 대우	부 처	3.3961	.7534	3.382	.018
	청	3.3546	.8206		
	광 역	3.4310	.7576		
	기 초	3.6379	.7027		
8) 동료의 업무능력	부 처	3.5000	.8343	9.217	.000
	청	3.1489	.8275		
	광 역	3.4728	.7379		
	기 초	3.6293	.7405		

<표 47> 조직신뢰 수준에 대한 인식 차이(설문문항별)

요 인	구 분	평 균	표준편차	F값	유의수준
1) 부서의 정책 과 실행결과에 대한 믿음	부 처	3.4351	.8239	9.593	.000
	청	3.2057	.7885		
	광 역	3.5732	.7682		
	기 초	3.1724	.8675		
2) 부서의 조직원에 대한 공정한 대우	부 처	3.0195	.8515	5.606	.001
	청	3.0426	.9093		
	광 역	3.2971	.9436		
	기 초	2.9138	1.0515		
3) 부서의 직원 의견 반영 노력	부 처	3.0974	.8614	1.466	.223
	청	3.0284	.8362		
	광 역	3.1464	.8885		
	기 초	2.9483	.9766		
4) 부서의 직원들에 대한 정직성	부 처	3.2026	.8985	7.339	.000
	청	2.9929	.8237		
	광 역	3.2929	.9247		
	기 초	2.8621	.9771		

〈표 48〉 의사소통의 개방성 정도에 대한 인식 차이(설문문항별)

요 인	구 분	평 균	표준편차	F값	유의수준
1) 업무관련 대화시 상호간에 충분한 이해를 하고 있음	부 처	3.3117	.9112	4.165	.006
	청	3.2624	.9075		
	광 역	3.5105	.7093		
	기 초	3.5345	.8889		
2) 어려움을 겪을 때 쉽게 조언을 요청함	부 처	3.0260	.8080	4.116	.007
	청	3.1135	.8202		
	광 역	3.2803	.8102		
	기 초	3.2982	.8407		
3) 자신의 중요한 정보까지도 교환함	부 처	3.1169	.9071	2.443	.063
	청	3.0993	.8307		
	광 역	3.3138	.9646		
	기 초	3.1293	.8898		
4) 정보와 자료의 교환이 자유롭고 의사소통이 원활함	부 처	3.2922	.7915	2.847	.037
	청	3.3191	.8222		
	광 역	3.3808	.7170		
	기 초	3.5517	.8059		
5) 상향적 의사전달이 가능함	부 처	3.2013	.8034	4.364	.005
	청	2.9929	.8323		
	광 역	3.3096	.8626		
	기 초	3.1207	.8959		

3. 지식공유 행위 실태에 관한 인식 차이 분석

〈표 49〉 지식공유 행위 실태에 대한 인식 차이(설문문항별)

요 인	구 분	평 균	표준편차	F값	유의수준
1) 보고서, 품의서, 기안서를 공유	부 처	3.1688	1.0278	14.656	.000
	청	2.8936	.9079		
	광 역	3.4226	.9751		
	기 초	2.7759	1.0639		
2) 매뉴얼, 방법론, 업무관련 분석 모델을 공유	부 처	3.0649	.9195	5.772	.001
	청	2.9645	.9056		
	광 역	3.2887	.8960		
	기 초	2.9224	1.0313		
3) 선진국 정부의 성공/실패사례를 공유	부 처	3.0649	.8298	3.399	.018
	청	3.1348	.8637		
	광 역	2.9414	.9148		
	기 초	2.8103	.9593		
4) 신문/잡지/TV 등 매스미디어에서 얻은 지식을 공유	부 처	3.0915	.9131	8.324	.000
	청	3.0780	.9264		
	광 역	3.3808	.9578		
	기 초	2.8772	.9968		
5) 업무수행과정에서 얻은 경험 및 노하우를 공유	부 처	2.9805	.9037	2.863	.036
	청	3.1206	.9447		
	광 역	3.2636	.9447		
	기 초	3.1121	1.0110		
6) 어디에 지식이 있는지, 누가 지식을 소유하고 있는지에 대한 지식을 공유	부 처	2.9870	.9002	1.127	.337
	청	3.1844	.9228		
	광 역	3.1213	.9647		
	기 초	3.0948	1.0382		
7) 교육훈련을 통해 얻은 전문지식을 공유	부 처	2.8831	.9494	6.163	.000
	청	3.2374	.8391		
	광 역	2.8285	.9393		
	기 초	3.0000	.9776		

요 인	구 분	평 균	표준편차	F값	유의수준
8) 업무에 관한 통찰력과 직관 적인 지식을 공유	부 처	2.7843	.9100	4.334	.005
	청	3.1135	.8543		
	광 역	2.8033	.8835		
	기 초	2.8707	.9649		
9) 부서 전체의 지식 변화시 직 원들이 이를 빨리 인식함	부 처	2.9150	.8268	.827	.479
	청	3.0213	.8740		
	광 역	2.9121	.8915		
	기 초	2.8534	.9714		
10) 업무상 필요한 자료를 정기 적으로 직원들에게 배포	부 처	3.0915	.9202	2.286	.078
	청	3.2837	.8890		
	광 역	3.0669	1.0630		
	기 초	3.2845	1.0451		

<부록 4> 지식관리시스템 유형별 인식 차이 분석 관련 표정리(설문문항별)

1. 구조적 요인에 대한 인식 차이 분석

〈표 50〉 최고관리자의 지원 유형에 대한 인식 차이(설문문항별)

요 인	구 분	평 균	표준편차	t값	유의수준
1) 최고관리자의 조직내 지식 공유에 관한 중요성 강조	KMS기관	3.3511	.9006	-.341	.733
	GKMS기관	3.3756	.8923		
2) 최고관리자의 지식공유에 관한 지원	KMS기관	3.2519	.8740	-1.713	.087
	GKMS기관	3.3660	.8038		
3) 각종 매체를 통한 지식 공유에 관한 최고관리자의 관심과 지원	KMS기관	3.2252	.9217	-2.479	.013
	GKMS기관	3.3995	.8492		
4) 최고관리자의 지식공유 환경 조성 노력	KMS기관	3.2977	.8814	-2.545	.011
	GKMS기관	3.4691	.8143		

〈표 51〉 조직구조에 대한 인식 차이(설문문항별)

요 인	구 분	평균	표준편차	t값	유의수준
1) 직원들의 의사결정 참여 기회 보장	KMS기관	3.0954	.8635	-.985	.325
	GKMS기관	3.1727	1.0534		
2) 상하 계층간 권한의 위임 여부	KMS기관	3.1641	.8969	-2.110	.035
	GKMS기관	3.3247	.9871		
3) 업무에 대한 표준화·구체화	KMS기관	3.3702	.8821	1.901	.058
	GKMS기관	3.2268	.9831		
4) 업무처리를 규율 하는 규정이 많음	KMS기관	3.4389	.9758	4.518	.000
	GKMS기관	3.0954	.9338		
5) 최고관리자가 공동체 의식을 불어넣음	KMS기관	3.3206	.8283	.896	.371
	GKMS기관	3.2552	.9668		

〈표 52〉 평가 및 보상 수준에 대한 인식 차이(설문문항별)

요 인	구 분	평 균	표준편차	t값	유의수준
1) 지식공유 행위시 내재적 보상제공	KMS기관	3.1107	.8661	1.323	.187
	GKMS기관	3.0180	.8905		
2) 지식공유 행위에 대한 평가 및 보상 반영 유무	KMS기관	3.0000	.9487	3.160	.002
	GKMS기관	2.7603	.9465		
3) 지식공유 행위에 대한 평가 및 보상의 적절성	KMS기관	3.0344	.8725	3.445	.001
	GKMS기관	2.7990	.8419		
4) 지식공유 행위에 대한 평가기준 및 선정방법의 공정성	KMS기관	3.0840	.9016	3.136	.002
	GKMS기관	2.8505	.9501		

2. 관계적 요인에 대한 인식 차이 분석

〈표 53〉 상사 및 동료신뢰 수준에 대한 인식 차이(설문문항별)

요 인	구 분	평 균	표준편차	t값	유의수준
1) 상사의 부서이동에 대한 아쉬움	KMS기관	3.0038	.8481	-4.225	.000
	GKMS기관	3.2912	.8507		
2) 업무처리시 상사의 전문가적 자세	KMS기관	3.2973	.9320	-2.368	.018
	GKMS기관	3.4742	.9300		
3) 상사의 공정한 대우	KMS기관	3.1154	.8349	-3.329	.001
	GKMS기관	3.3394	.8414		
4) 상사의 업무능력	KMS기관	3.2405	.8574	-3.450	.001
	GKMS기관	3.4820	.8876		
5) 동료의 부서이동에 대한 아쉬움	KMS기관	3.3511	.8389	-2.884	.004
	GKMS기관	3.5440	.8308		
6) 업무처리시 동료의 전문가적 자세	KMS기관	3.3969	.8413	-3.163	.002
	GKMS기관	3.5928	.7254		
7) 동료의 공정한 대우	KMS기관	3.3626	.7940	-2.209	.028
	GKMS기관	3.4974	.7419		
8) 동료의 업무능력	KMS기관	3.3130	.8404	-3.284	.001
	GKMS기관	3.5206	.7554		

<표 54> 조직신뢰 수준에 대한 인식 차이(설문문항별)

요 인	구 분	평 균	표준편차	t값	유의수준
1) 부서의 정책 과 실행결과에 대한 믿음	KMS기관	3.3092	.8117	-2.050	.041
	GKMS기관	3.4433	.8224		
2) 부서의 조직원에 대한 공정한 대우	KMS기관	3.0611	.8863	-1.033	.302
	GKMS기관	3.1392	.9837		
3) 부서의 직원 의견 반영 노력	KMS기관	3.0878	.8419	.328	.743
	GKMS기관	3.0644	.9198		
4) 부서의 직원들에 대한 정직성	KMS기관	3.1111	.8678	-.416	.678
	GKMS기관	3.1418	.9553		

<표 55> 의사소통의 개방성 정도에 대한 인식 차이(설문문항별)

요 인	구 분	평 균	표준편차	t값	유의수준
1) 업무관련 대화시 상호간에 충분한 이해를 하고 있음	KMS기관	3.3359	.8850	-1.941	.053
	GKMS기관	3.4665	.8110		
2) 어려움을 겪을 때 쉽게 조언을 요청함	KMS기관	3.1031	.8028	-2.138	.033
	GKMS기관	3.2435	.8329		
3) 자신의 중요한 정보까지도 교환함	KMS기관	3.1679	.8410	-.453	.651
	GKMS기관	3.2010	.9595		
4) 정보와 자료의 교환이 자유롭고 의사소통이 원활함	KMS기관	3.3626	.7745	-.386	.699
	GKMS기관	3.3866	.7809		
5) 상향적 의사전달이 가능함	KMS기관	3.1298	.8108	-1.269	.205
	GKMS기관	3.2165	.8831		

3. 지식공유 행위 실태에 관한 인식 차이 분석

〈표 56〉 지식공유 행위 실태에 대한 인식 차이(설문문항별)

요 인	구 분	평 균	표준편차	t값	유의수준
1) 보고서, 품의서, 기안서를 공유	KMS기관	3.1336	.9793	.026	.979
	GKMS기관	3.1314	1.0495		
2) 매뉴얼, 방법론, 업무관련 분석 모델을 공유	KMS기관	3.0725	.9256	-.613	.540
	GKMS기관	3.1186	.9490		
3) 선진국 정부의 성공/실패사 례를 공유	KMS기관	3.1145	.8722	2.941	.003
	GKMS기관	2.9046	.9057		
4) 신문/잡지/TV 등 매스미디어 에서 얻은 지식을 공유	KMS기관	3.1303	.9231	-.594	.553
	GKMS기관	3.1762	.9909		
5) 업무수행과정에서 얻은 경 험 및 노하우를 공유	KMS기관	3.1183	.9347	-.443	.658
	GKMS기관	3.1521	.9618		
6) 어디에 지식이 있는지, 누가 지식을 소유하고 있는지에 대한 지식을 공유	KMS기관	3.1374	.9203	.854	.393
	GKMS기관	3.0722	.9778		
7) 교육훈련을 통해 얻은 전문 지식을 공유	KMS기관	3.1231	.9091	3.662	.000
	GKMS기관	2.8497	.9443		
8) 업무에 관한 통찰력과 직관 적인 지식을 공유	KMS기관	3.0153	.8943	3.184	.002
	GKMS기관	2.7861	.9025		
9) 부서 전체의 지식 변화시 직 원들이 이를 빨리 인식함	KMS기관	2.9808	.8569	1.291	.197
	GKMS기관	2.8892	.9068		
10) 업무상 필요한 자료를 정기 적으로 직원들에게 배포	KMS기관	3.2299	.9161	1.497	.135
	GKMS기관	3.1108	1.0421		

• 저자 •

최 호 진 ▌약 력
(崔 皓 軫)
　　　　명지대학교 법정대학 행정학과 졸업
　　　　연세대학교 대학원 행정학 석사
　　　　명지대학교 대학원 행정학 박사

　　　　現 한국전자통신연구원(ETRI) u-IT전략연구팀 선임연구원
　　　　연세대학교 지역발전연구소 전문연구원(Post-Doc.) 역임
　　　　한국행정연구원 초청연구원 역임
　　　　대진대, 명지대, 선문대, 숙명여대, 순천향대, 연세대 강사 역임
　　　　한국행정학회, 서울행정학회, 한국공공행정학회 정회원

▌주요논저
　　　　「DEA기법 적용상의 유의점에 관한 연구: 지방행정분야를 중심으로」
　　　　「한국 공무원 지식공유 행위의 영향요인 분석」
　　　　「한국에 있어서 기업가적 정부혁신모형 도입의 적실성에 관한 연구」
　　　　「지방자치단체 공무원 교육훈련 전이에 영향을 미치는 요인에 관한
　　　　　실증적 조사」
　　　　「한국공무원 교육훈련의 효과성에 관한 실증조사」
　　　　「세계화와 서구 복지국가의 변화에 관한 연구」
　　　　외 다수

한국 공무원의 지식공유에 관한
행태적 접근

• 초판 인쇄 │ 2006년 3월 30일
• 초판 발행 │ 2006년 3월 30일

• 지 은 이 │ 최호진
• 펴 낸 이 │ 채종준
• 펴 낸 곳 │ 한국학술정보㈜
　　　　　　　경기도 파주시 교하읍 문발리 526-2
　　　　　　　파주출판문화정보산업단지
　　　　　　　전화　031) 908-3181(대표) · 팩스　031) 908-3189
　　　　　　　홈페이지　http://www.kstudy.com
　　　　　　　e-mail(e-Book사업부)　ebook@kstudy.com
• 등　　록 │ 제일산-115호(2000. 6. 19)
• 가　　격 │ 16,000원

ISBN　89-534-4866-2 93350　(Paper Book)
　　　　89-534-4867-0 98350　(e-Book)